古代歷史文化研究輯刊

二二編

王明蓀 主編

第 9 冊

鄭和下西洋續考

周運中 著

國家圖書館出版品預行編目資料

鄭和下西洋續考／周運中 著 — 初版 — 新北市：花木蘭文化
事業有限公司，2019〔民 108〕
目 2+220 面；19×26 公分
（古代歷史文化研究輯刊 二二編；第 9 冊）
ISBN 978-986-485-903-0（精裝）
1. 明史 2. 史學評論
618   108011800

ISBN-978-986-485-903-0

9 789864 859030

古代歷史文化研究輯刊
二二編　第九冊   ISBN：978-986-485-903-0

鄭和下西洋續考

作　　者	周運中
主　　編	王明蓀
總 編 輯	杜潔祥
副總編輯	楊嘉樂
編　　輯	許郁翎、王筑、張雅淋　美術編輯　陳逸婷
出　　版	花木蘭文化事業有限公司
發 行 人	高小娟
聯絡地址	235 新北市中和區中安街七二號十三樓
	電話：02-2923-1455 ／傳真：02-2923-1452
網　　址	http://www.huamulan.tw 信箱 hml 810518@gmail.com
印　　刷	普羅文化出版廣告事業
初　　版	2019 年 9 月
全書字數	173547 字
定　　價	二二編 25 冊（精裝）台幣 63,000 元

鄭和下西洋續考

周運中 著

作者簡介

周運中，男，1984 年生於江蘇濱海縣。南京大學學士，復旦大學博士，中國海外交通史研究會理事、中國百越民族史研究會理事。曾任廈門大學助理教授、中國南海研究協同創新中心研究員。著有《鄭和下西洋新考》（中國社會科學出版社 2013 年）、《中國南洋古代交通史》（廈門大學出版社 2015 年）、《中國文明起源新考》（花木蘭文化出版社 2015 年）、《正說臺灣古史》（廈門大學出版社 2016 年）、《濱海史考》（江蘇鳳凰科學技術出版社 2016 年）等，發表論文百餘篇。

提　　要

　　本書在作者此前出版的《鄭和下西洋新考》基礎上，繼續研究鄭和下西洋的若干問題，包括宋元時期中國航海史基礎、鄭和下西洋與中外交流、鄭和下西洋文獻研究、疑點辨析、研究史和譯文等。發掘了前人很少關注的新史料，包括《混一疆理歷代國都之圖》、《異域圖志》、《馬來紀年》等，指出了馬來文獻用閩南語記載鄭和的名字，提出了真假滿剌加國王的新觀點，還提出阿拉伯人在中世紀發現澳大利亞的新觀點。對《三寶太監西洋記通俗演義》、《海道經》等傳統資料有新考證，考證了《鄭和航海圖》龍牙門航線。研究了寶山烽堠碑、東山鄭和碑、新發現鄭和佛經等文物，還通過考察《鄭和航海圖》上的海南文昌銅鼓嶺海港，發現古代外銷瓷器的遺物。還考證了羅振玉對鄭和下西洋研究的價值，附有英國人菲利普斯研究《鄭和航海圖》的譯文。

前　言

　　鄭和七次下西洋是中國史上的大事，一次下西洋的船數多達數百艘、人數多達兩萬七千多人，是人類史上罕見的龐大艦隊。鄭和下西洋的研究也是中國歷史乃至世界歷史研究中的顯學。關於其研究史，前人已有很多回顧，我的《鄭和下西洋新考》一書也有詳述。〔註 1〕雖然鄭和下西洋如此重要，但是仍然稍顯專門，很多未深入研究鄭和下西洋的學者，即便是專業的明史學者也難免出錯。比如著名的明史學者黃仁宇在他的中國通史論著中介紹鄭和下西洋，雖然總體上非常正確，但是他說鄭和下西洋的船隊上有婦女、兒童，〔註 2〕我不知這種說法根據哪種史料。就目前學界所見的史料，沒有說到鄭和下西洋的船隊上有婦女、兒童，也不太符合當時的情形。海船上一般不會有婦女、兒童，鄭和的船隊是官方派軍，主要人員是官軍，更不太可能有婦女、兒童。

　　再比如英國著名學者李約瑟（Joseph Needham）高度評價中國古代科技，甚至有人認為他對中國古代科技的評價過高。但是他說鄭和下西洋：「率領由63 艘遠洋帆船組成的艦隊。」〔註 3〕其實這也是一個錯誤，跟隨鄭和下西洋的馬歡著有《瀛涯勝覽》，開頭說寶船是 63 艘，李約瑟誤以為寶船是全部船隻。其實其他各種船隻還有很多，按照古代一艘船最多可載幾百人計算，兩萬多人應該配備數百艘船。晚明羅懋登收集大量史實寫出的《三寶太監西洋記通俗演義》列舉出鄭和下西洋船隊中的很多船型，有一定可信度。

〔註 1〕　周運中：《鄭和下西洋新考》，中國社會科學出版社，2013 年。
〔註 2〕　黃仁宇：《中國大歷史》，北京：三聯書店，1997 年，第 188 頁。
〔註 3〕　〔英〕李約瑟原著、柯林·羅南改編、上海交通大學科學史系譯：《中華科學文明史（第一卷）》，上海人民出版社，2001 年，第 61 頁。

　　再如澳大利亞學者研究東南亞貿易的專著，指出鄭和下西洋刺激東南亞的
商品生產，也是正面評價了鄭和下西洋。但是他說鄭和的船隊雖然沒有到過緬
甸，緬甸的貿易也在發展。〔註 4〕其實鄭和的船隊去孟加拉國，不可能不經過
緬甸。該書又認爲東南亞的貿易時代以鄭和下西洋爲起點，我認爲此說也不能
成立，因爲鄭和下西洋建立在宋元時期繁榮的海洋貿易基礎上。雖然明朝的海
禁使得海洋貿易的發展勢頭受挫，但是鄭和下西洋其實是接續宋元時期的傳
統。明代下西洋的費信所寫的《星槎勝覽》很多內容，甚至在不注明的情況下
直接抄元末汪大淵的《島夷志略》。馬歡《瀛涯勝覽》、費信《星槎勝覽》所記
海外國家，無論是條目數量還是地理範圍都沒有超出《島夷志略》。鄭和下西
洋的人員以官軍爲主，令人想到中國在忽必烈時代的前所未有的海外戰爭。鄭
和下西洋從海外帶來很多珍禽異獸，也是沿襲元代的傳統。明代確立的銀本位
制，其實也是從元代開始。〔註 5〕而且鄭和下西洋停止後，中國的海洋貿易又
陷入低谷，所以不宜把鄭和下西洋看成是東南亞貿易時代的起點。我們研究鄭
和下西洋，一定不能忽視宋元時期航海史的基礎。很多海洋史著作注意到了元
明航海史的連續性，所以不把鄭和下西洋作爲劃分時代的標誌。〔註 6〕

　　宮崎市定提出朱棣的很多行爲都是在傚仿忽必烈，檀上寬認同此說。〔註
7〕我認爲此說很有道理，朱棣作爲燕王，長期居住在忽必烈奠定的都城，所
以他自然會產生追慕忽必烈的想法。

　　不過宮崎市定的一些其他看法則有問題，他說：「宣德帝之後，隨著明朝
海上勢力的衰退，伊斯蘭勢力逐漸取而代之，將勢力延伸到了東方。而西方
葡萄牙的海上勢力在印度洋出現，則是在鄭和遠航大約百年後的事情。」〔註 8〕

　　宮崎市定的這段話有兩個錯誤，伊斯蘭勢力從唐宋時期就到了東方海
洋。馬六甲甚至是在鄭和下西洋的時代改信伊斯蘭教，所以不能說伊斯蘭勢

〔註 4〕　〔澳〕安東尼・瑞德著、孫來臣、李塔娜、吳小安譯：《東南亞的貿易時代：
　　　　　1450～1680 年》，北京：商務印書館，2010 年，第 13 頁。

〔註 5〕　〔日〕上田信著、高瑩瑩譯：《海與帝國：明清時代》，《講談社・中國的歷史》
　　　　　第 9 冊，廣西師範大學出版社，2014 年，第 43～45 頁。

〔註 6〕　〔日〕羽田正編、小島毅監修：《從海洋看歷史》，臺北：遠足文化出版事業
　　　　　有限公司，2017 年。

〔註 7〕　〔日〕檀上寬著、王曉峰譯：《永樂帝——華夷秩序的完成》，社會科學文獻
　　　　　出版社，2015 年，第 209 頁。

〔註 8〕　〔日〕宮崎市定著、謝辰譯：《亞洲史概說》，民主與建設出版社，2017 年，
　　　　　第 199 頁。

力在鄭和下西洋之後才把勢力延伸到東方。葡萄牙人到達印度洋是在鄭和下西洋停止後的 50 年而不是 100 年，鄭和下西洋在 1433 年結束，迪亞士繞過好望角在 1488 年，達伽馬到達印度在 1498 年。葡萄牙人攻佔摩洛哥的休達是在 1415 年，在鄭和第四次下西洋回國時。雖然葡萄牙人航行到印度在鄭和下西洋結束後，但是他們開闢新航路的過程正是在鄭和下西洋的時代開始。

所以中國、阿拉伯、葡萄牙人的勢力是同時爭奪印度洋，這是一個群雄逐鹿的年代。17 世紀地球氣候變冷，進入所謂的「小冰期」，導致世界各地進入病疫和戰亂多發期。〔註 9〕相對而言，15 世紀的氣候較暖，這應該是全球航海和貿易大發展的根本原因。在這個人類歷史的大轉折時期，中國人沒有利用已有的先進技術和良好基礎，因而丟失了絕佳的時機。

學術界爭議的一些問題，同樣也爲社會關注。比如馬歡《瀛涯勝覽》，記載最大的寶船長四十四丈、闊十八長，學術界一直在爭議如此龐大的寶船是否能造出。社會上很多人也對寶船的復原很感興趣，可惜這個問題現在難以獲得突破。我認爲寶船的數字記載可信，因爲明代人沒有必要也不太敢隨便造假。在沒有其他證據的情況下，不宜輕易否定史書。

多次出使海外的太監洪保的壽藏銘說到永樂元年（1403 年）的五千料巨舶，其實在此之前一千年的顏之推《顏氏家訓·歸心》說：「山中人不信有魚大如木，海上人不信有木大如魚。漢武不信弦膠，魏文不信火布。胡人見錦，不信有蟲食樹吐絲所成。昔在江南，不信有千人氈帳。及來河北，不信有二萬斛船：皆實驗也。」既然南北朝時已有萬石大船，〔註 10〕明代自然有可能造出更大的船。唐宋時期的萬石大船記載，我在此前的書中已有論述。〔註 11〕顏之推特別強調，如果不是親眼所見，即使是真實存在的事物，很多人也不相信。這就提醒我們，疑古不能太過。因爲中國古代造船的圖書極少流傳下來，所以我們看不到明代之前造船的圖書。但是這不代表明代之前不存在造船的圖書，只不過是因爲這種沿海產生的技術圖書不爲廟堂上的士人關注而失傳。因爲我不懂造船技術，而且缺乏相關新史料，所以本書不作討論。

〔註 9〕 〔澳〕安東尼·瑞德著、孫來臣、李塔娜、吳小安譯：《東南亞的貿易時代：1450～1680 年》，第 319～326 頁。

〔註 10〕 王利器說《太平御覽》卷八二五引《顏氏家訓》二萬斛船作萬石舟舡，與千人氈帳對仗。見〔北齊〕顏之推著、程小銘譯注：《顏氏家訓全譯》，貴州人民出版社，1993 年，第 237 頁。

〔註 11〕 周運中：《中國南洋古代交通史》，廈門大學出版社，2015 年，第 241～242 頁。

　　反之，我們對古人的成就也不能任意誇大。比如鄭和下西洋的船隊是否到達了澳洲和美洲的問題，雖然絕大多數學者認爲不可能到達澳洲和美洲，但是也有極個別學者認爲有可能到達澳洲或美洲。至於民間的說法則更多，有不少人還寫書論證鄭和的船隊到達了澳洲或美洲，甚至有人說鄭和的船隊到達了地中海，更加缺乏依據。

　　英國學者指出，15 世紀葡萄牙全國人口相當於南京一地，鄭和的一艘船相當於達伽馬的幾艘小船。規模和代價浩大的鄭和下西洋留下的影響很小，葡萄牙人卻改變了歷史。〔註 12〕

　　其實嚴肅的西方學者早已指出鄭和下西洋停止的原因是：「中國商人缺乏西方商人所擁有的政治權力和社會地位，正是制度結構上和向外推動力方面的根本差別，在世界歷史的這一重要轉折關頭，使中國的力量轉向內部，將全世界海洋留給了西方的冒險事業。」〔註 13〕也就是說，中國傳統社會的性質就決定了中國不可能產生發現世界的動力。

　　以色列史學家尤瓦爾・赫拉利指出：「鄭和下西洋得以證明，當時歐洲並未佔有科技上的優勢。眞正讓歐洲人勝出的，是他們無與倫比而又貪得無厭、不斷希望探索和征服的野心。」〔註 14〕從思想差異的角度，指出鄭和下西洋和歐洲大航海的不同取向和結果。很多西方學者有類似看法，前人已有列舉。〔註 15〕

　　澳大利亞史學家傑弗里・布萊內指出，鄭和下西洋時代的中國人沒有地球是圓形的觀念，所以不可能產生環球航行的想法，鄭和船隊到達澳大利亞和北美洲的說法沒有確切依據。雖然中國的造船技術非常高明，但是沒有駛向未知大海的執著願望。中國人認爲國內富饒的平原是地球的中心，遙遠的地方無關緊要。明代用大運河的漕糧取代了元代的海運，就在中國人開始有意迴避海洋時，葡萄牙人和西班牙人開始遠洋探險。〔註 16〕他的分析更全面，

〔註 12〕〔英〕羅傑・克勞利著、陸大鵬譯：《征服者：葡萄牙帝國的崛起》，社會科學文獻出版社，2016 年，第 7～8 頁。

〔註 13〕〔美〕斯塔夫里阿諾斯著、吳相嬰、梁赤民譯：《全球通史——1500 年以前的世界》，上海社會科學院出版社，1992 年，第 445 頁。

〔註 14〕〔以〕尤瓦爾・赫拉利著、林俊宏譯：《人類簡史：從動物到上帝》，中信出版社，2018 年，第 271 頁。

〔註 15〕〔美〕查爾斯・曼恩著、朱菲、王原、房小捷、李正行譯：《1493：物種大交換開創的世界史》，中信出版社，2016 年，第 145 頁。

〔註 16〕〔澳〕傑弗里・布萊內著、李鵬程譯：《世界簡史：從非洲到月球》，上海三聯書店，2018 年，第 182～183 頁。

列出了更多的原因，包括具體的科技原因。

　　美國學者菲利普・霍夫曼認爲，中國人之所以不能像歐洲人那樣開闢新航路，征服世界，原因之一是明朝必須面對蒙古人的威脅，所以不能全力開拓海洋。〔註 17〕我以爲此說有一定道理，但也未必成立。因爲在永樂、宣德年間，蒙古人並不能威脅明朝，明朝完全有能力開拓海洋。明朝停止下西洋的原因主要還是在內部，應該從社會制度、思想文化等方面去尋找。因爲我在《鄭和下西洋新考》中已有提及，本書就不再贅述。

　　近年來，鄭和下西洋的研究雖然看似日漸繁榮，也有非常紮實的論文，〔註 18〕但是眞正的重要著作其實不多。〔註 19〕因爲近年很少發現鄭和下西洋的新資料，使研究難以深入。

　　我進入鄭和下西洋的研究，已經超過了十五年。2005 年秋，我開始讀碩士，剛入學不久就無意中發現了前人從未提到的《南樞志》中的《鄭和航海圖》新版本。我的第一篇鄭和研究論文《論〈武備志〉和〈南樞志〉的〈鄭和航海圖〉》，2006 年寫成投出，發表於《中國歷史地理論叢》2007 年第 2期。又寫出《〈海道經〉源流考》，發表於《海交史研究》2007 年第 1 期。後來開始考證《鄭和航海圖》上的中國地名，碩士期間已經考證了一些地名。寫成《〈鄭和航海圖〉閩粵部分新考》，發表於澳門《文化雜誌》中文版 2010年夏季刊。

　　讀博期間，我又從明代人的文集中發現了大量前人從未提到的鄭和下西洋史料。我找到很多下西洋普通隨員的生平，寫成《明代文集中下西洋隨員新史料》，發表於《九州學林》2011 年第 1 期。我從張鼐《寶日堂初集》發現明朝鄭和下西洋時期曾在孟加拉國的最大海港吉大港建有官廠，這個官廠前人從未提及。寫成《明初張璿下西洋卒於孟加拉國珍貴史料解讀》，發表於《南亞研究》2010 年第 2 期。我又發現了明初來自大洋洲的鶴駝到了宮廷，發現了描寫阿拉伯馬來到宮廷的詩歌，寫成《鶴駝與阿拉伯馬——明初海外入華

〔註 17〕〔美〕菲利普・霍夫曼著、賴希倩譯：《歐洲何以征服世界》，中信出版社，2017 年，第 71～72 頁。

〔註 18〕葉沖、榮亮：《明初中國在東南亞區域的經略——以鄭和下西洋爲中心》，李慶新、胡波主編：《東亞海域交流與南中國海洋開發》，科學出版社，2017 年，第 559～590 頁。

〔註 19〕近年比較重要的著作有張箭：《鄭和下西洋研究論稿》，臺北：花木蘭文化出版社，2013 年。〔加〕陳忠平主編：《走向多元文化的全球史：鄭和下西洋（1405~1433）及中國與印度洋世界的關係》，北京：三聯書店，2017 年。

異獸考》，發表於《中國航海文化論壇》第一輯。我又在《鄭和研究》2009年第2期發表《鶴頂紅、西洋布及其他——〈新增格古要論〉與明初中外交流》，在《鄭和研究》2010年第1期發表《鄭和下西洋所見四種異獸考》，在《鄭和研究》2011年第1期發表《明雜劇〈下西洋〉成書地點考》。

我曾在上海徐家匯藏書樓查閱了19世紀西方學者研究鄭和下西洋的一些論文，寫成《喬治·菲利普斯鄭和航海圖研究評介》，發表於《鄭和研究》2013年第1期。我發現晚明羅懋登《三寶太監西洋記通俗演義》的很多內容有真實依據，寫成《羅懋登〈西洋記〉與南京》，收錄於時平、普塔克（R. Ptak）主編的《〈三寶太監西洋記通俗演義〉之研究》第二輯（Studien zum Roman Sanbao taijian Xiyang ji tongsu yanyi Band 2，Maritime Asia 24），在德國的 Harrassowitz Verlag 出版社2013年出版。

我在2010年的暑假完成了鄭和下西洋海外航線的考證，2010年12月22日在廣州暨南大學的「國際視野下的中西交通史研究」國際學術研討會，發表《鄭和下西洋阿拉伯海航線考》，收入《暨南史學》第七輯。2011年7月28日，在澳門大學的「大航海時代的澳門、廣東與東南亞」國際學術研討會，發表《鄭和下西洋南海航程新考》，發表於《歷史地理》第26輯。

2012年，我在上述論文的基礎上，增補了鄭和下西洋的起因、概述及《鄭和航海圖》繪製過程的總結等內容，完成《鄭和下西洋新考》一書，2013年在中國社會科學出版社出版。

近七年，我又寫成一些有關鄭和下西洋的文章，結集為本書。第一部分是宋元時期的航海研究，這是鄭和下西洋的基礎。其中《〈混一疆理歷代國都之圖〉南洋地名的五個系統》是2015年5月寫出，發表於2016年的《元史及民族與邊疆研究集刊》第31輯。《顆細打賓、胡斯納米與烏斯蒂豐考》也是2015年寫出，發表於2015年的《暨南史學》第11輯。因為題目過於生僻，所以收入本書時改名為《中世紀阿拉伯人對澳大利亞的記載》。《汪大淵所記元代雲南與海外交通》，發表於2013年12月9日上海海事大學的「第二屆海峽兩岸鄭和學術研討會」，收入2015年出版的《海峽兩岸鄭和研究文集》，署名是周運中、蘇素雲。最末兩篇是未發表的箚記，收入本書。

第二部分的《鄭和下西洋與中緬交通興衰》，發表於《南京鍾山文化研究》2019年第1期。《鄭和下西洋龍牙門航線再考》，發表於2018年11月11日，馬來西亞馬六甲國際鄭和大會，刊於《南京鍾山文化研究》2019年第2期。《馬

來文獻所記鄭和下西洋故事考證》，刊於《南京鍾山文化研究》2019 年第 3 期。《來南京朝貢的眞假滿剌加國王》，刊於《南京鍾山文化研究》2019 年第 4 期。

第三部分的《〈鄭和航海圖〉海南文昌海港考察記》是我 2017 年 10 月的考察記。《羅懋登〈西洋記〉新證》，發表於 2018 年 5 月 5 日，浙江師範大學的「《西洋記》與海洋文化國際學術研討會」論文集。《從鄭和佛教看明代中華文化大融合》，刊於《南京鍾山文化研究》2017 年第 3 期。《寶山烽堠的世界與中國比較研究》，先刊於 2012 年 7 月 9 日上海海事大學的「紀念寶山烽堠御碑 600 週年暨上海航運歷史變遷」學術研討會論文集，再刊於《鄭和研究動態》2012 年第 3 期。我在本次會議還提交《〈鄭和航海圖〉的繪製過程》，發表於《鄭和研究動態》2013 年第 1 期。《羅懋登〈西洋記〉軟水洋、吸鐵嶺與南海諸島》，發表於《鄭和研究動態》2017 年第 2 期。

第四部分的《鄭和下西洋扶持柯枝出於宗教原因嗎？》發表於《鄭和研究動態》2015 年第 1 期。

第五部分的《羅振玉對鄭和下西洋的研究》是我多年前寫的箚記，另有兩篇譯文，上篇發表於《鄭和研究動態》2013 年第 2 期，下篇未曾發表。

本書使用的新史料，包括日本收藏的《混一疆理歷代國都之圖》，以前中國學者很少涉及，感謝劉迎勝、楊曉春等老師，使我有幸參加了 2008 年 7 月在南京大學召開的「中古東亞的世界輿圖——以《大明混一圖》和權近、李薈《混一疆理歷代國都之圖》爲中心」國際學術研討會，得以接觸這幅人類文明史上的重要地圖。使用的新史料還包括劍橋大學藏孤本《異域圖志》，以前中國學者也很難看到此書，罕有學者研究。

舊有史料的發掘，包括小說《三寶太監西洋記通俗演義》，還有費琅編譯的阿拉伯人東方文獻、馬來文獻等外國文獻，還有近年重新發現的鄭和捐資抄寫的佛經等。中國學者對外國文獻的關注仍然不夠，很多史料仍然有待深入發掘。過去一般認爲《馬來紀年》沒有提到鄭和，[註20] 本書指出《馬來紀年》的 Di Po 是 Di-u 之誤，就是鄭和，因爲閩南語的鄭讀作 di 或 din。《馬來紀年》原文明明說到他率領一百艘船來馬六甲，有的外國學者不知是有意還是無意忽視這些非常顯著的記載。

[註20] LEE Kam Hing and NGEOW Chow Bing，「China-Malaysia Relations：Zheng He and the Islamic Link」，*Zhenghe Forum connecting China and the Muslim World*，ed.Haiyun Ma，Chai Shaojin and Ngeow Chow Bing，Kuala Lumpur：Institute of China Studies and Zhenghe International Peace Foundation，2016，p.25。

　　過去已有很多鄭和捐印的佛經爲學界熟知，但是現在很多人仍然誤以爲鄭和是穆斯林，所以有必要強調。鄭和從小被明軍俘虜，閹割入宮，早已失去了信仰伊斯蘭教的環境。羅懋登《三寶太監西洋記通俗演義》所附天順元年（1457 年）的《非幻庵香火聖像記》明確說鄭和死於古里，因爲生前捐建非幻庵，留下遺囑，希望葬在佛寺，所以眾人按照佛教儀式追悼鄭和，建齋薦度。鄭和跟隨朱棣，主要信仰是佛教，但也不排斥道教與諸多民間信仰，所以我們不能說他是穆斯林。鄭和家人的信仰和鄭和本人的信仰是兩回事，不能混淆。其實明朝的宦官普遍信仰佛教，宦官的墓地附近往往有佛寺。晚明劉若愚《酌中志》卷二十二說：「中官最信因果，好佛者眾，其墳必佛寺也。」因爲宦官認爲此生殘缺，未生子女，所以特別希望轉世爲人。佛教的輪迴理念最符合宦官的期望，而其他宗教雖然有天堂或長生之說，但是不能滿足宦官轉世爲人的願望。

　　第四部分是對近年僞造鄭和遺物的辨析，鄭和研究成爲顯學後，難免有人牽強附會或造假牟利，也有人曲解歷史，所以有必要辨析。有些吹捧鄭和發現世界的書，看似在比較出名的出版社出版，但是全書連一本鄭和下西洋研究論著也不引用，是一種很不正常的現象。

　　本書還發掘了羅振玉對鄭和下西洋的研究，這在近代學術史上有重要意義。最末的兩篇譯文是 19 世紀西方人最早研究鄭和和《鄭和航海圖》的文章，長期以來未能漢譯。因爲在鄭和下西洋的研究史上有重要意義，有的研究方法和材料仍然有一定價值，所以收入本書。外國人研究鄭和的一些論文，仍然有待中國人多加譯介。

　　本書主要內容仍然是考證鄭和下西洋的航線，其次是相關文獻記載的中外交流史。可以看成是我前一本書《鄭和下西洋新考》的補充，因爲內容較多，而且前一本書暫未再版，所以作爲續集出版。我認爲鄭和下西洋可以發掘的史料、方法還有很多，舊有史料也有不少可以深入研究的空間。希望本書可以激發鄭和研究的風氣，錯漏之處，祈請指正。

第一章　鄭和下西洋的宋元基礎

《混一疆理歷代國都之圖》南洋地名的五個系統

前人對《混一疆理歷代國都之圖》的地名已有不少可貴探索，但是主要考證西域與中國地名，[註1] 何啓龍、高榮盛、姚大力等學者考證了圖上的很多南洋地名，指出圖上很多地名有錯，[註2] 但是沒有系統梳理。日本學者海野一隆在研究《廣輿圖》的《東南海夷圖》、《西南海夷圖》時，涉及《混一疆理歷代國都之圖》，比較了《廣輿圖》、《混一疆理歷代國都之圖》天理大學圖書館本、龍谷大學本的南海部分較大島嶼的位置差異，提出龍谷本接近李澤民原圖，又提出圖上南海資料可能來自元軍南征獲得的爪哇地圖。[註3] 但是他沒有研究圖上的具體地名，結論仍可商榷。

比起圖上的西域陸上地名，圖上的南洋地名確實極為散亂，不僅古今地

〔註1〕　〔日〕高橋正、朱敬譯：《元代地圖的一個譜系——關於李澤民譜系地圖的探討》，任繼愈主編《國際漢學》第七輯，大象出版社，2002 年。〔日〕藤井讓治、杉山正明、金田章裕：《大地の肖像——絵図‧地図が語る世界——》，京都大學學術出版會，2007 年，第 57～58 頁。

〔註2〕　何高榮盛：《〈混一圖〉海上地名雜識》、姚大力：《「混一疆理圖」中的南亞和東南亞》、何啓龍：《〈疆里圖〉錯亂了的東南亞、印度、阿拉伯與非洲地理》，劉迎勝主編：《〈大明混一圖〉與〈混一疆理圖〉研究——中古時代後期東亞的寰宇圖與世界地理知識》，鳳凰出版社，2010 年。

〔註3〕　〔日〕海野一隆：《地圖文化史上的廣輿圖》，東洋文庫，2010 年，第 138～142 頁。龍谷大學本的清晰圖片見：
http://www.afc.ryukoku.ac.jp/kicho/cont_13/pages/1390/1390.html?l=1,1&c=31&q=。

名雜陳，而且多有錯位與錯字，所以需要系統梳理。主要是考證宋元地名，至於此前的一些地名，元代人本來就難以考明，地圖作者是兼顧歷史而配出，所以不必過分關注。圖上的南洋地名不是毫無章法，本文提出全圖南洋地名可分為五個系統，必須把單個地名考證與系統考察結合起來。圖上非洲東南部的海上地名來自阿拉伯地圖，這部分與圖上的西域地名一體，應另當別論，所以本文暫未列為第六個系統，具體地名已有考證。〔註 4〕

我在此前根據圖上的西域部分翻譯用字，提出初譯者可能是閩南人。〔註 5〕今又檢索到《元典章》卷三十四「軍官再當軍役條」說到：「至元十五年十二月初六日，福建行省準樞密院諮：〔來諮：〕水軍萬戶府知事李汝霖等告。」〔註 6〕這個李汝霖如果就是《聲教廣被圖》的作者李汝霖（李澤民），則可以解釋此圖的由來。因為元初征管福建的忙兀臺部下有合剌帶的水軍萬戶府，在至元二十七年（1290 年）調駐浙江。〔註 7〕忙兀臺從江浙南征，所以李汝霖有可能是吳門（蘇州）人。忙兀臺也干預海外貿易，所以李汝霖有可能看到海外地圖。本文還將證明，圖上元代的四個地名系統的翻譯用字可以證明南洋地名全部出自閩南人翻譯。

一、泉州—東洋系統

島原市本光寺本此圖上泉州向東有婆利、羅剎、石塘、龍御四個地名，婆利、羅剎是唐代地名，石塘位置偏北。再向南有一組密集的地名，最北是長沙，也即千里長沙、萬里長沙，即今西沙群島。其西南有分舍、哥羅、邊升，是唐代泰國地名哥羅分舍、邊斗之誤。〔註 8〕長沙東南有門彫、索羅吉，其南有地衣、蝦蟆、侯澄，再東南有海膽嶼。向東又有一個大島，上有六個地名。最北的是銀里，其南有麻逸、三嶼，再南是里安山，再南是七峰、聖

〔註 4〕 周運中：《鄭和下西洋新考》，第 311～316 頁。

〔註 5〕 周運中：《中國南洋古代交通史》，第 418～427 頁。

〔註 6〕 陳高華等點校：《元典章》，北京：中華書局、天津古籍出版社，2011 年，第 1167 頁。

〔註 7〕 〔日〕向正樹：《從福州到杭州：元代初期江南行省官員忙兀臺對南海貿易的影響（1274～1290）》，李治安、宋濤主編：《馬可波羅遊歷過的城市：元代杭州研究文集》，杭州出版社，2012 年，第 156～173 頁。

〔註 8〕 哥羅分舍在今泰國中部，見黎道綱：《迦羅舍佛方位重考》，《泰境古國的演變與室利佛逝之興起》，北京：中華書局，2007 年，第 38～46 頁。《通典》卷一八八《邊防四》說邊斗國一云班斗，班斗即萬倫府原名 Bandon，1915 年改名素叻他尼（Suratthani）。

山。此大島西南又有靈明、麻里魯，東北有羅伽山、大人，南有小人。

這一組地名多在今菲律賓，《諸蕃志》有麻逸、三嶼、里銀、蒲哩嚕，《島夷志略》有三島、麻逸、麻里魯，麻逸（Mait）即今民都洛（Mindoro）島，三嶼是呂宋島東南的三個半島，里銀即呂宋島中西部的仁牙因（Lingayen），麻里魯是呂宋島中西部的博利瑙（Balinao）。〔註 9〕

里安山，《廣輿圖‧東南海夷圖》作黑安山，應是里安山，《順風相送‧呂宋回松浦》：「雞嶼開船離洋，己亥及壬子五更取里安山。」《浯嶼往麻里呂》：「單丙四更取麻里荖斷嶼，過表是里銀並陳公大山，尾見里安大山。」《指南正法‧三嶽貌山》：「里安大山、中邦里銀、大藤捧、小藤捧、頭巾礁。」雞嶼在馬尼拉灣口，麻里荖即麻里魯，則里安山在博利瑙、馬尼拉之間。

聖山即今加里曼丹島東北部的基納巴盧山，高達 4010 米，故名聖山。靠近海岸，是重要航標。《暹羅往馬軍》：「丑艮十更，取聖山五嶼，在帆鋪邊。」《指南正法‧往汶來山形水勢》：「呂帆紅面山：文武樓出舡，坤未十三更平麻茶洋。丁未二十更，此內小羅房山、小煙可窯山、七峰三牙山。七峰山：七個大山頭，高尖峰。三牙山：丁未五更取巴荖員……犀角山：丁未八更及單丁，取聖山‧聖山：充天高大。聖山下，對二個嶼是五嶼。」呂帆即盧邦（Lubang）島，麻茶洋是佛得（Verde）島海域，閩南語的茶是 te，小羅房山是小盧邦島，在盧邦島附近，七峰山是布桑加（Busanga）島北部的一組小島，主島七個，其實不高，最高的才 135 米，高尖峰是《指南正法》的文字最初整理者看到航海圖上畫的樣子而寫出，下文說五嶼是兩個島，也是因為圖上畫了兩個島，應該是五個島。三牙山即布桑加島，三牙是音譯，巴荖員是巴拉望（Palawan）島。麻逸、聖山、七峰本來不應畫在呂宋島上，而麻里魯應畫在呂宋島上。

海膽即《諸蕃志》三嶼所說的小黑人（尼格利陀人 Negrito），海膽（Aeta）源自馬來語的黑色 hitam，此種人在呂宋島，但是圖上單列一島。

海膽之南的靈明，閩南語是 ling-mia，疑即馬尼拉灣口西南的呂邦（Lubang）島。龍谷本其東還有麻里達，《廣輿圖》作麻里答，應是今呂宋島之南的馬林杜克（Marinduque）島。

〔註 9〕 周運中：《〈島夷志略〉地名與汪大淵行程新考》，《元史及民族與邊疆研究集刊》第 27 輯，上海古籍出版社，2014 年。又見周運中：《中國南洋古代交通史》，第 354～355 頁。

侯澄,即《大德南海志》小東洋的啞陳,也即《指南正法・雙口往惡黨針路》的惡黨,是班乃島(Panay)的奧頓(Oton)。閩語保留知端合一的古音特徵,所以澄、陳的聲母至今都是 t。

蝦蟆,疑即《島夷志略》退來勿,我已考證是今菲律賓巴拉望島(Palawan)東北的卡拉棉(Calamian)群島。〔註10〕

龍御,靠近石塘、長沙。應是龍牙,南洋地名多有龍牙,閩南語的龍牙是 ling-ga。印度教濕婆的生殖崇拜柱狀物,名為 linga,閩南人音譯為龍牙,形狀也像龍牙。不過古人記載的龍牙沒有靠近中國大陸的例子,所以此處的龍牙待考。

地衣,疑是地悶之誤,悶、衣形近,即《島夷志略》古里地悶,即今帝汶(Timor)島。

這一組地名的西南,又有石塘、平高侖、勃尼、蘇目岡四個地名,石塘即南沙群島,平高侖是納土納大島的土名 Bunguran 的音譯,〔註11〕勃尼即文萊(Brunei),蘇目岡應即《島夷志略》蘇門傍,即今加里曼丹島西部的心龐(Simpang),閩南語的 si 讀成 su。〔註12〕《廣輿圖》的這四個地名誤畫到《西南海夷圖》,其實是在東洋。《廣輿圖》又多出知悶、闍婆兩個地名,知悶是帝汶的閩南語音譯,但是誤把闍婆畫在勃尼的東南,把知悶畫在勃尼的西南,其實正好相反。

這兩組地名的右下角又有玳瑁、龍煙、犀角、大小廬四個地名,其中前三個又出現在圖上印度與東非之間,其實是在泰國南部,其實這四個地名是第四個系統印度洋系統的誤植,詳見下文印度洋系統。

不過《廣輿圖・西南海夷圖》的龍煙、犀角之旁又多出一個地名三藐,此應是呂宋島東南的三描(Samar)島。

上文說到的門彤應是彤門,即今馬來西亞的雕門島(Tioman),索羅吉即《島夷志略》蘇洛鬲,是舊吉打的古名 Srokam。〔註13〕這兩個西洋地名混入

〔註10〕周運中:《〈島夷志略〉地名與汪大淵行程新考》,又見周運中:《中國南洋古代交通史》,第 355～358 頁。

〔註11〕陳佳榮、謝方、陸峻嶺編:《古代南海地名匯釋》,北京:中華書局,1986 年,第 238 頁。

〔註12〕周運中:《〈島夷志略〉地名與汪大淵行程新考》,又見周運中:《中國南洋古代交通史》,第 366 頁。

〔註13〕〔元〕汪大淵著、蘇繼廎校釋:《島夷志略校釋》,北京:中華書局,1981 年,第 124 頁。

東洋，說明這一組東洋地名來自某位東洋商人，但是他也提供了兩個西洋地名。圖上的各系統地名存在錯位、重複等錯位，因為地圖作者採集不同的海外地理資料。

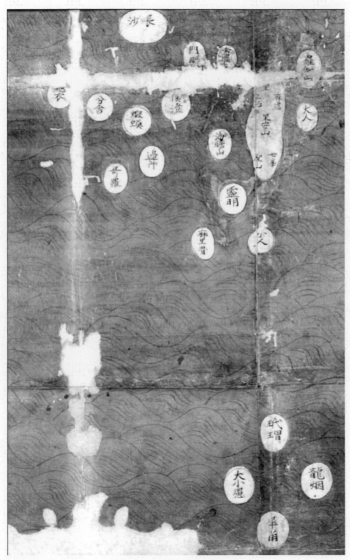

泉州—東洋系統局部

二、廣州—西洋系統

　　圖上把一組從蘇門答臘島到阿拉伯半島的地名畫在緊鄰珠江口外，這組地名所根據的航線似乎是從廣州出發。珠江口東南有一個大島，從右到左有

木剌由國、干芬、白面國、覽邦、白巫山、班卒，這個島顯然就是蘇門答臘島的全貌。木剌由，源自義淨《大唐西域求法高僧傳》的末羅瑜、《南海寄歸內法傳》末羅遊州，在今蘇門答臘島中東部，也即馬來亞的同源地名。但是唐代即爲室利佛逝取代，元代此國衰落，《馬可波羅行紀》又稱爲 Maliur，《元史》作麻里予兒。覽邦即《鄭和航海圖》攬邦，是蘇門答臘島最南的楠榜（Lampung）。干芬，本光寺本誤爲千芬，龍谷大學本似誤作於芥，應是《鄭和航海圖》蘇門答臘島的甘巴港，也即唐代甘畢、宋代的監篦，即今甘巴（Kampar）。白面是花面之誤，白巫是南巫里（Lambri）之誤，在今亞齊。班卒是《馬可波羅行紀》的 Fansour、《島夷志略》、《鄭和航海圖》班卒，在今蘇門答臘島西北部。

珠江口西南有六朝地名干陀利，〔註 14〕再南有馬八兒、注連、萬六嶼，注連即宋代注輦。《廣輿圖》作三萬六千嶼，即馬爾代夫群島。圖上其西南有兩個如蘭，待考。

其西南有個大島，上有六個地名：八哈書、鹽尾、麻木克、賽那、木里國、多羅里、那裡，《廣輿圖・東南海夷圖》作八哈書益巴、多尼羅，應在阿拉伯半島。向西越過海南島，又有撒哈都、禿剌、俺剌、河馬里、這撒里，還有一個地名殘缺，僅剩一個里字，《廣輿圖・東南海夷圖》作把里。這組地名不可能是北部灣附近地名，其實也應屬於這一系統。可能因爲海南島東部圖幅沒有空間，被誤移到海南島西部。非常有趣的是，這一組被誤移到海南島西部的地名與海南島之間又有一列古代地名：甘畢、陵山、門善（門毒之誤）、安南、波羅，證明本圖是先畫當代地名，再插入古代地名。

這一組地名因爲在也門之北，所以應在阿拉伯半島中部。把里，很可能是巴林（Bahrayn），現在的巴林國在島上，但是古代的巴林指伊拉克、阿曼之間的阿拉伯半島東北海岸。圖上在阿拉伯半島的這一位置有個地名：馬合里，我已指出就是巴林，杉山正明誤釋爲 Mukalla，讀音不合。〔註 15〕

馬合里之北又有喝八里，對應海南島西部的河馬里，即科威特城東部的哈瓦利（Hawalli）省，或是科威特的古名 Coromanis。

阿拉伯半島中部的撒阿忽都，對應海南島西部的撒哈都，在卜忽郎之南。

〔註14〕干陀利在馬來西亞吉打州的老吉打，見周運中：《中國南洋古代交通史》，第157頁。

〔註15〕周運中：《中國南洋古代交通史》，第424頁。

卜忽郎是忽卜郎之誤，即今赫卜拉（Khabra）。疑是都忽阿撒、都哈撒之誤，即從也門向東北流到葉馬麥的達瓦賽爾（Dawasir）河谷地區。

圖上撒阿忽都在臺伊（塔伊夫 Taif）之旁，今塔伊夫東南有圖臘巴（Turaba），即撒哈都之南的禿剌。

其南的俺剌，《廣輿圖‧東南海夷圖》作俺國，疑剌字爲衍，即圖臘巴東南的艾嗝哈（Abha）。俺的中古音，或擬爲 iam，音近。

因爲這一組誤移到海南島之西的地名原來在最西北，所以海南島東部的八哈書一組七個地名應在其南。八哈書，疑即書哈八之誤，即今科威特東南沿海的舒艾巴（Shuaiba）。

鹽尾，疑即古代地區名葉馬麥（Yamama），在今利雅得一帶。鹽的古音是談部 am，廣州話，鹽讀爲 jim，尾是 mei。

其西的麻木克，疑即今葉馬麥與利雅得之間的曼夫哈（Manfouha），廣府片的克多讀爲 hak。其西的賽那，疑即今沙克臘（Shaqra），是瓦什姆地區最大城市。〔註16〕

其東南的多羅里，疑即達瓦賽爾河谷南部的蘇萊伊勒（Sulaiyl）。其西的那裡，疑即阿拉伯語也門交界處的納季蘭（Najran），原義是門戶，是重要城市。其西的木里國，疑即納季蘭西北的木哈伊勒（Muhayil）。《廣輿圖‧東南海夷圖》木里在那裡之西，《混一疆理歷代國都之圖》在那裡西北。

其南又有毛里蠻，雖然畫在婆伽藍州，但是婆國伽藍洲是《新唐書‧地理志》廣州通海夷道地名，但是唐代沒有毛里蠻。所以毛里蠻或許是宋元阿拉伯半島地名，原在那裡之南，疑即今也門薩那之東的馬里卜（Marib），是也門著名的古都，文物很多。〔註17〕

注連、如蘭之南又有日密、窩窩、歐華嫩耳國，這組地名在阿拉伯半島與馬爾代夫之南，疑在東非。

圖上非洲東南部的哇阿哇，我已指出，此地就是阿拉伯人所說非洲東南的瓦克瓦克（Wakwak），也即塞舌爾到馬達加斯加一帶島嶼。〔註18〕窩的古

〔註16〕〔巴勒斯坦〕穆斯塔法‧穆拉德‧代巴額著、北京大學東語系阿拉伯語教研室譯：《阿拉伯半島——阿拉伯人的故鄉、伊斯蘭教的搖籃》，北京人民出版社，1977 年，第 108 頁。

〔註17〕〔巴勒斯坦〕穆斯塔法‧穆拉德‧代巴額著、北京大學東語系阿拉伯語教研室譯：《阿拉伯半島——阿拉伯人的故鄉、伊斯蘭教的搖籃》，第 188 頁。

〔註18〕周運中：《中國南洋古代交通史》，第 396～407 頁。

音近 wa，窩窩音近哇阿哇（Wakwak），或許就是哇阿哇的異譯。

歐華嫩耳國，《廣輿圖》作嫩耳國，本光寺本殘，龍谷本是歐華嫩耳國，嫩字不清楚。歐華，應是《世界境域志》第五十五章贊吉斯坦的 Hmfl，前人釋爲 Howa，即馬達加斯加島的南端，1554 年土耳其海軍司令西迪・阿里・賽賴比的《海洋》稱此島南端爲 Hufa。〔註 19〕Hmfl，似應作 Mhfl，應即此島西南角的馬哈法利（Mahafaly）平原。嫩的廣州話是 nyun，耳是 ji，嫩耳，疑即 13 世紀著名阿拉伯地理學家伊本・賽義德所說的魯伊納（Ruine）海，即毀滅海，〔註 20〕在莫桑比克海峽南部，阿拉伯人不敢再往南走，否則進入西風漂流帶，不能回頭，故名毀滅海。

再南又有一個大島，最南有地名施赫，即《諸蕃志》大食國的施曷，即《馬可波羅行紀》的 Escier，即今也門的席赫（Shihr）。

其左側的賞羅，《廣輿圖・東南海夷圖》作賞那，疑即也門都城薩那（Sanaa），古代就是也門甚至阿拉伯半島最大的城市。〔註 21〕其右側的要蘭，疑即薩那之南的耶利姆（Yarim）。《廣輿圖・東南海夷圖》賞那上方還有合眉兒，即今薩那之北的海米爾（Khamer）。其上方的邈加如戍，疑即薩那附近的豪亮（Al-Khawlana），〔註 22〕或是邈加戍如之誤。這四個地名因爲在也門去麥加的路上，而且在薩那附近，所以非常重要。

其西南又有哈剌禿，即馬可波羅所記的下一條 Calatu，《諸蕃志》大食國作伽力吉，《鄭和航海圖》作加拉哈，即今阿曼的蓋勒哈特（Qalhat），又作哈拉哈底。〔註 23〕粵語把 k 讀爲 h，所以以爲哈剌禿。

哈剌禿之南又有法郎、撒郎，其南又有牙里八蘇、滿魯敦他，龍谷大學本作滿魯敢他，或是滿魯拔他之誤，是阿曼祖法兒（Dhufar）省的米爾巴特（Mirbat）角，《諸蕃志》作麻離拔、麻囉拔。

〔註 19〕〔法〕費琅輯注、耿升、穆根來譯：《阿拉伯波斯突厥人東方文獻輯注》，北京：中華書局，1989 年，第 566 頁。

〔註 20〕〔法〕費琅輯注、耿升、穆根來譯：《阿拉伯波斯突厥人東方文獻輯注》，第 360 頁。

〔註 21〕王治來譯：《世界境域志》，上海古籍出版社，2010 年，第 168 頁。

〔註 22〕〔阿拉伯〕伊本・胡爾達茲比赫著、宋峴譯注、郅溥浩校訂：《道里邦國志》，北京：中華書局，1991 年，第 147 頁。

〔註 23〕陳高華：《印度馬八兒王子孛哈里來華新考》，《南開大學學報》1980 年第 4 期。劉迎勝：《從〈不阿里神道碑銘〉看南印度與元朝及波斯灣的交通》，《歷史地理》第七輯，上海人民出版社，1990 年。

　　又南有黑八阿、輕乞，黑八阿疑即席赫附近的哈巴（Habah），〔註24〕輕乞疑即米爾巴特角之東的輕卡里（Qinqari）。非常有趣的是，《混一疆理歷代國都之圖》與《廣興圖》在阿拉伯半島東南也有一個黑八阿、輕乞，接近這兩個地名的正確位置。為何這兩個地名在圖上出現兩次？而且珠江口外的西亞地名僅有這兩個地名在正確的位置又出現了一次，待考。

　　這一組地名越過了圖上的印度，畫在海南島兩側，不能解釋為部分誤植，而是整體誤植。地圖作者採訪到的一份西洋海外地理資料提供了從蘇門答臘島到阿拉伯半島的整體資料，但是作者誤畫在珠江口外。

　　這組地名以也門、阿曼地名最多，但是也有錯位，把也門東北的阿曼畫在了也門的西南，可能蘇門答臘島傳來的阿拉伯半島情報。蘇門答臘島是東南亞伊斯蘭教最早流傳之地，馬可波羅說到八兒剌（Ferlec）皈依伊斯蘭教。有學者認為，哈達拉毛人在 8 世紀開始向印度與東南亞移民，印度尼西亞人最早的伊斯蘭教由哈達拉毛人傳入。〔註25〕北宋有層檀國遣使來到廣州，我已指出在今也門東北的哈達拉毛沿海，南宋也門、阿曼一帶與中國仍有密切往來。〔註26〕法國考古學家調查了哈達拉毛和阿曼沿海的古代遺址，在哈達拉毛河口以南不遠的舍爾邁（Sharmah）遺址發掘出 47425 片陶瓷，其中來自中國的瓷片有 1592 塊，比例超過 9～10 世紀波斯灣最重要的錫拉夫港，在目前中東發掘的港口中排名第一。舍爾邁港興起於 11 世紀，12 世紀衰亡，正好在宋代。此地發現的中國瓷器來自中國南方很多窯口，江西和廣東最多，有 250 塊大型瓷片來自廣東，所以學者認為此港中國瓷片可能從廣東出海。〔註27〕舍爾邁港的位置接近，時間吻合，證明層檀國就在這一帶。但是元代此地與中國來往逐漸減少，《大德南海志》、《島夷志略》沒有記載這一帶地名。《混一疆理歷代國都之圖》記載也門、阿曼地名非常珍貴，或許可以證明此圖在元初繪製。舍爾邁與廣東的交往恰好解釋了此圖在珠江口外畫出蘇門答臘島與也門地名的原因，圖上的這一地名系統很可能來自一位廣東商人，他在蘇門答臘島從哈達拉毛商人處得到阿拉伯半島地圖，但是畫得不

〔註24〕〔阿拉伯〕伊本・胡爾達茲比赫著、宋峴譯注、郅溥浩校訂：《道里邦國志》，第 156 頁。

〔註25〕〔巴勒斯坦〕穆斯塔法・穆拉德・代巴額著、北京大學東語系阿拉伯語教研室譯：《阿拉伯半島——阿拉伯人的故鄉、伊斯蘭教的搖籃》，第 135 頁。

〔註26〕周運中：《宋代交通中國的層檀國考》，《海交史研究》2014 年第 2 期，收入周運中：《中國南洋古代交通史》，第 243～252 頁。

〔註27〕趙冰：《中世紀時期貿易中轉港——也門舍爾邁遺址出土的中國瓷片》，《法國漢學》第十一輯，第 79～116 頁。

准。宋代廣州原來比泉州繁榮，很多阿拉伯人住在廣州，這組地名或許來自阿拉伯人在廣州畫的地圖。再被錄入《混一疆理歷代國都之圖》，錯位更多。王應麟《玉海》卷十六《太平興國海外諸域圖》說：「（太平興國）三年（978年）正月丁未，知廣州李符，獻《海外諸域圖》……咸平六年（1003年）五月乙卯，知廣州凌策，上《海外諸蕃地理圖》。」《混一疆理歷代國都之圖》珠江口外的這個地名系統或許出自宋代廣州的海外地圖，所以在圖上非常突兀。

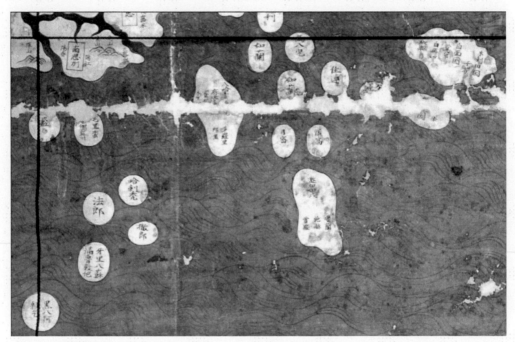

廣州—西洋系統局部

三、海南—南海系統

圖上海南島與交趾之間有古代地名甘畢、陵山、門善（門毒之誤）、珠余（殊奈之誤）、安南、波羅、赤土、丹丹等。〔註28〕西南又有崑崙，即越南正南部的崑崙島。其西南又有吉里門，即《鄭和航海圖》的吉利門，即今新加坡西南的小卡里摩島（Klein Karimun）。因為在崑崙島西南，所以不是爪哇島北部的吉利悶，今卡里摩爪哇（Kalimunjava）群島。

〔註28〕陵山、門毒在越南中南部，赤土在老吉打，丹丹在馬來西亞霹靂州的天定（Tinting），1980年改名為曼絨市（Manjong），見周運中：《中國南洋古代交通史》，第160～161頁。

吉里門的西北有峽門，峽門是地名通名，指海峽，《鄭和航海圖》蘇門答臘島東南都魯把旺西北有狹門，可能是指異他海峽。牛津大學藏明末閩商航海圖在舊港東南標出：「峽門在此。」此峽門是邦加海峽，《順風相送·苧盤往舊港並順塔針路》，從苧盤山：「取龍牙門，在馬戶邊來過山。用單午針三更，取饅頭嶼。用單丁三更取七嶼。在帆鋪邊第二山有沉礁。用坤申針取舊港正路用辰巽針十更船取進峽門。」此峽門即邦加海峽。《混一疆理歷代國都之圖》的峽門因為不太精確，可能是異他海峽或邦加海峽。

峽門西南又有馬鞍、奴嶼、丹嶼、知骨，《鄭和航海圖》異他海峽有擔嶼、馬鞍山，丹嶼應是擔嶼，即今卡當巴拉克（Kadangbalak）島，馬鞍即馬鞍山，即今勒貢迪（Legundi）島。〔註29〕奴嶼是雙嶼之訛，《廣輿圖·東南海夷圖》把這一組地名南部的奴嶼、雙嶼畫到日本南部，可能是因為其下圖幅不夠，所以誤植。但是《廣輿圖》的奴嶼是雙嶼，正好對應《鄭和航海圖》蘇門答臘島西部的雙嶼，即今大小卡拉巴（Karaba）島。〔註30〕不過丹嶼也可能是單嶼之訛，《鄭和航海圖》常把單針寫為丹針，或許單嶼是雙嶼附近一個相對地名，表示一個單個的島，位置待考。

知骨的閩南語是 ti-kut，應是提庫（Tiku）。1612 年亞齊蘇丹致信英國雅克一世，列舉亞齊領土，西海岸巴薩曼（Pasaman）、巴里亞曼（Pariaman）之間有提庫（Tiku），費琅注說在巴薩曼西南，〔註31〕應是東南。

《廣輿圖》其下又多出廣勿律、官嶼、蘇兀三個地名，廣勿律很大，閩南語的廣是〔kong〕，疑即科摩羅，阿拉伯人稱馬達加斯加島為科摩羅（Komr 或 Komor），不是專指今科摩羅群島。馬達加斯加土著多是從蘇門答臘島遷來的南島語系居民，所以費琅認為科摩羅一名源自東南亞的崑崙。〔註32〕《嶺外代答》稱為崑崙層期，提到島上有大鵬能吞食駱駝，羽毛管可作水桶，這些傳說與阿拉伯人記載相同。這種鳥即世界上最大的象鳥，高達 3 米，17 世紀滅絕。

官嶼即《鄭和航海圖》官嶼，今馬爾代夫首都馬累。因為蘇丹住此得名，

〔註29〕周運中：《鄭和下西洋新考》，第 218 頁。
〔註30〕周運中：《鄭和下西洋新考》，第 224 頁。
〔註31〕〔法〕費琅輯注、耿升、穆根來譯：《阿拉伯波斯突厥人東方文獻輯注》，第773 頁。
〔註32〕〔法〕費琅著、馮承鈞譯：《崑崙及南海古代航行考》，北京：中華書局，2002年，第 65 頁。

西迪・阿里・賽賴比的《海洋》稱爲馬哈爾（Mhall）島，〔註33〕《諸蕃志》等稱王城爲官場。

蘇兀，應即蘇萬（Suwan），西迪・阿里・賽賴比的《海洋》說小熊星座高 2 度有爪哇：「西側的蘇萬（Suwan）、闍林（Zarrin）群島、蒙昧人海岸的蒙巴薩（Monbasa），斯瓦西里人居住的地區。」費琅指出第 2559 號手稿的 Suwan 是 Suwand，〔註34〕闍林即塞舌爾群島。〔註35〕兀的古音是物部 ət，所以 Suwand 可譯爲蘇兀。此地應是馬爾代夫南部最大的蘇瓦迪瓦（Suvadiva）環礁，diva 來自梵語的島嶼（dvipa），實即蘇瓦（Suva），也即 Suwand。從爪哇到塞舌爾有兩條路，一是利用冬季暖流，必須向西北繞道蘇瓦迪瓦，因爲此時從蘇門答臘島直接向西是逆向的赤道逆流，一是從南緯十度的南赤道暖流。但是南赤道暖流所經之地沒有島嶼，所以還是北路安全。

海南島正南方又有苧麻、玳瑁、東黨，再東南又有西龍蛇、東龍蛇，苧麻即雕門島，《順風相送》作苧盤山。玳瑁洲是今越南東南的富貴（Phu Quy）島，又名平順海島，又名秋（Thu）島。東黨即《鄭和航海圖》東董山，《廣輿圖・西南海夷圖》的東黨之西還有西黨，東西黨即《鄭和航海圖》東西董，也即《宋史》卷四八九注輦使節到中國航行經過的東西王母冢。西董山是今大卡特威克（Great Catwick）島，東董山是今薩巴德（Sapate）島。因爲閩南語的董、黨同音，所以把東董寫成東黨。《廣輿圖》東西董之間又有石帆，待考。

南宋吳自牧《夢粱錄》卷十二《江海船艦》說：「若欲船泛外國買賣，則自泉州，便可出洋。迤邐過七洲洋，舟中測水，約有七十餘丈。若經崑崙、沙漠、蛇龍、烏豬等洋。」東龍蛇即《鄭和航海圖》東蛇籠，即今塞臘散（Serasan）島，〔註36〕西龍蛇是其西部塞拉亞（Seraja）島，《順風相送・苧盤往文萊》有東西蛇羅山，即東西蛇龍。

〔註33〕〔法〕費琅輯注、耿升、穆根來譯：《阿拉伯波斯突厥人東方文獻輯注》，第602 頁。

〔註34〕〔法〕費琅輯注、耿升、穆根來譯：《阿拉伯波斯突厥人東方文獻輯注》，第604 頁。

〔註35〕〔法〕費琅著、馮承鈞譯：《蘇門答剌古國考》，北京：中華書局，2002 年，第134 頁。

〔註36〕周運中：《鄭和下西洋新考》，第 156～159 頁。

　　這一組地名明顯是從南海向正南航行的地名系統，核心航線是從越南玳瑁洲、東西董、崑崙島向南經過東西龍蛇，西南經過雕門島到巽他海峽與蘇門答臘島西部，所以可稱為海南—南海系統。

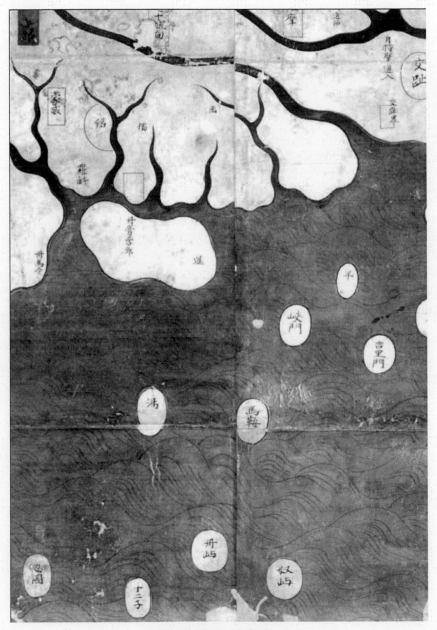

海南—南海系統西部

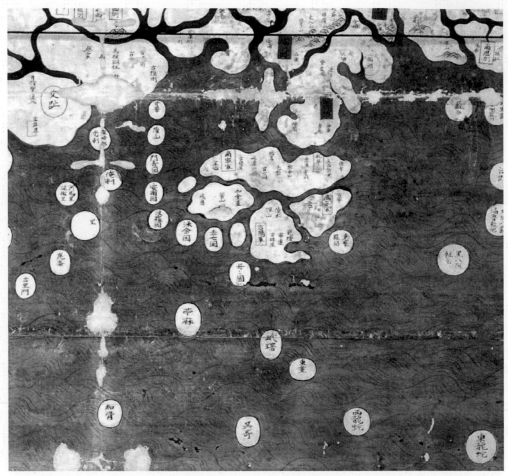

海南—南海系統東部

四、龍牙門—印度洋系統

　　何啓龍已經指出圖上東南亞的一個大島其實是印度半島的誤植，其南的兩個大島其實是阿拉伯半島的南部與東非海岸，我對這三組地名也有補充考證。〔註 37〕這三個大島的右側有龍煙、犀角、玳瑁三個地名，這一組地名又誤植到東洋的東南方，本應屬於這一系統。誤植到東洋的龍煙、犀角、玳瑁之旁還有大小慮，都在泰國南部。其上方的陸地有一組泰國地名，所以海上這組地名本來與陸上地名相連。龍煙犀角應是一個地名，即《島夷志略》龍牙犀角，即《梁書》狼牙修、《諸蕃志》凌牙斯加、《鄭和航海圖》狼西加，

〔註37〕 周運中：《中國南洋古代交通史》，第 419～420 頁。

在今泰國北大年府。《鄭和航海圖》狼西加之北有玳瑁嶼，即今克拉（Kra）島。閩南語的煙是 ian，粵語是 jin，龍牙（lanka）譯爲龍煙，說明譯者是閩南人，不是廣府人。

其東又有忽國、十二子石兩個地名，《嶺外代答》、《鄭和航海圖》有十二子石，即今帕尼班干（Panebangan）群島。〔註 38〕其西的忽國疑即勿里洞（Belitung）島，《鄭和航海圖》作麻里東，忽音從勿。忽是曉母物部，尾音是 t，而閩語常把唇音讀爲曉母，所以簡譯爲忽。這兩個地名本來應在海南—南海系統，可能是誤植到此，或本屬這一系統。

陸上還有一組泰國到新加坡地名：麻里答納、孫別里、哥旦、乞渡、伊也加里、龍牙門、丹馬令、丹旁孛郎、暹、羅斛，前引何啓龍文認爲丹旁孛郎即丹馬令，即今洛坤（Nakhon Si Thammarat），龍牙門在新加坡西南，伊也加里是蘇門答臘島的 Indragiri，哥旦是吉打（Kedah），乞渡是緬甸的吉桃（Kyaikto），前引姚大力文認爲伊也加里是柔佛，哥旦是緬甸的 Kadan Kyun，乞渡是吉打，孫別里是霹靂河口的森美蘭（Sembilan），麻里答納是馬達班（Martaban）。我以爲，麻里答納是馬達班，其南的孫別里是泰國的春蓬（Chumphorn），森美蘭太遠。乞渡是吉打，其南的哥旦不在緬甸南部，應是馬來半島東部今彭亨州首府所在的關丹（Kuantan），閩南語的哥讀 kua。伊也加里更近印德拉格里（Indragiri），丹馬令是洛坤，但是丹旁孛郎可能是《島夷志略》特番里，即今巴蜀。〔註 39〕這組地名從西海岸，從北向南到新加坡，再轉到東海岸，從南向北到泰國。但是完全看不出突出的半島，說明轉繪有重大失誤。因此誤把東海岸的春蓬、關丹插入西海岸，暹在素攀府，羅斛在今華富里府，〔註 40〕但是圖上把暹畫在羅斛東南，說明作者不瞭解泰國到新加坡一帶形勢。

龍牙門在海上，照理應該與其鄰近的蘇門答臘、十二子石諸島畫在一起，但是居然畫在陸上。原因很可能是這一組泰國到新加坡的地名與印度洋地名都來自元初使節報告，《元史》卷一三一《亦黑迷失傳》：「（至元）九年（1272年），奉世祖命使海外八羅孛國。十一年，偕其國人以珍寶奉表來朝，帝嘉之，

〔註38〕周運中：《鄭和下西洋新考》，第 162～164 頁。

〔註39〕周運中：《〈島夷志略〉地名與汪大淵行程新考》，又見周運中：《中國南洋古代交通史》，第 368 頁。

〔註40〕黎道綱：《〈島夷志略〉羅斛條地名考——兼談暹降於羅斛》，《泰國古代史地叢考》，北京：中華書局，2000 年，第 227～247 頁。

賜金虎符。十二年，再使其國，與其國師以名藥來獻，賞賜甚厚。」八羅孛是印度馬拉巴爾，亦黑迷失每次經過龍牙門，但是不在馬六甲海峽兩岸停留，而是直指印度。元朝招諭阿魯、理論、大力、不憐八孫、八昔、不魯不都、八剌剌等蘇門答臘島上諸國在至元十九年以降，〔註41〕所以此前元人得到了印度半島地圖，但是沒有畫出準確馬六甲海峽兩岸地圖，僅畫出中南半島示意圖，所以把暹、羅斛位置畫錯。《宋史》卷四八一《陳宜中傳》：「至元十九年，大軍伐占城，宜中走暹，後沒於暹。」占城殺害元朝派往暹國使節，元征占城失敗，仍然沒有交通暹與羅斛。《元史》卷一七《世祖紀十四》至元二十九年十月：「廣東道宣慰司遣人以暹國主所上金冊詣京師。」三十年、三十一年兩次招諭暹國王，成宗元貞元年（1295 年）暹國再次進貢，所以元朝較晚得到暹與羅斛地圖。

這一組地名以印度洋周邊地名爲中心，但是也包括泰國南部與南海地名，構成一個系統，姑且稱爲印度洋系統。這個系統中的阿拉伯半島、東非在《廣輿圖》居然被誤植到《東南海夷圖》，天理本《混一疆理歷代國都之圖》把阿拉伯半島、東非畫在海南島下方。因爲《大明混一圖》的這一部分與本光寺本、龍谷本相同，所以天理本與《廣輿圖》是誤移。觀察天理本，可以發現，此版本因爲把印度、阿拉伯半島之間的古代地名長洲、大人洲畫得太大，導致其下方的阿拉伯半島、東非沒有地方，所以被迫右移到了海南島下方。

不知羅洪先是否因爲類似原因而誤移到全圖最東南，《廣輿圖》還把原來在東南的古代地名大身（文身之誤）、勃楚、三佛齊移到了印度東南。又加上了滿剌加、浡泥、爪哇、大剌由（木剌由之誤）這四個明代地名，滿剌加是明代扶持建立，所以圖上沒有方框，顯然是明代添加地名，爪哇、浡泥在《混一疆理歷代國都之圖》也沒有，很可能是羅洪先添加。所以圖上出現了浡泥、勃泥的重複，而且位置靠近。很可能是羅洪先看見勃泥，所以想到了滿剌加、爪哇等重要地名，於是把明代地名滿剌加、浡泥、爪哇加入。因爲在這一塊地方加入不少地名，而且因爲《廣輿圖》是刻本，圖幅較小，原來屬於東洋的勃泥、蘇目岡、平高侖等地名與南海系統的西黨、東黨、苧麻、東龍蛇、西龍蛇等地名因爲在《東南海夷圖》放不下，向西延伸到了《西南海夷圖》，所以不得不把原來在《西南海夷圖》的阿拉伯半島、東非又移到了《東南海

〔註41〕高榮盛：《元代海外貿易研究》，四川人民出版社，1998 年，第 107～110 頁。

夷圖》。南海系統的馬安（馬鞍之誤）、丹嶼、雙嶼、官嶼、廣勿律、蘇兀這六個地名也被移到了《東南海夷圖》最右側。無論如何，《廣輿圖》出現了最嚴重的二次錯誤。

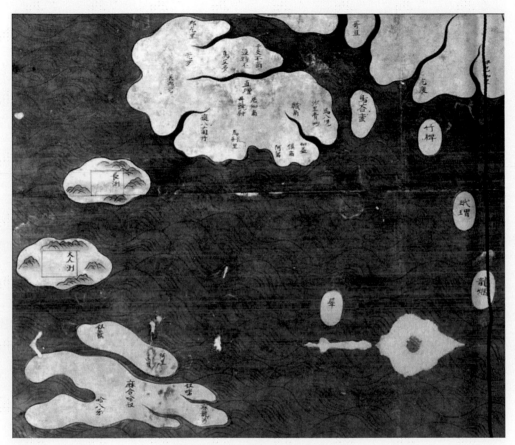

龍牙門—印度洋系統局部

五、明初海外地名系統

　　第五個系統是明初的海外地名系統，本來不會在元代地圖出現，因為《混一疆理歷代國都之圖》是明初人繪製，所以又多出了這個系統。此系統地名很多與前四個系統重複，不過在明初的地圖上很正常。《大明混一圖》就畫了兩套日本地名，一套是三個橢圓形島嶼組成，也即清濬《廣輪疆里圖》、《廣輿圖・東南海夷圖》上的日本，還有一套是東西向的日本列島，但是面積畫得太大，《混一疆理歷代國都之圖》糾正了《大明混一圖》日本面積失誤。

本光寺本圖上的明初地名系統畫在非洲最南端的南部，從東南開始有錫蘭山、柯枝、榜葛剌、詔納樸兒，再向西南有拂菻、天方國、默德那，向西有瑣里、吉麻利、蘇祿、彭亨、百花，向西北有忽魯、阿哇、白葛達、古里、碟里、合貓里，對照明代記載，顯然都是明初海外朝貢諸國地名。因為比較容易考證，前人已有很多研究，可以參考《古代南海地名匯釋》等書，本文不再詳述。

這一組明初地名全部畫在非洲南部，因為明初人在新作地圖時沒有考證這些地名的具體位置，發現圖上西南部有一塊空白，就籠統加上了。因為中國人把中國畫得太大，非洲畫得太小，所以非洲南部留下了一大塊空白。《廣輿圖・西南海夷圖》的非洲南部就是一塊空白，說明元代地圖上沒有這一組地名。

龍谷大學本《混一疆理歷代國都之圖》也沒有這一組地名，可能是摹繪遺漏。日本學者宮紀子等認為龍谷本在前，圖上的日本列島畫成南北向，本光寺本改為東西向，可能是晚出的版本。〔註42〕但是我們看到，龍谷本不僅不畫這一組地名，非洲南部地名也沒畫，古代傳說地名也沒畫，有很多地名缺失。所以龍谷本未必是最早的版本，本光寺本不是源自龍谷本，本光寺本的海外地名比龍谷本全面。

熊本市本妙寺本、天理本在南海中間都多出一個方框，文字說：「泉州風帆六十日至爪哇國，二百二十日至馬八兒，一百餘日到忽魯沒思。」這段文字在明代葉盛《水東日記》所錄的清濬《廣輪疆里圖》上是：「自泉州風帆六十日至爪哇，百二十八日至馬八兒，二百餘日至忽魯沒思。」忽魯沒思（霍爾木茲）比馬八兒遠，所以泉州到馬八兒是一百多日，到忽魯沒思是二百多日，《混一疆理歷代國都之圖》有誤字。雖然有誤字，但是這段話應是《混一疆理歷代國都之圖》原來所有，說明本妙寺本、天理本另有來源。

〔註42〕〔日〕宮紀子：《モンゴル帝國が生んだ世界図》，日本經濟新聞出版社，2007年，第13～14頁。

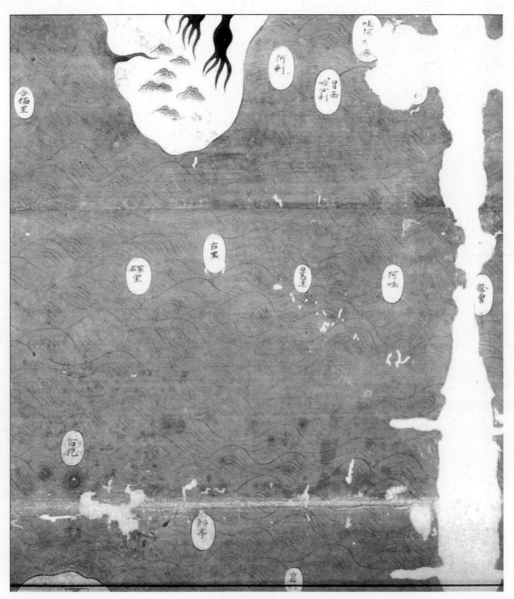

明初系統的西部

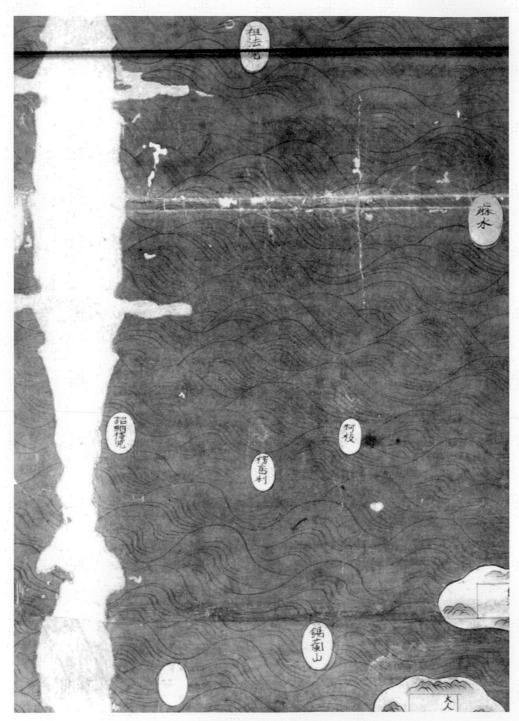

明初系統的東部

六、結論

　　總之，從翻譯用字的音韻來看，《混一疆理歷代國都之圖》珠江口外的西洋系統可能出自廣府人，另三個元代地名系統出自閩南人。唯獨珠江口外的系統非常突兀，另外三個系統雖有少量錯誤，多數地名位置正確，可以拼接為完整的南洋地圖。因為泉州是宋元時期最大港口，海外商人雲集，所以海外地理資料最多，元《秘書監志》卷四說：「至元二十四年二月十六日，奉秘書監臺旨：福建道騙（遍？）海行船回回每，有知海道回回文剌那麻，具呈中書省行下合屬取索者。奉此。」陳得芝先生指出，剌那麻是波斯文 rah-nama 的音譯，意為指路書、地圖、海圖。〔註43〕

　　如果我們把《混一疆理歷代國都之圖》南洋地名的翻譯推到元初，或許可以解釋為何圖上居然沒有畫出當時南洋最強大的爪哇。即使我們根據《廣輿圖》補出闍婆一名，很可能也是宋代古名。而且巨大的爪哇島上有很多重要地名，《島夷志略》、《大德南海志》記載不少，但是此圖缺失。《大德南海志》還有單重布羅國管大東洋，在加里曼丹島西南，也有很多地名，圖上也缺失。南征爪哇的元軍從泉州出發，經過很多地方，史書記載途經地名在圖上也缺失。說明此圖很可能是在至元二十九年（1292年）元征爪哇之前繪製，所以遺漏爪哇等地名。《元史》卷二百一十《爪哇傳》：「（至元三十年四月）二十四日，軍還。得哈只葛當妻子官屬百餘人，及地圖戶籍、所上金字表以還。」海野一隆又說元軍路過的東董、西董、馬鞍在《混一疆理歷代國都之圖》上出現，他據此提出此圖南海部分來自爪哇地圖，但是圖上恰好沒有爪哇！而且上文已經指出，圖上的馬鞍在異他海峽，不是元軍路過之地，所以海野之說不確。圖上詳細畫出印度半島，但是途經的蘇門答臘島上諸國則在同一系統缺失，龍牙門也被畫在陸上，或許也能證明此圖在至元十九年招諭蘇門答臘島上諸國之前繪製。私人繪製的普通地圖，可能遺漏官方圖書的海外地名。但從《混一疆理歷代國都之圖》、《大明混一圖》等可以看出《聲教廣被圖》的海外地名極多，作者應有官方背景，不知是否就是至元年間福建水軍萬戶府知事李汝霖。

　　烏斯道《刻輿地圖序》說：「地理有圖尚矣，本朝李汝霖《聲教被化圖》最晚出，自謂：考訂諸家，惟《廣輪圖》近理。」此處先說地圖歷史悠久，

〔註43〕陳得芝：《元代海外交通的發展與明初鄭和下西洋》，《蒙元史研究叢稿》，人民出版社，2005年，第422頁。

如果是把元代地圖與前代地圖對比，則李汝霖未必是元末人。而且此處的《廣輪圖》未必就是清濬的《廣輪疆里圖》，宋濂《送天淵禪師濬公還四明序》說：「余初未能識天淵，見其所裁輿地圖，縱橫僅尺有咫。」但是我們今天看到的《混一疆理歷代國都之圖》中國內容不知比清濬的《廣輪疆里圖》詳細多少倍，此圖跋文說參考清濬《混一疆理圖》，說明清濬地圖至少有詳略兩種版本，詳版是《混一疆理圖》，簡版是《廣輪疆里圖》。則李汝霖參考的《廣輪圖》未必就是清濬所繪，或許是另外一種地圖。

此圖雖然未能畫出元代人知曉的所有海外地名，但是因爲從泉州海商處得到很多資料，所以記載了不少正史缺失的地名。我們通過此圖才發現，原以爲明末清初《順風相送》、《指南正法》才出現的聖山、七峰早在元代已有，原以爲在《鄭和航海圖》才出現的馬鞍、雙嶼、擔嶼等地名在元代已有，說明古代中國人的海外地名非常穩定。

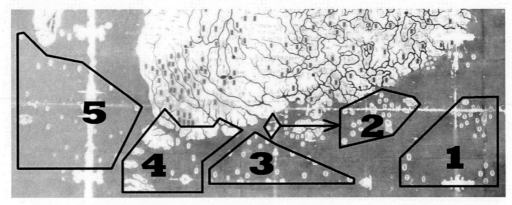

《混一疆理歷代國都之圖》（本光寺本）南洋地名的五個系統示意圖

1、泉州—東洋系統，2、廣州—西洋系統，3、海南—南海系統，4、龍牙門—印度洋系統，5、明初海外地名系統

中世紀阿拉伯人對澳大利亞的記載

著名的古代世界地圖《混一疆理歷代國都之圖》是人類文明史上的奇蹟，中世紀的阿拉伯人繼承了希臘人的地理學與波斯人的航海成就，繪製了全新的世界地圖。元代中國蘇州人李汝霖根據阿拉伯人的世界地圖，繪製了《聲教廣被圖》。明初朝廷根據李汝霖的地圖，繪製了《大明混一圖》。

建文四年（1402 年）出使中國的朝鮮人金士衡、李茂、李薈等據以繪製了《混一疆理歷代國都之圖》，此圖各版本現藏在日本。我此前根據翻譯用字的音韻，提出圖上的西方內容最早爲閩南人翻譯，〔註44〕最近我又提出李汝霖可能在泉州繪製地圖，這幅圖上的海上內容多是閩南人翻譯。〔註45〕泉州是宋元時期東方最大港口，各國商人雲集，所以這幅圖在泉州最早繪製很正常。

這幅圖上的非洲地名不多，前人早已指出出自阿拉伯地圖，非洲中部的巨湖鄰近尼羅河源頭，無疑是維多利亞湖，其南有地名這不魯哈麻，即阿拉伯人所說尼羅河源頭所在的月亮山（Jabul al-Kamar），其右的哈納亦思津是赤道（Hatt al-Istiua），其左的桑骨八是桑給巴爾（Zanjibar）。〔註46〕我又論證非洲東部海上的娣八奴也是桑給巴爾（Zanjibar），阿拉伯人把黑奴稱爲桑給，喝竭是阿拉伯人所說的綠島（奔巴島），喝竭是阿拉伯語的綠色（Khadra），其南的庫六是阿拉伯人在坦桑尼亞的基爾瓦建立的基爾瓦國，伊本·白圖泰稱爲庫六（Culua）。其南的冒西哈必剌即古莫桑比克（Mozambique）國，其南的失阿剌即莫桑比克的古索法拉（Sofala）國，〔註47〕其東的哇阿哇即塞舌爾到馬達加斯加一帶海島，也即阿拉伯人所說的瓦克瓦克（Wakwak）。〔註48〕

日本的島原市本光寺本《混一疆理歷代國都之圖》的哇阿哇東南有一地名殘缺，龍谷大學本非洲地名全部沒寫，〔註49〕幸好明代羅洪先《廣輿圖》的《東南海夷圖》與《西南海夷圖》全部來自李汝霖《聲教廣被圖》，《西南海夷圖》哇阿哇東南有個地名顆細打賓。

〔註44〕 周運中：《中國南洋古代交通史》，第 418～427 頁。

〔註45〕 周運中：《混一疆理歷代國都之圖南洋地名的五個系統》，《元史及民族與邊疆研究集刊》，第 31 輯，上海古籍出版社，2016 年。

〔註46〕 〔日〕海野一隆：《地圖文化史上的廣輿圖》，東洋文庫，2010 年，第 138～144 頁。

〔註47〕 周運中：《鄭和下西洋新考》，第 311～315 頁。

〔註48〕 周運中：《中國南洋古代交通史》，第 396～407 頁。

〔註49〕 龍谷大學本的清晰圖片，見龍谷大學圖書館網站：
http://www.afc.ryukoku.ac.jp/kicho/cont_13/pages/1390/1390.html?l=1,1&c=31&q=。

《廣輿圖・西南海夷圖》局部

　　顆細打賓不是馬達加斯加，因為阿拉伯人把馬達加斯加稱為科摩羅（Komr
或 komor），不是今天附近的科摩羅群島，阿拉伯人所記馬達加斯加島上地名
也沒有讀音吻合者。土耳其海軍司令西迪・阿里・賽賴比 1554 年所寫的《海
洋》記載馬達加斯加東部海島有 Manakura、Waghila、Nila，讀音不合。又說
到有泰札姆島距離馬爾代夫二十札姆，〔註 50〕可能是馬爾代夫南部的查戈斯
（Chagos）群島，讀音也不合。則顆細打賓不在非洲，一定在東南亞或澳大

〔註50〕〔法〕費琅輯注、耿升、穆根來譯：《阿拉伯波斯突厥人東方文獻輯注》，第
　　　　607、610 頁。

利亞。費琅說阿拉伯人經常誤以爲蘇門答臘島、爪哇島鄰近非洲，〔註51〕所以有可能把東南亞畫在緊鄰東非諸島之處。

一、烏斯蒂豐是澳大利亞

一般認爲在歐洲人到達之前，亞洲人已經發現澳大利亞，但是來往很少，也沒有確切的文獻記載。李約瑟說到 1849 年澳大利亞北海岸的達爾文（Darwin）港一棵 200 年樹齡的榕樹根部發現一尊明代或清初風格的中國壽星瓷器，又說到印度尼西亞的望加錫（Macassarese）人與普吉斯（Bugis）人經常到澳大利亞北海岸捕魚與貿易，澳大利亞土著說在望加錫人之前還有一種皮膚很淺的人來過，所以中國人很可能也到過澳大利亞。〔註52〕

阿拉伯人迪馬斯基 1325 年左右寫的《海陸奇蹟薈萃》說到印度洋東南有一個地名叫烏斯蒂豐（Ustifun），但是費琅看到兩種手稿寫作烏斯蒂孔（Ustikun），所以他譯爲烏斯蒂孔。迪馬斯基說：

蘇卜赫島（Subh）又稱爲阿利得島，它位於閃光塔島的那邊，有一百英里遠……離那裡有二十英里之處便是烏斯蒂孔地區；那裡居住著中國血統的一個人種；這些人都是崇拜太陽而不信基督者。此地的金礦和剛玉礦很多，它與烏斯蒂孔山脈相連接，後一座大山在東南部將這一海灣與黑暗之海離開了……那裡是地球上經度的邊緣，從靠西邊最遙遠的邊界一直延伸到最靠東的邊界。這個弓形的最高點位於中間，那裡的經度是 90°；烏札因（Uzayn）燈塔地正位於那裡。

下一頁又有南海專章說：

據一些地理學家認爲，南海連同由那裡分流出來的大海灣，被稱爲太平洋或者黑暗之海和烏斯蒂孔海，南海是世界上三個海中最大的一個，也是航海家在航行中最危險的海面……再向南，我們就會遇到大科摩羅島的岸邊……這個海只有唯一的一個進口，即通過由烏斯蒂孔群山構成的海峽進入。這些山，山巒起伏……一直伸向大海達二百英里之遠；但這一山脈包括有一些非常高大的山峰，並從東蜿蜒至科摩羅山脈和達古塔（Daghuta）地區的灘頭，穿過陸路

〔註51〕〔法〕費琅輯注、耿昇、穆根來譯：《阿拉伯波斯突厥人東方文獻輯注》，第196頁。
〔註52〕〔英〕李約瑟著、汪受琪等譯：《中國科學技術史》第四卷第三分冊《土木工程與航海技術》，科學出版社，2008年，第587頁。

的中間，烏賈因燈塔地就位於那裡。據說希迪爾（Kdier）帶著雙角的亞歷山大的部隊曾進入這個山中。在這些山峽中，有一股激流，這股激流是由海水漲潮和落潮的運動，以及從南至北不斷滾滾流動的洪流而產生的，以至使各種大小船隻都不能通過……經過這個隘口以後，水便流向大海，一直到達科摩羅山脈和達古塔山脈……在烏斯蒂孔山脈盡頭，緊靠從大洋中分流出來的海峽，有一座大火山，名叫黑色之燈塔，在距此幾天路程之遠的地方都能看到朝天噴射高達數波斯里的火舌。〔註53〕

烏斯蒂孔應是澳大利亞，原因有以下七點證據：

1、烏斯蒂孔在地球阿拉伯人所知世界的最東南部，所以說是經度的邊緣，又在印度洋東南，其南是南海。亞歐大陸上的人早已熟悉印度尼西亞各島，所以最東南的地方應是澳大利亞。

2、烏斯蒂孔北面的洋流使人很難接近，這股洋流從南向北流來，正是西澳大利亞寒流，從南向北流到北海岸，再從西向東流過北海岸。而人們在小異他群島南部遇到從東向西流的南赤道暖流，也就是說，要從印尼去澳大利亞，要越過兩道逆向的洋流，北面一條是從東向西流，南面一條是從西向東流，而澳大利亞在南部，所以人們很難到達。但是帝汶東部的塔寧巴爾（Tanimbar）群島東南有東南向的洋流，也就是說從帝汶向東南，可能到達澳大利亞。但是因為帝汶東南已經非常邊緣，所以亞洲大陸人很少到達。

〔註53〕〔法〕費琅輯注、耿升、穆根來譯：《阿拉伯波斯突厥人東方文獻輯注》，第412～413、416頁。

印度尼西亞與澳大利亞之間的洋流

3、南赤道暖流從澳大利亞北部向西，一直流馬達加斯加島，再向南進入莫桑比克海峽，阿拉伯人記載完全吻合！大科摩羅島就是馬達加斯加島，而阿拉伯人所說的達古塔就在索法拉國。〔註54〕

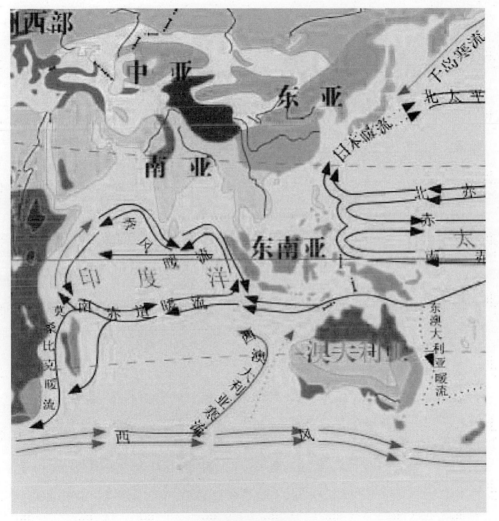

印度洋的洋流

4、烏斯蒂孔有群山，澳大利亞最北部恰好是山地，中部則以平原為主。

〔註54〕阿拉伯人多次說到索法拉的達古塔，本文不再贅抄，可見〔法〕費琅輯注、耿升、穆根來譯：《阿拉伯波斯突厥人東方文獻輯注》的索引。

5、烏斯蒂孔有很多金礦和剛玉，澳大利亞北部恰好多有金與剛玉，剛玉即紅寶石、藍寶石，世界上最大的藍寶石就出自昆士蘭州北部，北部地區有一種極為近似紅寶石的石榴石，所以現在北部地區還有一個地方就叫紅寶石裂縫（Ruby Gap）。

6、阿拉伯人伊卜拉欣姆・本・瓦西夫（Ibrahim Bin Wasif）約在十世紀寫的《印度珍異記述要》說：「傳說易卜利斯居住在黑色之海⋯⋯島上有火山⋯⋯有大魚，身長數日行，外表極美，形狀各異，五顏六色，一座座城郭漂浮於水上，又在航海家們眼前一個個消逝⋯⋯好似一些城堡升起在水上，其狀各不相同，隨後又沉入水中。此海之深度變化莫測⋯⋯還有些地方生長著類似珊瑚一樣的樹木。」〔註55〕這裡所說的黑色之海的城堡其實就是世界上最大的珊瑚礁群大堡礁，從澳大利亞與新幾內亞島之間的托雷斯海峽向南延伸，因為珊瑚環礁類似城堡，所以有此傳說，其間的魚類自然是五顏六色，形狀各異。阿拉伯人在澳大利亞最北部看到大堡礁的奇觀，自然要記載。

7、伊卜拉欣姆・本・瓦西夫《印度珍異記述要》又說到東南黑海上有伽彌斯島：「伽彌斯乃一種圓形獸，發出一種極可怕的聲音⋯⋯據稱該獸六個月生活在水中，六個月生活在島上。」〔註56〕費琅注說這是吞沒獸，這很可能是澳大利亞的鴨嘴獸，外形奇特，亞洲人從未見過。鴨嘴獸體型渾圓，水陸兩棲，而且每天吞食很多食物。

二、阿拉伯人對印尼東部的考察

我曾經論證，東漢託名東方朔的《神異經》已經記載了蘇拉威西島的鹿豚，唐朝的室利佛逝也有轉運來的鹿豚，〔註57〕說明中國人很早就獲得印尼東部諸島的地理知識。

謝弗（Edward Hetzel Schafer）曾經指出，唐代之前來到中國的紅鸚鵡是澳大利亞紅鸚鵡，唐代來到中國的五色鸚鵡、白鸚鵡是馬魯古群島的猩猩鸚鵡（喋喋吸蜜鸚鵡），《新唐書》卷二百二十二下說陀洹國進貢：「白鸚鵡，首有十紅毛，

〔註55〕〔法〕費琅輯注、耿昇、穆根來譯：《阿拉伯波斯突厥人東方文獻輯注》，第158頁。

〔註56〕〔法〕費琅輯注、耿昇、穆根來譯：《阿拉伯波斯突厥人東方文獻輯注》，第167～168頁。

〔註57〕周運中：《中國南洋古代交通史》，第109～110頁。

齊於翅。」這種鸚鵡是塞蘭和安波那出產。〔註58〕《宋書》卷九十七記載呵羅單國（在今蘇門答臘）進貢赤鸚鵡，婆皇國（今馬來西亞彭亨）進貢赤、白鸚鵡。其實吸蜜鸚鵡科有不少五彩繽紛的鸚鵡，而頭上有十根紅毛的白鸚鵡可能不是塞蘭和安波那出產的鮭色鳳頭鸚鵡（Cacatua moluccensis），而是澳大利亞的米切氏鳳頭鸚鵡（Cacatua leadbeateri），因為這兩種鸚鵡的頭上雖然都有紅毛，但是鮭色鳳頭鸚鵡的毛的粉紅色，而且頭上的紅毛不明顯，在白毛之後，但是米切氏鳳頭鸚鵡頭上的紅毛非常明顯。〔註59〕

米切氏鳳頭鸚鵡、鮭色鳳頭鸚鵡

宋元時期出現的海外珍禽倒掛鳥，王頲考證就是印度尼西亞東部的新幾內亞島出產的極樂鳥。〔註60〕我認為不是倒掛鳥，而是倒懸鸚鵡，不過倒懸鸚鵡的一些品種也來自印尼東部到大洋洲一帶。關於中國古人獲得極樂鳥的歷史，我將在另書詳考，本書不再贅述。我還曾論證，明初進貢到中國的鶴

〔註58〕〔美〕謝弗著、吳玉貴譯：《唐代的外來文明》，中國社會科學出版社，1995年，第225～227頁。謝弗誤以為陀洹國在馬魯古群島，其實是在泰國。
〔註59〕澳大利亞東南的紅冠鳳頭鸚鵡雖然也有紅冠，但是毛是灰色。
〔註60〕王頲：《鳳敫麗羽：海外珍禽「倒掛鳥」考》，《暨南學報（哲學社會科學版）》2003年第2期，收入暨南大學歷史地理研究中心編《中國歷史地理研究》第3輯，2005年，第86～104頁。

鴕就是印尼東部與澳大利亞的食火雞。〔註61〕阿拉伯人之所以能發現澳大利亞，因爲他們早已深入考察過印尼東部諸島，留下了很多珍貴的記載。

先看 Sila，伊本・庫達特拔約在 844～848 年所寫的《道理郡國志》說：「在中國的邊遠地帶……有一山國，名叫新羅（Sila）……盛產金子，所有前往的伊斯蘭教徒均永久定居下來。」〔註62〕費琅稱爲新羅，但其實不是新羅。朝鮮半島金礦不多，穆斯林也很少。卡茲維尼（Kazwini，1203～1283）寫的《世界奇異物與珍品志》說 Sila 群島：「由無數島嶼組成……那裡地下出產大量的黃金，天空飛翔有灰色和白色的大隼。」〔註63〕

迪馬斯基說：「在東海或者黑暗之海裏，在阿摩尼亞山和中國諸港灣的後面，有六個大島，稱之爲新羅群島，因爲在那裡的礦藏、岩洞和河床中發現有剛玉礦和寶石。阿利得人（Alides）看中了這塊地方，驅逐了倭馬亞人（Omeyyade，即白衣大食人——譯者）……這些島嶼位於瀝青海之北岸……蘇卜赫島（Subh），又稱爲阿利德島，它位於閃光塔島的那邊，有一百英里遠。此地出產其他地方都沒有的剛玉礦，離那裡有二十英里之處便是烏斯蒂孔地區。」〔註64〕

蘇卜赫島（Subh）島在烏斯蒂孔之北，這個島其實就是帝汶（Timor）島之西的松巴（Sumba）島，此島距離澳大利亞很近。說明 Sila 不是新羅，而是小異他群島，所謂白色的大隼其實是鳳頭鸚鵡，產自澳大利亞和印尼東部諸島，多數是白色。也有黑色、粉紅色，但是黑鳳頭鸚鵡、粉紅鳳頭鸚鵡多在澳大利亞，而印尼東部極少。鳳頭鸚鵡比一般鸚鵡大，白鳳頭鸚鵡體長近50cm，分佈在北馬魯古群島，葵花鳳頭鸚鵡體長達 50cm，分佈在阿魯群島和新幾內亞島。因爲外形美麗，體型較大，所以阿拉伯人記載，但是誤傳爲白色大隼。因爲印尼東部諸島有來自澳大利亞的金和寶石，所以外人誤以爲產自此處，此處很早就有阿拉伯商人光顧。

Sila 群島可能是今塔寧巴爾群島，西南有第二大島塞拉魯（Selaru）島，

〔註61〕周運中：《鄭和下西洋新考》，第 379～385 頁。
〔註62〕〔法〕費琅輯注、耿升、穆根來譯：《阿拉伯波斯突厥人東方文獻輯注》，第 47 頁。
〔註63〕〔法〕費琅輯注、耿升、穆根來譯：《阿拉伯波斯突厥人東方文獻輯注》，第 329 頁。
〔註64〕〔法〕費琅輯注、耿升、穆根來譯：《阿拉伯波斯突厥人東方文獻輯注》，第 412 頁。

西部有塞盧（Selu）島，讀音接近。華萊士說到帝汶島西部及羅地（Rotti）、
薩烏（Savu）等島有一個非常不同的民族，看起來很像是馬來人和印度人或
阿拉伯人的後代，他們與帝汶島的巴布亞人不同。〔註65〕這些人會不會是阿
拉伯人所說的阿里德人的後代？

　　松巴島北部的閃光塔，其實就是黑色燈塔，迪馬斯基說在烏斯蒂孔北面
海峽的西口，也即洋流的出口處有一座高大的火山，被稱為黑色燈塔，其實
就是松巴島北部的松巴哇（Sumbawa）島上的著名大火山坦博拉（Tambora）
火山，原高 4000 米，1815 年的噴發使山頂削平，現高 2851 米，那次噴發可
能造成 60000 人喪生，致使全球氣溫下降 0.5 度，1816 年全球沒有夏天。

　　伊卜拉欣姆・本・瓦西夫《印度珍異記述要》在珊瑚島之後說：「另一島
的中部，有一座用黑色發光石建造的高大金字塔，不知塔中有何物，只見塔
之周圍，骸骨成堆，屍體遍野。有一次，一位國王來到該島，到達伊始，所
有隨行人員便昏昏欲睡……凡是停留在金字塔旁或行動遲緩的人均因此而喪
命。」其實黑色金字塔就是黑色燈塔，因為火山爆發會殺死島上所有人，而
且噴出毒霧，島上在一段時間內不會有人居住。

　　伊卜拉欣姆・本・瓦西夫《印度珍異記述要》講述雙角亞歷山大大帝前
往黑海，路過水晶宮島，一位婆羅門阻止他，說登島的人會昏迷不醒，〔註66〕
水晶宮也是光塔的訛傳，因為松巴哇島之西的巴釐島和龍目島是婆羅門統
治，巴釐島至今仍然是印尼僅有的印度教島嶼。

　　迪馬斯基在黑色燈塔前面說到有偽基督島、烏雲、風暴、雨水三島，他
說：「其中有一島始終處于連綿不斷的雨水之下，另一個島嶼位於南部，被烏
雲籠罩，第三個島嶼緊傍第二島，終日閃電，儘管人們在吃既看不到降雨，
也發現不了烏雲。」

　　其實這種現象完全是印尼東部諸島的寫照，因為爪哇西部降水較多，
茂物被稱為世界雷都、雨都，一年有 322 天有雷雨。爪哇島向東，降水逐
漸減少，龍目島東部已有荒漠植物，而位於南部的帝汶島，因為靠近澳大
利亞，東南季風季節吹來乾燥熱風，特別是帝汶島上的東北部，每年從 3
月到 11 月的三分之二時間內無雨，植被稀少。而帝汶島東北部不遠的塔寧

〔註65〕　〔英〕阿爾弗萊德・拉塞爾・華萊士著、彭珍、袁偉亮等譯：《馬來群島自然
　　　　　科學考察記》，中國人民大學出版社，2004 年，第 514 頁。
〔註66〕　〔法〕費琅輯注、耿升、穆根來譯：《阿拉伯波斯突厥人東方文獻輯注》，第
　　　　　165～166 頁。

巴爾群島、東南群島，因為有經過托雷斯海峽的濕潤氣流吹來，所以終年濕潤，植被茂密。〔註67〕所以阿拉伯人記載緊鄰三島，降水迥異，南部少雨，基本屬實。

伊卜拉欣姆・本・瓦西夫《印度珍異記述要》講述雙角亞歷山大大帝前往黑海，路過龍島，島上有吃人的巨龍。〔註68〕其實這也不是編造，就在松巴島的正北，有科摩多（Komodo）島，此島及附近的林卡（Rinca）島、莫堂（Motang）島、弗洛勒斯（Flores）島上有著名的科摩多巨蜥，又名科摩多龍，是世界上最大的蜥蜴，體長 2～3 米，重達 165 千克。外形恐怖，口吐長舌，布滿毒液，四腳高大，腳爪鋒利，尾長有力。科莫多巨蜥攻擊人類，常能殺人。

瓦西夫在伽彌斯島之下說：「到達一座城，城里居民，長面孔，手持金杖，並用之格鬥，以香蕉和香草為食。海員們在這些人中間生活了月餘，伸手拿他們的金杖，也並未遭到阻止。」〔註69〕長面孔的人可能是巴布亞人，巴布亞人身高臉長，與馬來人相貌差異很大。〔註70〕

迪馬斯基等人又把黑暗之海稱為瀝青海，可能也有根據，因為在今蘇拉威西島東南的布敦島有天然瀝青湖，印度東部盛產石油。

三、胡斯納米、僞基督島與顆細打賓

迪馬斯基說蘇卜赫島（Subh）島在閃光島的那邊，閃光島在十世紀瓦西夫的書中已有記載：

> 相傳該海上，有一白色城堡，在水面上移動，時常在拂曉前出現，海員們看到，便興高采烈，因為這將預示著他們安全無恙、旗開得勝、滿載而歸……此海中有一座銀光閃爍的城郭，叫巴拉卡（al-Bariaka），用閃閃發光的白石建造，極為美麗，可聽到叫喊聲和歌聲，但卻不見人影……此海域瓦克海相毗鄰……這座山上，日

〔註67〕〔英〕阿爾弗萊德・拉塞爾・華萊士著、彭珍、袁偉亮等譯：《馬來群島自然科學考察記》，第 8 頁。任美鍔：《東南亞地理》，中國青年出版社，1954 年，第 205 頁。

〔註68〕〔法〕費琅輯注、耿升、穆根來譯：《阿拉伯波斯突厥人東方文獻輯注》，第 166～167 頁。

〔註69〕〔法〕費琅輯注、耿升、穆根來譯：《阿拉伯波斯突厥人東方文獻輯注》，第 168 頁。

〔註70〕〔英〕阿爾弗萊德・拉塞爾・華萊士著、彭珍、袁偉亮等譯：《馬來群島自然科學考察記》，第 512 頁。

夜火光衝天。〔註71〕

卡茲維尼說到白色城堡島的好徵兆，但是還說到其中是死屍，又說到波斯國王來到，昏迷倒地，〔註72〕顯然就是火山。

伊本・庫達特拔約在844～848年縮寫的《道理郡國志》說在今印度尼西亞海中：

有一山，其土遇火即成銀。〔註73〕

阿拉伯商人蘇萊曼在851年所寫的《黃金草原》在安達曼島之下說：

越過該島，便發現一些高山，並非位於航道上，據說山上有銀礦。山上無人居住，但所有試圖靠近的船隻均不能達到其目的。為了到達高山，人們順一個叫胡斯納米（Khusnami）的山嘴前進……
燃木取火，立即有銀流出：因此，發現了銀礦。〔註74〕

這個故事在瓦西夫的書中也有，他直接說這個銀山在婆魯師（Balus）島，也即蘇門答臘島西北部。今蘇門答臘島的銀礦確實在西南部的明古魯省，確實不在主航道馬六甲海峽。不過在爪哇島西部與巴布亞島西部也有銀礦，不知是否在此兩地。費琅說，胡斯納米是波斯語，就是好預兆。因此我們不難推想，迪馬斯基所說的白島很可能是銀島的訛傳，所以也有遇到此島即有好兆頭的說法。或者是火山光亮的訛傳，或者銀島是光島、白島的訛傳，總之在爪哇島或其以東諸島，松巴哇島也有金礦。

迪馬斯基說：「科摩羅大島的南部，以及瓦克瓦克群島和喀什明（Kasmin）島向南延伸到大海，如同達古特的一部分，位於太平洋沿岸的僧祇人地區，緊傍科摩羅島。」〔註75〕《一千零一夜》記載的水手辛巴達航海故事說：「我在此地發現一個叫做卡西爾（Kasil）的島嶼，每天夜裏在那裡均可以聽到擂鼓的聲音，據海員們聲稱，此島由偽基督居住。」〔註76〕瓦西夫也記載了偽

〔註71〕〔法〕費琅輯注、耿升、穆根來譯：《阿拉伯波斯突厥人東方文獻輯注》，第162頁。

〔註72〕〔法〕費琅輯注、耿升、穆根來譯：《阿拉伯波斯突厥人東方文獻輯注》，第334頁。

〔註73〕〔法〕費琅輯注、耿升、穆根來譯：《阿拉伯波斯突厥人東方文獻輯注》，第42頁。

〔註74〕〔法〕費琅輯注、耿升、穆根來譯：《阿拉伯波斯突厥人東方文獻輯注》，第54頁。

〔註75〕〔法〕費琅輯注、耿升、穆根來譯：《阿拉伯波斯突厥人東方文獻輯注》，第404頁。

〔註76〕〔法〕費琅輯注、耿升、穆根來譯：《阿拉伯波斯突厥人東方文獻輯注》，第542頁。

基督島的擂鼓聲，說在銀光島之前，說明卡西爾島在印尼東部，迪馬斯基又說：「赤道一帶，又有僞基督島和闍賓島（Kasmir，克什米爾，原文如此）、烏雲島、風暴島、雨水島，最後是在烏斯蒂孔山脈以遠的瓦克瓦克群島。」迪馬斯基又說僞基督島上的山間，夜裏有鼓聲、弦樂聲、鈸聲和可怕的喊叫聲，〔註77〕白色城堡島也有叫喊聲，而且 Khusnami 讀音接近 Kasmin，說明是一地。其實 Kasmir 不是闍賓（克什米爾），而是同書上文的 Kasmin 島，也即前人所說的 Khusnami 島。阿拉伯人認爲此島在瓦克瓦克烏雲、風暴、雨水三島之間，也即在印度洋東南，迪馬斯基同時代的元代地圖《聲教廣被圖》的顆細打賓的讀音和位置都很符合。

其實，Khusnami、Ustifun 的讀音都很接近顆細打賓，閩南語的顆是 kho，n、t 音近，mi、fun、bin 音近，所以《混一疆理歷代國都之圖》、《廣輿圖・西南海夷圖》上印度洋東南部的顆細打賓，第一種可能是 Kasmin，也即小異他群島，主要是指松巴島和松巴哇島。第二種可能是烏斯蒂豐，也即澳大利亞。如果烏斯蒂豐之名來自古代歐洲人所說的南方大陸（Australis），則無關胡斯納米、顆細打賓。

阿拉伯人在中世紀就航行到了澳大利亞，中國人很可能也聽說了澳大利亞的一些傳說，不過在中國文獻找不到記載，所以還是存疑。古代中國人也有可能偶然漂流到澳大利亞，但是這些都不能證明鄭和下西洋到達澳大利亞。至今爲止，所有關於鄭和下西洋到達澳大利亞的觀點，都找不到任何確切依據，所以我們不能說鄭和下西洋曾經到達澳大利亞。

鄭和下西洋是官方行爲，官方航海和民間航海的性質有很大差異。一般而言民間航海的牟利動機更強，但是古代官方航海的路線不是由航海者本身決定，而是聽命於朝廷。所以民間航海的冒險性更強，更容易發現新航路和新大陸。而官方航海往往循規蹈矩，不容易有重大突破。所以鄭和下西洋缺乏探尋新大陸的動機，自然不太可能發現新大陸。我們現在所見的鄭和下西洋航線表明，鄭和下西洋的航行範圍沒有超出宋元時期中國人的航行範圍。也沒有資料表明鄭和下西洋有探尋新大陸的動機，即使有鄭和下西洋的海船因爲失事漂流到遠方，能夠漂流到澳大利亞再回航的可能性也很小。因爲鄭和下西洋的航線沒有到爪哇島的東南方，雖然《鄭和航海圖》標出了蘇門答

〔註77〕〔法〕費琅輯注、耿昇、穆根來譯：《阿拉伯波斯突厥人東方文獻輯注》，第427頁。

臘島西南部的航線，但是我已經指出《鄭和航海圖》的一些內容可能是譯自外國航海圖，未必是鄭和下西洋的實際航線。即便是鄭和下西洋的船隊確實到了蘇門答臘島的西南部，遭遇事故，也不太可能漂流到澳大利亞。因為洋流是從澳大利亞西北部流向爪哇島，所以從蘇門答臘島的西南部很難到達澳大利亞，這也是古代印度尼西亞人能夠很早擴散到馬達加斯加島而不能擴散到澳大利亞的原因。

汪大淵所記元代雲南與海外交通

鄭和是明代最偉大的航海家，他率領龐大的船隊七下西洋。前人的鄭和研究大都關注於鄭和其人及其家族，鄭和下西洋的性質、目的，下西洋的過程、結果，鄭和的航海圖、航海史地考證，鄭和下西洋所用海船的研究，以及鄭和文化、鄭和海權思想、海洋意識的研究等等。

其實鄭和雖然是出生在明朝初年，但是他出生時，他的家鄉雲南昆陽還在元朝梁王勢力的統治之下。洪武十四年（1381 年），明朝攻佔雲南，鄭和被俘，此時鄭和已有十來歲。前人對鄭和生年的考證有 1371 年、1374 年諸說，根據朱惠榮先生最新考證，鄭和出生在庚戌年，也即洪武三年（1370 年）。〔註78〕如果此說確定，則鄭和入明時已是十二歲的少年。鄭和的祖父兩代都曾經到麥加朝覲，獲得了哈只的稱號。鄭和在少年時期，一定聽他的家人講述去麥加朝覲的故事，還和雲南的回族交往甚密。元朝的歷史文化對鄭和的成長至關重要，李士厚、朱惠榮、邱樹森等前輩雖然有很多文章研究鄭和的家世和家鄉，但是較少涉及元代鄭和家鄉的海外貿易研究。本文以元代最重要的海外交通史籍汪大淵的《島夷志略》為主要視角，探討元代鄭和家鄉的海外貿易。

一、《島夷志略》的塘頭市布

《島夷志略》吉蘭丹條說：「出花錫，貨用塘頭市布、占城布、青盤、花碗、紅綠（焇）珠、琴、阮、鼓、板之屬。」〔註79〕

吉蘭丹，古名有葛辣都、第辣打、急蘭丹等，在今馬來半島東北部吉蘭

〔註78〕 朱惠榮：《鄭和「庚戌三月十一日」索解》，《鄭和研究通訊》2013 年第 1 期，第 19～22 頁。又收入《鄭和研究動態》，第 28 期，第 4～7 頁。

〔註79〕 〔元〕汪大淵著、蘇繼廎校釋：《島夷志略校釋》，第 99 頁。

丹州，自古這一地區多有中國商船。

關於塘頭市布，柔克義譯爲中國頭部布，實將塘誤以爲是唐，此說當然不對，蘇繼廎則認爲此布當爲海南島所產一種布，因爲海南島地名後綴市字者頗爲常見。其實塘頭是常見地名，不一定就是海南島。那麼塘頭市布究竟是怎樣一種布，它產自於哪裏呢？

我們查閱元代和元代以前的史籍，並未見塘頭市布的記載，但在一些清代志書中卻看到了對塘頭布的描述。康熙《雲南府志》卷二中，晉寧州條說：「塘頭布，極細密。」〔註80〕雍正《雲南通志》卷二十七中，雲南府條說：「塘頭布出晉寧塘頭，極細密。」〔註81〕嘉慶《大清一統志》卷四百七十七中，土產條也說：「布出晉寧川塘頭，極細密，謂之塘頭布。」〔註82〕

元代至元十二年設晉寧州，至元十三年設昆陽州，1913年改爲晉寧縣、昆陽縣，1958年二縣合併，縣名晉寧，縣治在原昆陽縣治昆陽鎮。所以鄭和的家鄉今屬晉寧縣，但是原來是晉寧縣的近鄰昆陽縣。

汪大淵記載的吉蘭丹人購買的塘頭市布，很可能就是來自雲南晉寧的塘頭布，晉寧的塘頭佈在清初的康熙年間已經非常精美，則其最遲在明代已經非常著名。或許可以追溯到明代前期或元代，或許就是汪大淵在吉蘭丹看到的塘頭市布。雲南的古籍相對於中原地區來說，原本較少，所以元明時期的雲南文獻沒有記載此布。元代的雲南貨物已經通過海路銷往印度洋周邊，我們從《島夷志略》中還可以找到兩個證據。

二、《島夷志略》的雲南葉金

《島夷志略》波斯離條說：「貿易之用，用氈毯，五色緞、雲南葉金、白銀、倭鐵、大風子、牙梳、鐵器、達刺斯離香之屬」〔註83〕。

波斯離，爲波斯灣頭名城，今譯爲巴士拉（Basara），在今伊拉克東南沿海。那麼這個遠銷伊拉克的雲南葉金是什麼呢？藤田豐八以爲葉金即爲葉子

〔註80〕　〔清〕謝儼：《雲南府志》（康熙三十五年刊本），《中國方志叢書》，臺北：成文出版社，1967年，67頁。

〔註81〕　〔清〕靖道謨：《雲南通志》，《景印文淵閣四庫全書本》第570冊，臺北：商務印書館，285頁。

〔註82〕　〔清〕和珅：《欽定大清一統志》，《景印文淵閣四庫全書本》第482冊，臺北：商務印書館，568頁。

〔註83〕　〔元〕汪大淵著、蘇繼廎校釋：《島夷志略校釋》，第301頁。

金。明人王佐《新增格古要論》卷六說：「雲南葉子金，西蕃回回金，此熟金也。」〔註84〕即一種錢。蘇繼廎則認爲：「葉金當指狀如葉片之金，蓋鎔鑄鍛鍊使成此狀也，即所謂金箔」〔註85〕。我們認爲，此爲正解。

我們綜觀《島夷志略》，發現元代出國商品幾無其他金子的記錄，雲南產金之豐，由此也能窺知一二。但是問題是，這葉金產自雲南的哪裏呢？鄭和家鄉會不會也產這種葉金呢？這是我們下一個要討論的問題。

據《元史》卷九十四志第四十三《食貨志二》載雲南產金之所有：「曰威楚、麗江、大理、金齒、臨安、曲靖、元江、羅羅、會川、建昌、德昌、柏興、烏撒、東川、烏蒙。」也正因爲雲南產金很多，元代曾設打金洞達魯花赤及造賣金箔規措所。

如上雖沒有提及昆陽（今晉寧）或者滇池南岸地方，但雲南歷來就是產金大省，晉寧是否產金不能因此而否定，退一步講不產金也不能代表它不從事黃金製造。再者，現代考古工作者從晉寧石寨山西漢初、中期墓葬，江川李家山西漢至東漢早期墓葬，以及昭通東漢時期的墓葬中發掘出爲數頗多的黃金製品，如金劍鞘、兵器金套、金臂甲、金髮飾、金腰帶、金彎飾、動物形金片等，全部爲鍛打成型；有的先經鍛打，再行模壓製成。可見，早在兩千多年前，滇池地區的工匠已經掌握了黃金的鍛打和模壓等加工技術。

史書載南詔時期雲南黃金製品加工業也是十分興旺的。南詔王衣金甲，官吏皆佩金帶，貴族婦女多以金飾，貴族家庭食用金銀（器具），使者以金鏤盒子裝信物，饋以金盞、銀水瓶。此外，還用大量黃金鑄造佛像。而南詔時期又以滇池周圍的中慶路爲中心，所以我們可以推測出當時該地區，鄭和家鄉的黃金製造業應該也發展得不錯。大理國時期繼續盛行用黃金製作佛像、佛飾。

迄至元代，雲南黃金產業更加興盛，金箔也於這時開始生產。前文所提到的雲南府「造賣金箔規措所」就是專造金箔、銀箔的機構，其中以金箔用途爲廣，用以製作佛像及裝飾房屋及生活器具，產銷十分興旺。而鄭和家鄉昆陽州就在雲南府內。

因而我們的結論是，鄭和的家鄉也是可能產這種遠銷伊拉克的葉金的。通過汪大淵《島夷志略》中所見這兩種來自雲南的商品，我們認識到，雲南

〔註84〕〔明〕王佐：《新增格古要論》，浙江人民美術出版社，2011年，212頁。
〔註85〕〔元〕汪大淵著、蘇繼廎校釋：《島夷志略校釋》，第304頁。

雖然地處內陸地區，但海外貿易依然很活躍。更甚者，雲南的中部鄭和家鄉也有海外貿易的商品。那麼，雲南的海外貿易的通道是怎樣的呢？元代昆陽的對外交通主要走哪一條呢？以下我們將做一番探討。

三、《島夷志略》的雲南通麥加海路

《島夷志略》天堂（天方，即麥加）條說：「雲南有路可通，一年之上可至其地。西洋亦有路通。」〔註86〕

所謂雲南有路可通麥加，可能就是鄭和祖先朝聖天方所走之路。大致路線可能是經緬甸入印度至孟加拉再泛海西行。那麼從雲南到緬甸之間具體路線又是如何呢？

兩漢時的雲南就與緬甸、印度諸國有交通往來、貿易與文化交流，而且與海西大秦國（羅馬）有了聯繫，向東南與交趾也建立通道。〔註87〕唐代的南詔國與海上交通就有數條路線，其中樊綽《蠻書》所載就有三條，雖然《蠻書》所記路線經過的有些地名現在還難以確切考證，但我們還是可以推測出這些路線的終點地區大致是在瀾滄江、湄南河、伊洛瓦底江三條河的入海地帶。《新唐書·地理志》卷四十三下引賈耽《皇華四達記》邊州入四夷的路程，其第六路程是安南通天竺道，是從安南都護府城經雲南的拓東、羊苴咩、永昌、驃國到天竺國，也就是由南詔通安南、天竺兩條路線的接連。〔註88〕

南詔以後的大理段氏時期，對外貿易進一步發展。李燾《續資治通鑑長編》卷二百六十七引楊佐《雲南買馬記》載：「雲南驛，驛前有里堠題：東至戎州西至身毒，東南至交趾，東北至成都，北至大雪山，南至海上，悉著道之詳。」〔註89〕由悉著道之詳，則可知雲南對外往返貿易交通頻繁。大理後期又廣設府、郡、鎮，其中金齒（鎮西）鎮通天竺、蒲甘，猛舍（開南）鎮通墮和羅、真臘，最寧鎮通交趾。並且以武力防邊，維護往來交通，致力於發展與沿海諸國貿易。聯繫到雲南驛的里堠，可見其對外往返貿易的盛況。

到了元代，雲南的對外通道又在大理段氏的基礎上進一步建設和完善。

〔註86〕〔元〕汪大淵著、蘇繼廎校釋：《島夷志略校釋》，第352頁。
〔註87〕林超民：《蜀身毒道淺談》，《西南民族歷史研究集刊》，1981年第1期。
〔註88〕方國瑜主編：《雲南史料叢刊》第三卷，雲南大學出版社，1998年，第245頁
〔註89〕〔宋〕李燾《續資治通鑑長編》，北京：中華書局，1986年，第19冊，第6540頁。

方國瑜和林超民教授合著的《馬可波羅行紀雲南史地叢考》就考證了雲南與東南亞的交通。其中，從金齒入緬有三條交通線。第一道從騰沖南下至梁河，沿楊柳江，穿蘿蔔壩到清平，過隴川、景坎、章鳳至猛卯，出漢龍關或天馬關到緬甸，為南路，是自古至近代雲南通緬的主要道路。第二道為驃甸路。路線當從梁河沿楊柳江經杉木籠，過隴川至章鳳，從章鳳西出虎距關，經孟卑沿瑞麗江抵江頭城，為中路。第三道經行阿郭地界。他們考證阿郭地即以干崖為中心的建寧路地，路線當經干崖，沿大盈江或太平街至蠻允，再經蚌西、三臺城至紅蚌河，從紅蚌河入緬至江頭城，為北路。從中路和南路可以知道，江頭城當是當時雲南入緬的一個必要站點，而從江頭城經太公城、安正國、馬來至蒲甘，再從蒲甘沿伊洛瓦底江順流經室利差咀羅國可至班加剌。〔註90〕

另外，從班加剌經景谷（交趾國）到阿僰（通海）也是雲南對外貿易的重要通道。商賈往返頻繁，貿易交換興盛。從班加剌到景谷當沿著唐代的「青木香山路」而行，途經車裏。這條路自南詔、大理時即為雲南與南海貿易往來的主要交通線。

交通總是與貿易相關聯，雲南交通的發展必然引起雲南對外貿易的發展。所以，元代雲南商品能夠遠銷東南亞甚至西亞當然也就不足為怪了。歷代以來，鄭和的家鄉其實都與海外保持著諸多的聯繫。

回到本文將要探討的關於鄭和先世朝聖的可能路線的問題。根據鄭和家鄉的地理位置，比較研究如上所述的主要路線，我們認為鄭和先世應當不會往北走入永昌，而是直接向南走，有可能是從阿僰（通海）經景谷（交趾國）到班加剌。這條路線也是馬可波羅緬甸之行回來路線的反向。

首先鄭和先祖是元代人與馬可·波羅同屬於一個時代的人，同時代的人走的路線大多是一樣的。再者，馬可·波羅入緬是受政府所派，走的當多為官道或時人多行走的路線。鄭之祖先遠走麥加雖為民間行為，但是此去路程頗遠，所以路線的選擇當會以安全、便利及繁榮程度為首要考慮點。最後，據我們所獲資料來看，從滇池附近出發的路線也以馬可所走路線最為便利。

跟隨鄭和下西洋的馬歡所著《瀛涯勝覽》暹羅國說：「國之西北去二百餘里，有一市鎮，名上水，可通雲南後門。此處有番人五六百家，諸色番貨皆

有賣者，。紅馬廄肯的石，亦有賣者。此石次於紅雅姑石，明淨如石榴子一般。中國寶船到暹羅，亦用小船去做買賣。」〔註91〕

綜上所述，元代雲南通往麥加的道路一定非常著名，所以在泉州附近活躍的江西人汪大淵居然也有記載。元代雲南出產的葉金還出口到波斯灣地區，說明當時有很多雲南貨物銷往海外。馬來半島吉蘭丹的塘頭布可能就是雲南晉寧著名的塘頭布，鄭和在兒時不僅從祖父兩代哈只那裡得到很多海外知識，還有可能從雲南到海外經商的回族及各族同胞那裡得到不少海外信息，這些對鄭和日後的成長都有莫大的幫助。可以說在鄭和入明之前，他對海外世界就毫不陌生。鄭和開闊的眼界使得他更容易獲得朱棣的信任，使他成為主持七下西洋的不二人選，因此元代鄭和家鄉的海外貿易非常重要。

南京明故宮遺址（周運中攝於 2011 年 9 月 8 日）

〔註91〕〔明〕馬歡著、萬明校注：《明鈔本〈瀛涯勝覽〉校注》，海洋出版社，2005 年，第 34 頁。

汪大淵修改宋代《島夷志》的證據

廖大珂曾經指出南宋泉州就有一本《島夷志》，不是元末汪大淵的《島夷志略》，南宋劉燁《清源文集序》說：「新安程公來鎮之明年，謂郡從事武陽李君方子曰：此邦號文章之藪而有志無集，非闕歟？子其爲我輯之。李君既承命，則退而網羅，收拾得詩賦雜文凡七百篇，合爲四十卷，而公括田虜士之本，與郡人所編《島夷志》則別爲之帙以附焉。」〔註92〕又指出汪大淵在宋代《島夷志》基礎增訂，成爲現代我們看到的《島夷志略》，明代《寰宇通志》、《一統志》所引《島夷志》內容與今本《島夷志略》稍有不同，可能來自宋代《島夷志》。〔註93〕

我以爲南宋原有《島夷志》的發現很重要，汪大淵確實在這本書的基礎上增訂成書。但是明代《寰宇通志》、《一統志》所引《島夷志》內容多是今本《島夷志略》的刪節，未必源自南宋《島夷志》。

而且馬歡《瀛涯勝覽》自序說：「余昔觀《島夷志》，載天時氣候之別，地理人物之異，慨然歎曰：普天下何若是之不同耶。永樂十一年癸巳，太宗文皇帝勑命正使太監鄭和，統領寶船往西洋諸番開讀賞賜。余以通譯番書，亦被使末，隨其所至，鯨波浩渺，不知其幾於萬里，歷涉諸邦，其天時氣候、地理人物、目擊而身履之。然後知《島夷志》所著者不誣，而尤有大可奇怪者焉。」馬歡看到的就是汪大淵《島夷志略》，但是他簡稱爲《島夷志》。可見汪大淵《島夷志略》也可簡稱爲《島夷志》，不是南宋《島夷志》。

汪大淵《島夷志略》麻那里：「界迷黎之東南，居垣角之絕島。石有楠樹萬枝，周圍皆水，有蠔如山立，人少至之。土薄田瘠，氣候不齊。俗侈，男女辮髮以帶捎，臂用金絲，穿五色絹短衫，以朋加剌布爲獨幅裙繫之。地產駱駝，高九尺，土人以之負重。有仙鶴，高六尺許，以穀爲食，聞人拍掌，則聳翼而舞，其容儀可觀，亦異物也。」

我已經論證麻那里是今科摩羅最大的大科摩羅島（Grand Comore），上有都城莫羅尼（Moroni），原名莫羅尼島，阿拉伯人稱爲 Mulālī。〔註94〕

但是大科摩羅島上沒有萬枝楠樹，而是石楠。據介紹：「大科摩羅島上的

〔註92〕〔宋〕劉燁：《雲莊集》卷五，《影印文淵閣四庫全書》第1157冊，第404頁。

〔註93〕廖大珂：《〈島夷志〉非汪大淵撰〈島夷志略〉辨》，《中國史研究》2001年第4期。

〔註94〕周運中：《鄭和下西洋新考》，第291～295頁。

卡爾莎拉（Karthala）高達 2316 米，是一座活火山。1500 米以上的山坡上生長著高大的石楠，而在低海拔的地方則是雨林、紅樹林和超過 2000 種本地植物。」〔註 95〕石楠不是楠樹，這不是翻譯的問題，因爲石楠與楠樹在中國南方都有，海商熟悉這些樹木，所以不會混淆。

所以我以爲汪大淵看到的宋代《島夷志》說麻那里：「石楠萬枝。」但是汪大淵以爲是指石上有楠樹萬枝，所以改爲石有楠樹萬枝。因爲汪大淵文學很好，所以才有此修改。

泉州出土南宋古船（周運中攝於 2016 年 8 月 11 日）

甘埋里補證

南宋趙汝括《諸蕃志》卷上大食國：「麻囉抹、施曷、奴發、啞四包閒、囉施美、木俱蘭、伽力吉、毗喏耶、伊祿、白達、思蓮、白蓮、積吉、甘眉、蒲

〔註95〕〔意〕喬凡尼・朱塞佩・貝拉尼著、董慶譯：《非洲》，中國大百科全書出版社，2010 年，第 258 頁。

花羅、層拔、弼琶囉、勿拔、甕籬、記施、麻嘉、弼斯羅、吉慈尼、勿斯離皆其屬國也。」其中的甘眉，前人多以爲是元代汪大淵《島夷志略》甘埋里：

> 其國邇南馮之地，與佛郎相近，乘風張帆，二月可至小具喃。其地船名爲馬船，大於商舶，不使釘灰，用椰索板成片。每舶二三層，用板橫棧，滲漏不勝，梢人日夜輪戽水，不使枯竭。下以乳香壓重，上載馬數百匹，頭小尾輕，鹿身弔肚，四蹄削鐵，高七尺許，日夜可行千里。所有木香、琥珀之類，均產自佛郎國，來商販於西洋互易。去貨丁香、荳蔻、青緞、麝香、紅色燒珠、蘇杭色緞、蘇木、青白花器、甕瓶、鐵條，以胡椒載而返。椒之所以貴者，皆因此船運去尤多，較商舶之取，十不及其一焉。

沈曾植以爲甘眉、甘埋里是忽魯模斯（霍爾木茲 Hormuz），藤田豐八以爲也可能是克爾曼（Kerman），夏德與柔克義以爲是科摩羅，林梅村提出《島夷志略》的班達里是霍爾木茲，甘埋里是哈馬爾（Hammar），在今阿聯酋朱爾法東南，南馮是達馬（Dama）。〔註96〕

我以爲林說誤，因爲哈馬爾不是大港，波斯灣的港口眾多，不能因爲是港口就對應。南馮不是達馬，讀音不對。《島夷志略》古里佛：「其珊瑚、眞珠、乳香諸等貨，皆由甘理、佛朗來也。」丹馬令：「貿易之貨，用甘理布、紅布、青白花碗、鼓之屬。」八都馬：「男女椎髻，纏青布縵，繫甘理布。」

甘理即甘埋里，甘埋里是甘里埋之倒誤，霍爾木茲是波斯灣最重要的港口，讀音吻合。而且馬可波羅特別描寫了霍爾木茲（Ormuz）的海船用椰樹皮縫合，裝馬賣給印度，完全吻合。又說印度人運來香料、寶石、皮毛、絲綢、金錦、象牙，商業繁榮。〔註97〕

我們考證地名，不能僅看讀音，音近的地名太多，必須要結合歷史事實才能確定。南馮，前人以爲是格什姆（Geshm）島，雅庫特稱爲 Laft，或以爲此名源自此島東南的 Namakadan。〔註98〕我以爲此說誤，因爲格什姆島本來就是霍爾木茲國土，不存在靠近問題。佛朗無疑是指歐洲，源自法蘭克 Frank。

〔註96〕林梅村：《甘埋里考——兼論宋元時代海上絲綢之路》，《國際漢學》2015年第3期。

〔註97〕〔意〕馬可波羅著、馮承鈞譯：《馬可波羅行紀》，上海書店出版社，2001年，第477頁。

〔註98〕〔元〕汪大淵著、蘇繼廎校釋：《島夷志略校釋》，北京：中華書局，1981年，第368頁。

原文說木香、琥珀從佛朗運來，勞費爾曾經考證西亞的琥珀確實很可能主要來自歐洲。〔註 99〕原文說甘里埋與佛朗相近，又說緊鄰南馮，說明南馮很可能也有一段距離。

我以為南馮是馮南倒誤，也即東羅馬，此處特指東羅馬晚期的中心，即今土耳其。羅馬 Rom，古亞美尼亞語是 Hrom，庫爾德語是 Urum，波斯人讀作 From 或 Frim，漢語譯為拂林，〔註 100〕則也可以譯為馮南，南的古音是 nam，韻尾是 m，所以讀音比較符合。

從霍爾木茲到歐洲，必經土耳其。今本《島夷志略》多有倒誤，如我此前考證，古里佛是古佛里（科莫林 Comorin）與古里（卡里卡特 Calicut）的混誤，羅婆斯是婆羅斯（Barus）的倒誤，麻加那是麻那加（米南加保 Menankabwa）的倒誤。〔註 101〕此書倒誤太多，很可能因為阿拉伯文、波斯文的書寫順序與漢語相反，所以翻譯或繪圖時致誤，也有可能是漢文抄寫之誤。

我曾經提出汪大淵未曾到過印度西部，所以混淆科莫林與古里，他也不可能來到霍爾木茲，所以他竟說中國人從霍爾木茲運回胡椒，其實胡椒是印度原產，印度最多，不可能從霍爾木茲南運。《島夷志略》也說小具喃（奎隆 Kollam）、古里佛（應為古里）之間的下里（阿勒皮 Alleppey）：「地產胡椒，冠於各番，不可勝計。」其實應是霍爾木茲商人到古里、小具喃一帶與中國商人貿易，霍爾木茲商人和中國商人順便買回印度的胡椒，汪大淵混淆致誤。

〔註99〕〔美〕勞費爾著、林筠因譯：《中國伊朗編》，北京：商務印書館，1964 年，第 352 頁。
〔註100〕〔美〕勞費爾著、林筠因譯：《中國伊朗編》，第 262 頁。
〔註101〕周運中：《中國南洋古代交通史》，第 380、386～387 頁。

第二章　鄭和下西洋與中外交流

鄭和下西洋與中緬交通興衰

　　緬甸地處東亞、南亞、東南亞之間，地理位置極爲重要。緬甸控制中國通往印度洋最近最便捷的通道，戰略位置非常突出。緬甸南北很長，北接青藏高原，南端靠近馬六甲海峽，是東南亞南北最長的國家。緬甸是東南亞唯一以漢藏語系民族爲主的國家，主體民族緬族是藏緬語族民族，自古以來與中國關係密切。在抗日戰爭中，因爲緬甸扼守西南通海門戶，所以日軍妄圖從緬甸包抄到中國西南，中國遠征軍入緬作戰。顯示了緬甸對中國地緣政治的重要價值，兩國人民也在抗日戰爭中凝結了深厚的友情。

　　緬甸在上古時期就是中國與南亞的交通要道，最遲在漢代的正史，已經記載從印度洋經緬甸到中國的交通。《後漢書》卷九十六《南蠻西南夷列傳》說：「（漢安帝）永寧元年（120年），撣國王雍由調，復遣使者詣闕朝賀，獻樂及幻人，能變化吐火，自支解，易牛馬頭。又善跳丸，數乃至千。自言我海西人。海西即大秦也，撣國西南通大秦。明年元會，安帝作樂於庭，封雍由調爲漢大都尉，賜印綬、金銀、綵繒各有差也。」此處的大秦還有爭議，有人說是羅馬，[註1] 有人說在印度南部，即東晉法顯所說的達嚫（Daksina），[註2] 有人認爲是印度附近。[註3] 我認爲，《史記》等書已記載幻人來自西域條枝（在今伊拉克）、黎軒（在今德黑蘭）、烏弋山離（在今

〔註1〕王子今：《海西幻人來路考》，中國中外關係史學會編：《中西初識二編》，大象出版社，2002年，第199～213頁。
〔註2〕馮承鈞：《中國南洋交通史》，上海古籍出版社，2005年，第4頁。
〔註3〕方豪：《中西交通史》，上海人民出版社，2008年，第110頁。

阿富汗）等國，〔註 4〕孫吳時從南洋海路來到中國的大秦商人也是來自羅馬而非印度。馮承鈞說，印度人也以幻術著稱，但是已經是唐代史料而非漢代。而且達嚫在內陸山地而非沿海，法顯說達嚫道路艱難，很難到達，〔註 5〕所以此處的大秦是羅馬。〔註 6〕

唐代的緬甸入海道也很重要，《新唐書》卷四十三《地理志下》最後，引唐代宰相賈耽的《皇華四達記》，記載中國入四夷有七條要道，其中的安南通天竺道，涉及滇緬入海道。樊綽《蠻書》卷十《南蠻疆界接連諸蕃夷國名》記載了南詔到緬甸、印度的道路。

元代泉州海商汪大淵記載海外地理的名著《島夷志略》，波斯離（今伊拉克巴士拉）條說，中國商人在此銷售雲南葉金，天堂（今麥加）條說：「雲南有路可通，一年之上可至其地。西洋亦有路通。」〔註 7〕說明鄭和家鄉在元代和西洋的交通便利，《島夷志略》的吉蘭丹（今馬來西亞吉蘭丹）條說：「貨用塘頭市布。」康熙三十五年（1696 年）的《雲南府志》卷二晉寧州條：「塘頭布，極細密。」〔註 8〕我曾經提出，中國商人銷往吉蘭丹的塘頭市布很可能是今雲南晉寧出的塘頭布，鄭和的祖父兩代都去過麥加，獲得哈只的稱號，很可能就是從西洋走海路去麥加，鄭和小時候對西洋並不陌生。〔註 9〕

一、元代中國和緬甸南部的航路發展

南宋周去非《嶺外代答》和趙汝适《諸蕃志》是記載中外海上交通的名著，但是沒有記載緬甸南部沿海國家。元代陳大震撰寫的廣州地方志《大德南海志》，也沒有記載緬甸沿海國家，但是元末汪大淵的《島夷志略》第24、25、26 條，記載緬甸南部的三個地方：

〔註 4〕前人對條枝、黎軒、烏弋山離等國位置有很大爭議，本文不能展開，我在另書詳考。
〔註 5〕〔晉〕法顯撰、章巽校注：《法顯傳校注》，北京：中華書局，2008 年，第117 頁。
〔註 6〕周運中：《中國南洋古代交通史》，第 106～107 頁。
〔註 7〕〔元〕汪大淵著、蘇繼廎校釋：《島夷志略校釋》，第 352 頁。
〔註 8〕〔清〕謝儼：《雲南府志》，《中國方志叢書》，臺北：成文出版社，1967 年，67 頁。
〔註 9〕周運中、蘇素云：《元代鄭和家鄉的海外貿易新考》，2013 年 12 月上海海事大學第二屆海峽兩岸鄭和學術研討會發表，收入《海峽兩岸鄭和研究文集》，海洋出版社，2015 年。

　　針路，自馬軍山水路，由麻來墳至此地……民煮海爲鹽，織
竹絲布爲業。有酋長。地產芎蕉。汰子通邅，準錢使用。貿易之
貨，用銅條、鐵鼎、銅珠、五色焇珠、大小埕、花布、鼓、青布
之屬。

　　八都馬，鬧市廣陽，山茂田少，民力齊，常足食……地產象
牙，重者百餘斤，輕者七八十斤。胡椒亞於闍婆。貿易之貨，用南
北絲、花銀、赤金、銅、鐵鼎、絲布、草金緞、丹山錦、山紅絹、
白礬之屬。

　　淡邈，小港去海口數里，山如鐵筆，迤邐如長蛇，民傍緣而居。
田地平，宜穀粟，食有餘……民多識山中草藥，有疪癩之疾，服之
其效如神。煮海爲鹽，事網罟爲業。地產胡椒，亞於八都馬。貨用
黃硝珠、麒麟粒、西洋絲布、麂碗、青器、銅鼎之屬。

這三個地名，前人解釋針路爲今緬甸南部德林達依省中部的丹老（Tanao），八
都馬爲今孟邦省會毛淡棉（Moulmein）對岸的古城馬達班（Martaban），淡邈
爲今德林達依省會土瓦（Tavoy）。汪大淵從泉州出海，所以他自然慣用閩南語
音譯外國地名，閩南語保留上古音知端合一的特點，所以針的讀音接近丹。
蘇繼廎指出針路是丹老，丹那沙林（Tenasserim）之名即源自丹老，丹那沙林
即德林達依。沈曾植指出，八都馬即《海國圖志》的馬他萬，《新唐書・驃國
傳》的磨地勃，藤田豐八指出即《鄭和航海圖》八都馬，英國學者喬治・菲
利普斯釋爲 Martaban，又疑即馬都八倒置，蘇繼廎說此地名即泰國人所說的
Matama，緬甸古碑寫作 Mauttama，《爪哇史頌》是 Martuma，故音譯爲八都
馬。淡邈音近土瓦，而且鄰近八都馬，應是土瓦。〔註10〕

　　土瓦地處一條很長的峽灣深處，所以汪大淵說其港口有綿延的山脈。毛
淡棉平原更大，人口密集，所以胡椒更多。

　　宋代的漢語文獻，不記緬甸沿海地名。但是元代的漢語文獻，突然新增
了緬甸南部三個地名，說明在元代，緬甸和中國的海上貿易發展迅速。

　　毛淡棉、土瓦是僅次於闍婆（爪哇）的胡椒產地，八都馬還產象牙，土
瓦還產草藥，丹老還產布，因爲輸出的商品很多，所以這三個地方從外地購
買的商品多樣，價值不菲。

〔註10〕　〔元〕汪大淵著、蘇繼廎校釋：《島夷志略校釋》，第 126～135 頁。

二、明初滇緬陸路的興衰

據《明實錄》、《明史·地理志》等書記載，明太祖洪武六年（1373 年），朱元璋遣使緬甸，使節在安南兩年，未至緬甸。洪武十五年（1382 年），明軍雖然佔領雲南，設木邦、孟養府，在今緬甸東部和北部，仍然未通緬甸中部的緬王國，木邦、孟養二府不知何時再廢。十七年（1384 年），麓川平緬宣慰使思倫發朝貢，元代的麓川路在今雲南瑞麗，平緬路在今雲南隴川。二十六年（1393 年），緬國王朝貢。二十七年（1394 年），置緬中宣慰使司，不知何時又廢。三十五年（1402 年），木邦朝貢，重設雲南孟養、木邦、孟定三府。

明成祖永樂元年（1403 年），重設緬甸宣慰使司。二年（1404 年），新設八百者乃、八百大甸二軍民宣慰使司，在今泰國北部，改木邦、孟養爲府。永樂三年（1405 年），遣給事中周讓，往孟養宣慰司及大古剌、小古剌等處，四年（1406 年）四月還。六月，大古剌等處遣使言，其臨境有大古剌、小古剌、底馬撒、茶山、底板、孟倫、八家塔皆在西南極邊，自古不通中國，乞設官統理。於是明朝設大古剌、底馬撒宣慰使司，小古剌、茶山、底板、孟倫、八家塔置長官司。五年（1407 年），大古剌等處頭目二十七人來朝。大古剌又名擺古（今勃固），濱南海，與暹羅接壤。茶山、孟倫在今緬甸北部，小古剌、底板、八家塔在今印度東北部。〔註11〕

所謂自古不通中國，其實指的是陸路不通，海路一定早有來往，大古剌就在海邊，汪大淵《島夷志略》就記載了丹那沙林、八都馬等地。

永樂十一年（1413 年），設置金齒、孟哈驛站驛丞，通孟養、大小古剌。二十二年（1424 年），孟倫、小古剌朝貢，又設底瓦剌宣慰使司，又名底兀剌，在洞吾，即東吁（Toungoo），此地原屬大古剌。

金齒衛在永昌府，即今雲南保山，向西通往孟養。孟哈在孟密東北，從孟密通往大古剌。東吁的宣慰司設置最晚，因爲東吁地處錫當河谷，交通不便。而正是因爲東吁便於躲避戰亂，反而聚集很多人口，在晚明興起，最終統一了緬甸，打敗暹羅。

明仁宗洪熙元年（1425 年），底馬撒還來朝貢，說明緬甸的陸路一直暢通。明宣宗宣德年間（1426～1435 年），緬甸南部各地已經不來朝貢，說明陸路阻塞。宣德五年（1430 年），孟養土官奏，麓川佔據孟養，八年（1433 年），木

〔註11〕陳孺性：《關於「大古剌」「小古剌」與「底馬撒」的考釋》，《東南亞》1993年第 2 期。

邦宣慰使奏麓川侵佔木邦。

緬甸南部正是因爲麓川等處戰爭阻隔，正統元年（1436 年），麓川又占緬甸，至此明朝決定出兵。七年（1442 年），思任發逃亡緬甸。直到正統十年（1445 年），緬甸才交出思任發，明朝殺思任發。十三年（1448 年），思任發之子思機發，逃亡木邦，十四年（1449 年）捕殺思機發。明朝雖然平定了麓川，但是再也沒能打通緬甸南部的陸路交通。景泰五年（1454 年），緬甸索求麓川侵佔的故地，明朝給予銀戛等地，明朝的實際疆界退縮。

三、明代中緬海上貿易的衰落

《鄭和航海圖》緬甸沿海及海上地名，從南向北有：答那思里、北暹、打歪、打歪山、打歪嶼、八都馬、竹牌礁、克迭迷、馬船礁、馬旺山、大莫山、小莫山、落坑、龜頭山、赤土山、木客港等，答那思里即丹那沙林，打歪即土瓦，八都馬即馬達班，我又提出克迭迷是毛迭迷之誤，即馬達班對岸的毛淡棉。〔註 12〕北暹，蘇繼廎釋爲巴占（Pakchan），但是巴占在打歪之南，而圖上在打歪之北，蘇繼廎認爲是圖誤，待考。

值得注意的是，《鄭和航海圖》雖然畫出緬甸沿海的這些地名，但是沒有畫出任何一條到這些地方的航線，圖上的航線是從蘇門答臘島直接到孟加拉國，沒有畫到緬甸。圖上的八都馬在薩爾溫江口的南岸，其實是在北岸，說明此圖有誤，也說明作者不熟悉緬甸南部，說明鄭和下西洋的重點不在此處。而且馬歡《瀛涯勝覽》、費信《星槎勝覽》、鞏珍《西洋番國志》等書也不記載緬甸沿海地名，說明緬甸不是鄭和下西洋的重點地區。

明代閩南人彙編的最重要航海針路簿《順風相送》，《阿齊往傍伽喇》記載從蘇門答臘西北角的阿齊（今亞齊）到傍伽喇（今孟加拉國）的航路，也不經過緬甸南部。〔註 13〕明朝初年，中國船隊去孟加拉國不經過緬甸，反映明初中緬海上航路衰落了。

南昌人羅曰褧的《咸賓錄》有劉一焜萬曆十九年的序，此書卷六《南夷志》記載了打回和日羅夏治兩個小國：「打回，小國也，永樂三年來貢，其國數爲鄰國所侵，乃治兵器與鄰國戰，稍得自立。風俗略與上諸國同，物產無奇。日羅夏治，小國也，永樂三年，遣人朝貢，其地人頗知種藝，崇佛，少

〔註 12〕周運中：《鄭和下西洋新考》，第 233 頁。

〔註 13〕向達整理：《兩種海道針經》，北京：中華書局，2000 年，第 76 頁。

盜，產惟蘇木、胡椒，與打回同。」

　　打回無疑即明代南部的打歪（今土瓦），日羅夏治的出產與打回相同，也以蘇木、胡椒著稱，應該靠近土瓦，所以永樂三年應與打回同時遣使入華。永樂三年是鄭和下西洋之年，尚未回來，說明打回、日羅夏治遣使和鄭和下西洋無關，這也說明緬甸南部不是鄭和下西洋的重點。

　　緬甸南部似乎找不到讀音接近日羅夏治的地方，我認為，日羅夏治應是丹羅夏怡之誤，日、丹字形接近，治、怡字形接近，而丹羅夏怡即丹那沙林，讀音非常接近，所以日羅夏治就是丹那沙林。蘇繼廎說，丹那沙林的馬來語是 Tanah Sari，緬語是 Ta-nen-tha。這兩種讀音，都接近丹羅夏怡。

　　丹那沙林的名字非常古老，漢代人簡譯為典孫，《梁書》卷五四《扶南傳》說：「盤盤立三年死，國人共舉蔓為王。蔓勇健有權略，復以兵威攻伐旁國，咸服屬之，自號扶南大王。乃治作大船，窮漲海，攻屈都昆、九稚、典孫等十餘國，開地五六千里。次當伐金鄰國，蔓遇疾，遣太子金生代行。蔓姊子旃，時為二千人將，因篡蔓自立。」《三國志・吳主傳》：「（赤烏六年，244 年）十二月，扶南王范旃遣使獻樂人及方物。」說明范蔓是東漢末年人，根據我的考證，都昆、九稚在馬來半島和泰國南部的地峽，典孫即丹那沙林，金鄰在泰國灣，范蔓是從馬來半島往泰國一路北征。〔註14〕

　　元代人翻譯丹老為針路，明代不可能不見於史載，其實就是丹羅夏治，誤為日羅夏治。前人沒有發現這個錯誤，也就無法考出其原地。這也反映明代人很不熟悉緬甸南部，所以把這一地區最重要、最古老的地名也寫錯了。

　　《明英宗實錄》卷一六九正統十三年（1448 年）八月壬午：

> 府軍衛卒趙旺等自西洋還，獻紫檀香、交章葉扇、失敕勒葉紙
> 等物。初旺等隨太監洪保等入西洋，舟敗，漂至卜國，隨其國俗為
> 僧。後頗聞其地近雲南八百大甸，得間遂脫歸。始西洋發碇時，舟
> 中三百人。至卜國僅百人。至是十八年，惟旺等三人還。上賜之衣
> 鈔，令為僧於南京報恩寺。

卜國就是今緬甸勃固（Bago）的音譯，趙旺等人是漂流到勃固，說明勃固不是下西洋的目的地，這也說明緬甸南部不是鄭和下西洋的重點。趙旺等人上岸，居然也不曉得此地從陸路通往雲南，過了很多年才從陸路回國，說明滇緬陸路很不暢通，趙旺在勃固很少看到華人，所以不瞭解這條道路。

〔註14〕周運中：《中國南洋古代交通史》，第 113～118 頁。

四、明初緬甸政局與中緬交通

　　元朝初年，緬甸的蒲甘王朝瓦解，撣人控制了蒲甘王朝，1296 年，蒲甘王喬苴依附元朝，次年元朝封其為王，但是兩年之後為撣人三兄弟所殺。1301年，喬苴的女婿求援於元，元軍入緬，沒有攻克木連城，撣人又用重金賄賂元將，元軍退回雲南。1295 年，三兄弟之幼弟僧哥速，自稱白象王，1312 年建都邦牙。1315 年，其子修雲，建都實階。1364 年，喬苴女兒的孫子建立阿瓦國（在今曼德勒南部的阿瓦），1368 年統一了上緬甸。

　　緬甸南部的孟人首領伐麗流，在蒲甘王朝末年起兵，失敗之後逃亡泰國，依附素可泰。約 1280 年回到緬甸，建立了八都馬王國，又和勃固的孟人首領多羅跋聯姻，把緬人趕出下緬甸，又殺死多羅跋，宣佈下緬甸是拉曼納（孟人之國）。1296 年，伐麗流為其外孫暗殺。此後，下緬甸六易國王。1353 年，頻耶宇即位，遷都勃固。1385 年，頻耶宇去世，阿瓦王國南征勃固，直到 1422 年阿瓦土明恭去世，次年勃固工羅娑陀利去世，戰爭才結束，兩敗俱傷。〔註 15〕

　　伐麗流統一下緬甸，正是元朝末年，而八都馬是其首都，所以汪大淵記載元末的八都馬盛產胡椒等商品，正是伐麗流時期八都馬繁榮的寫照。鄭和下西洋時代，下緬甸和阿瓦連年征戰，經濟停滯，所以鄭和下西洋不把緬甸沿海作為重點也有緬甸內部原因。明朝之所以能在緬甸設立很多宣慰司，也正是因為此時的緬甸處於分裂局面。

五、明末中緬交通的復興與動盪

　　晚明的中國人還在懷念明初緬甸南部朝貢的盛況，沈德符《萬曆野獲編》補遺卷四，土司的大古喇條說：「今禁中諸香，極重古喇水，為真龍涎之亞。其價超蘇合油、薔薇露加倍，即其國所產耶？又歐陽永叔《歸田錄》云，西南夷法錦有鬻至中國者，其上織，梅聖俞春雪詩，真寶玩也。其地即古喇，亦名古剌錦，殆謂是歟？自嘉靖中葉，見吞於緬，久不入貢矣。薔薇露，夷言為阿剌吉。今中國人能偽為之，然其芬馥減真者遠矣。永樂四年，大古剌土酋潑的浪那入貢，立宣慰司，又立小古剌為長官司。洪熙元年，底馬撒宣慰使司署司事妹墖跌倒怕莽入貢，此後不復再見。」北京故宮曾經發現一個

〔註 15〕　〔英〕哈威著、姚楠譯注：《緬甸史》，北京：商務印書館，1957 年。賀聖達：
　　　　　《緬甸史》，人民出版社，1992 年，第 78～84 頁。

銅罐，上寫兩行字：「永樂式拾式年熬造古剌水一罐。淨重捌兩，罐重三觔。」
〔註16〕

　　明代中晚期，東南沿海的民間海外貿易再次興起，重新開通了中國到緬甸的航路，所以朱孟震《西南夷風土記》說緬甸：「器用陶、瓦、銅、鐵，尤善採漆畫金。其工匠皆廣人，與中國侔。漆器貯鮮肉數日，不作臭。銅器貯水，竟日不冷。江海舳艫，與中國同。擺古江中，莽應理僭用金葉龍舟五十艘，中設金花寶座。目把所乘，皆木刻成象頭、魚頭、馬頭、鴨頭、雞頭等船，亦飾以金，同圍罩畫甚華麗。海水日潮者二，乘船載米穀貨物者，隨之進退。自古江船不可數，高者四五尺，長至二十丈，大桅巨纜，周圍走廊，常載銅、鐵、瓷器往來，亦閩廣海船也歟？」擺古，即緬甸南部的勃固，此時福建、廣東人從海路又大量來到緬甸南部沿海貿易。

　　萬曆時期的陸路貿易也很興旺，朱孟震《西南夷風土記》說：「江頭城外有大明街，閩、廣、江、蜀居貨遊藝者數萬，而三宣、六慰、被攜者亦數萬。」江頭城是緬甸北部咽喉，《元史》卷二百一十《緬》：「謂入緬有三道，一由天部馬，一由驃甸，一由阿郭地界，俱會緬之江頭城。」江頭城所在，還有爭議，有人認為是緬甸的傑沙，〔註17〕有人認為在緬甸的八莫附近。〔註18〕關於明代中國和緬甸的貿易，前人還有論述。〔註19〕

　　閩、廣、江、蜀之人的江，主要指江西人，明代江西人遍佈雲南，遠達緬甸，王士性甚至看到有江西人做了緬甸土司頭目。〔註20〕張泓《滇南新語》說：「寶井在阿哇國界，產玫瑰等寶石。去騰越州三十餘日，惟江右客時裹糧前往。」〔註21〕阿哇即阿瓦，寶井在今抹谷，江西人前去貿易。

　　明末中國和緬甸的航路復興，還有一個證據，就是英國牛津大學鮑德林圖書館所藏的一幅明末閩南商人繪製的大型東方航海圖，〔註22〕圖上也畫出

〔註16〕耿鑒庭：《關於「古剌水」》，《廣西醫學（祖國醫學版）》1965 年第 3 期。
〔註17〕譚其驤主編《中國歷史地圖集》，中國地圖出版社，1982 年，第七冊第 24、25、76 頁。
〔註18〕陳孺性：《江頭城與牙嵩鑒》，《南洋問題研究》1991 年第 4 期。
〔註19〕易嘉：《試論明代的中緬貿易》，《學術探索》2012 年第 4 期。
〔註20〕〔明〕王士性撰、呂景琳點校：《廣志繹》，北京：中華書局，1981 年，第 81 頁。
〔註21〕余定邦、黃重言編《中國古籍中有關緬甸資料彙編》，北京：中華書局，2002 年，第 356 頁。
〔註22〕關於此圖的內容，可以參見此圖專門網站：http://seldenmap.bodleian.ox.ac.uk/map。另中國海外交通史研究會、泉州海外交通史博物館曾經印製此圖。

了緬甸，而且還在緬甸標出一個地名：放沙。陳佳榮先生指出，張燮《東西洋考》卷二《暹羅》說到東蠻牛俗稱放沙，打敗暹羅，殺死暹羅國王，東蠻牛即東吁。〔註23〕這幅閩南航海圖的繪製日期是1607～1622年間，作者來自廈門灣。〔註24〕東吁王朝此時正在鼎盛時期，1539年攻佔勃固、馬都八，1555年攻佔阿瓦，1613年收復葡萄牙人強佔的沙廉，驅逐了葡萄牙人，統一了緬甸。所以明末閩南人從海路重新繪製的海外地圖上，必然要畫出東吁。

東吁王朝在崛起之初，就逐步征服了臣服於明朝的緬甸土司，進而進攻雲南。萬曆七年（1579年），東吁王莽應龍在位時吞併孟養。十年（1582年），繼位的莽應理，率軍侵入雲南。十一年（1583年），侵犯騰沖、永昌、大理、孟化、景東、鎮沅等地，明將劉綎、鄧子龍破之於攀枝花、三尖山。十二年（1584年），明軍乘勝，攻佔阿瓦。十三年（1585年），明軍回國，東吁軍隊又反攻孟養、蠻莫（今緬甸蔓昌），被明軍打敗。十九年（1591年），莽應理再攻蠻莫，被明軍在五章打敗，莽應理和緬甸諸土司又嚮明朝進貢。三十三年（1605年），東吁攻佔明朝在緬甸的五宣慰司，不再入貢。東吁統一緬甸，使得明朝在緬甸的影響迅速消失。

而東吁王朝之所以能統一緬甸，原因之一是借助了葡萄牙人的力量。東吁興起時，正是東方海洋貿易最興盛的時期。〔註25〕所以明朝不僅在東南沿海受困於葡萄牙人，在印度洋沿岸也間接地受困於葡萄牙人。東南沿海的困局爲大家熟知，而西南沿海則往往爲大家忽視。已有學者指出，萬曆年間的戰爭，奠定了今日中緬邊界的基礎。〔註26〕還有學者指出，明代在緬甸的控制力不及元代。〔註27〕我認爲明朝對緬甸的關係，至少說是跟不上全球形勢。

〔註23〕陳佳榮：《〈明末疆里及航海通交圖〉編繪時間、特色及海外交通地名略析》，《海交史研究》2011年第2期。

〔註24〕周運中：《英藏明末閩商航海圖出自廈門灣新證》，香港海事博物館編《明代海洋貿易、航海術和水下考古研究新進展：香港海事博物館國際會議論文集》，香港：中華書局，2015年，第440～463頁。周運中：《牛津明末閩商航海圖與李旦關係新證》，《閩商文化研究》2015年第1期。

〔註25〕〔澳〕安東尼·瑞德著、孫來臣、李塔娜、吳小安譯：《東南亞的貿易時代：1450～1680年》第二卷，北京：商務印書館，2010年，第17～20頁。

〔註26〕李新銘、俞宏杏：《明代萬曆年間中緬衝突與中國西南邊疆變遷》，《蘭臺世界》2016年第13期。

〔註27〕肖彩雅：《明朝的對緬政策及中緬關係》，《東南亞南亞研究》2014年第3期。

六、結論

　　綜上所述，元代中國和緬甸南部沿海的航路比起宋代有了飛速發展，《島夷志略》記載緬甸南部的三個國名，而且說到此處的胡椒出產僅次於爪哇，說明此地貿易繁榮，此時正是伐麗流建都八都馬統一下緬甸時期。

　　明朝初年，中國又開通了滇緬陸路，但是又在明代中期衰落，鄭和下西洋也不把緬甸南部沿海作為重點，所以《鄭和航海圖》上緬甸沿海沒有繪出航線，永樂三年的打回、丹羅夏治進貢也和鄭和下西洋無關，明代史書把丹羅夏治誤寫為日羅夏治，鄭和下西洋時漂流到緬甸勃固的趙旺等人多年才知有陸路通往雲南，都說明緬甸不是經略重點。

　　總之，明初中國和緬甸的交通比起元代有所衰落，反映明初經略緬甸的失策。此時勃固和阿瓦連年征戰，影響貿易，但是作為大國的明朝本來有能力干預，但是沒有積極干預。明朝末代皇帝永曆帝朱由榔雖然逃到緬甸，最終被緬甸交給清朝殺害。明朝對緬甸的影響總體來說比較薄弱，值得我們反思。

鄭和下西洋龍牙門航線再考

　　眾所周知，古代在今新加坡附近，有一個稱為龍牙門的海峽。但是新加坡島的附近還有很多小島，中間有不同的海峽，這個龍牙門究竟在今天新加坡的哪個位置，前人的爭論很大。從漳州移民到新加坡的林我鈴先生為此寫了一本專著《龍牙門新考》，詳細列舉前人觀點，並提出他自己的看法。〔註28〕此前出版的《鄭和下西洋新考》未就新加坡附近的航線問題作詳細考證，本文在林我鈴專著的基礎上，再考證龍牙門的具體位置。

一、龍牙門應靠近新加坡

　　最早記載龍牙門的典籍是宋代提舉福建路市舶趙汝适寫的名著《諸蕃志》，其書第 7 條三佛齊國說：「三佛齊間於真臘、闍婆之間，管州十五。在泉之正南，冬月順風，月餘方至凌牙門。」〔註29〕三佛齊的都城在今蘇門答臘島東南的巨港（今巴鄰旁），凌牙門是去三佛齊的要衝，又靠近三佛齊，無疑是在今新加坡的龍牙門。今閩南語的龍仍然讀成 ling，所以譯成凌牙門。

〔註28〕林我鈴：《龍牙門新考》，新加坡：南洋學會，1999 年。
〔註29〕〔宋〕趙汝适著、楊博文校釋：《諸蕃志校釋》，北京：中華書局，2000 年，第 38 頁。

元代從泉州出洋的海商汪大淵，寫有名著《島夷志略》，此書第 49 條《龍牙門》說：「門以單馬錫番兩山相交，若龍牙狀，中有水道以間之……昔酋長掘地而得玉冠，歲之始，以見月爲正初，酋長戴冠披服受賀，今亦遞相傳授。男女兼中國人居之……蓋以山無美材，貢無異貨。以通泉州之貿易，皆剽竊之物也。舶往西洋，本番置之不問。回船之際，至吉利門，舶人須駕箭棚、張布幕、利器械以防之。賊舟二三百隻必然來，迎敵數日，若僥倖順風，或不遇之，否則人爲所戮，貨爲所有，則人死繫乎頃刻之間也。」第 29 條《三佛齊》說：「自龍牙門，去五晝夜至其國。」第 44 條《班卒》說：「地勢連龍牙門後山，若纏若斷，起凹峰而盤結，故民環居焉。」〔註30〕

最早詳細記載龍牙門針路的《鄭和航海圖》說：「吉利門，五更船用乙辰及丹辰針，取長腰嶼，出龍牙門。龍牙門用甲卯針五更，船取白礁。」吉利門是新加坡西南的小卡里摩島（Palau Klein Karimun），白礁是新加坡以東的白礁（Pedra Baranca），葡萄牙語的意思就是白礁，這個名字很可能是葡萄牙人根據東方傳統地名翻譯，在北緯 1°19´、東經 104°24´。甲卯是東偏北 7.5°，則龍牙門必然靠近今新加坡，而不可能是林加群島。

但是早期西方學者似乎不太懂中國的針路，光從讀音來考證，往往聯繫到新加坡東南的林加群島。林我鈴的著作詳細列舉了早期西方人的這些觀點，本文不再贅述。林加群島的錯誤原因大概是因爲他們看到《鄭和航海圖》上在新加坡的東南的一個島上寫出了龍牙門這個地名，接近龍牙山（今林加群島）的位置，因而產生了誤解，其實《鄭和航海圖》上的錯誤很多，比如黎道綱先生已經指出曼□灣東部的筆架山、犁頭山、犀角山都誤標在曼□灣的西部，〔註31〕所以不能因爲《鄭和航海圖》誤標龍牙門到龍牙山（今林加群島）就說龍牙門在今林加群島，而必須結合針路和文獻多方校正。

地名考證最忌從讀音這一狹隘的思路考證，因爲世界上同名的地名實在太多，不能僅從讀音考證，否則錯誤太多。閩南語的龍讀作 ling，牙的讀音接近 nga，所以閩南語翻譯 lingga 爲龍牙。但是 lingga 是印度教的濕婆崇拜物，凡是有濕婆廟的地名都可以叫 lingga，所以今天從印度到東南亞的很多地名都叫龍牙、林加。林我鈴等前人從未全面深入地研究明代閩

〔註30〕〔元〕汪大淵著、蘇繼廎校釋：《島夷志略校釋》，第 213～214、141、196 頁。
〔註31〕黎道綱：《泰國古代史地叢考》，北京：中華書局，2000 年，第 274～276 頁。

南最重要的兩部海道針經《順風相送》、《指南正法》，前人已經指出，南洋的 lingga 地名還有不少，比如《順風相送・浯嶼往茗維》：「茗維港口，開勢有二個大山，名隴膠山。」隴膠，閩南語讀音也是龍牙，顯然不是龍牙門。〔註32〕林加島的位置比新加坡靠南，不符合有的針路記載，下文考證針路時再詳細考證。

1911 年，巴恩斯（W. D. Barnes）提出龍牙門是岌巴港，在新加坡島和聖淘沙島之間的海峽，理由就是《鄭和航海圖》從這裡到白礁的角度和距離，我認為此說完全符合《鄭和航海圖》的記載。巴恩斯又引用為葡萄牙人服務的荷蘭航海家林思豪頓（Linschoten）在 1598 年寫成的《東印度水路志》說，岌巴港的西口有一個石柱，葡萄牙人稱為 Vasella del China，即中國神塔，龍牙是廈門船頭繫椗索的兩個木柱，石柱類似龍牙，故名龍牙門。我認為巴恩斯的解釋很有道理，既然是中國神塔，則符合濕婆崇拜的本義。馬來人稱為揚帆石 Batu Belayer，英國人稱為羅德之妻 Lot's Wife，1848 年被英國殖民地政府炸毀，由英國戰艦長 Keppel 修理，1900 年改名 Keppel（岌巴）港。

因為龍牙門緊鄰新加坡島，所以元代汪大淵《島夷志略》說「門以單馬錫番兩山相交，若龍牙狀，中有水道以間之。」單馬錫即新加坡，所以才說兩山相交類似龍牙，中間有水道。如果龍牙門遠到今天的林加群島去，怎麼可能這樣說呢？而且下文提到有酋長，還有很多中國人，又有很多海盜專門劫掠商船，說明是在今天的新加坡附近，而不可能遠到林加群島去。林加群島不在重要的商路，古代的社會也不及新加坡發達。

許雲樵認同岌巴港說，但是他把《鄭和航海圖》上龍牙門西北部的長腰嶼考證為今天新加坡東南部的民丹島（Bintan），〔註33〕這顯然是錯了，但是這個錯誤僅是他在長腰嶼的錯誤，不能因此說他的龍牙門也考證錯了。林我鈴因為許雲樵的長腰嶼錯誤，就說許雲樵的龍牙門也錯了，這顯然不能成立。

〔註32〕周運中：《牛津明末航海圖與〈順風相送〉、〈指南正法〉》，2018 年 10 月 16 日，中國海外交通史學會在泉州主辦「航海文獻與中外交流互鑒」學術研討會發表。
〔註33〕許雲樵：《古代南海航程中的地峽與地極》，《南洋學報》第五節第二輯，1948 年 12 月。

　　而且汪大淵說班卒：「地勢連龍牙門後山，若纏若斷，起凹峰而盤結，故民環居焉。」如果龍牙門在今林加群島，則班卒的位置就無法解釋，因爲林加群島四面是海，無所謂後山之說。必須把龍牙門定在今新加坡附近，才有所謂後山。班卒的位置，前人有的說在今新加坡島，有的認爲在柔佛。如果單馬錫在今新加坡島，則班卒應在今柔佛。前人認爲舊柔佛（Johore Lama）上游一二英里處有村名爲 Panchor，即班卒，則班卒是柔佛的古港。〔註34〕我認爲此說可信，柔佛靠近單馬錫（新加坡），不應不提。

　　出了龍牙門向西的航線是走今天的班丹海峽，東南部有牛屎礁、涼傘礁、沙糖淺等礁石。《新編鄭和航海圖集》因爲把龍牙門誤考爲新加坡海峽，所以牛屎礁、涼傘礁、沙糖淺的位置也一併考錯了。〔註35〕《鄭和航海圖》上龍牙門西南的沙糖淺，我認爲即今蘇東（Sudong）島西北部的暗沙，Sudong 音譯爲沙糖。沙糖淺的名字不是源自出產沙糖，熱帶很多地方都有沙糖，沙糖不可能來自一個島嶼或暗沙。牛屎礁、涼傘礁的位置在今布辛（Busing）島附近，長腰嶼是班丹海峽西北部的島嶼，因爲這些島礁很小，所以具體位置待考。馬鞍山即今民丹島，琵撓嶼，我認爲很可能是巴淡島（Batam），因爲撓和淡的字形接近而誤，原來應該是琶淡嶼，則即巴淡島的音譯。

鄭和船隊在新加坡附近的航線

〔註34〕〔元〕汪大淵著、蘇繼廎校釋：《島夷志略校釋》，第 198 頁。
〔註35〕海軍海洋測繪研究所、大連海運學院航海史研究室編製：《新編鄭和航海圖集》，人民交通出版社，1988 年，第 61～62 頁。

《鄭和航海圖》龍牙門附近地名

二、龍牙門不在新加坡海峽和柔佛河口

　　既然龍牙門可以確定在今新加坡附近，則剩下的問題就是，龍牙門究竟是炭巴港還是新加坡海峽或柔佛河口。林我鈴先生的著作列舉出龍牙門的四種看法，另有新加坡海峽和柔佛河口的說法，最應該成立的炭巴港口說，提出的時間非常早，但是被林先生列在最末。而新加坡海峽、柔佛河口兩說，主張的人不多，提出的時間也不早，反而被列在前面。

　　柔佛河口說是韓槐準在 1948 年考察舊柔佛後提出，〔註36〕他的證據是文物證明舊柔佛的繁榮，這和龍牙門的位置毫無關係。至於他引用明代張燮《東西洋考》卷九《舟師考·西洋針路》說從白礁：「用庚酉，五更，入龍牙門。」更是證明龍牙門是今炭巴港，而不可能在柔佛河口，因爲庚酉是西偏南 7.5°，也即從白礁向西南入龍牙門，完全證明龍牙門就是炭巴港，而不可能是新加坡東北部的柔佛河口。從白礁西偏南 7.5° 到龍牙門，和《鄭和航海圖》說從龍牙門東偏北 7.5° 到白礁，完全符合。

　　新加坡海峽說是英國學者米爾斯（J. V. Mills）提出，他的主要證據是《鄭和航海圖》從吉利門到龍牙門是用乙辰及丹辰，乙辰是 112.5°，丹辰即單辰，是 120°，如果從今天小卡里摩島用這個角度開船，當然是進入新加坡海峽而非炭巴港口了。林我鈴也認可這一段航路，甚至認爲還要偏東南，經過榴蓮

────────────────

〔註36〕韓槐準：《舊柔佛之研究》，《南洋學報》第五卷第二輯，1948 年 12 月。

海峽，經過廖內群島的南部，再到民丹島的西部，龍牙門在民丹島的西部。這個觀點前人從未提出，民丹島的西部也找不到龍牙地名。可見此說顯然不能成立，鄭和的船隊不可能捨近求遠，不走新加坡而去廖內群島的南部繞一大圈，這個說法完全不合情理。

前人之所以誤以爲航路要走新加坡海峽或榴蓮海峽，我認爲，前人錯誤的原因就是誤以爲《鄭和航海圖》的吉利門是今天的卡里摩島，但是我們如果想一下，鄭和的船隊從馬六甲回國，根本不必經過卡里摩島，而應該靠馬來半島和新加坡島走。錯誤的根源是 karimun 的 mun 正好接近漢語的門，所以中國人譯爲吉利門，吉利門北部的海峽應該稱爲吉利門門，《鄭和航海圖》最早是船民繪製的簡圖，經過官方整理爲長卷彩圖，再被改刻成我們現在看到的書中插圖，中間錯抄的地方很多。吉利門門本來是正確的地名，但是傳抄者誤以爲門是重複的字，刪去了表示海峽的門，成了我們現在看到的吉利門。所以《鄭和航海圖》上的吉利門，不能解釋爲今天的卡里摩島，而應在今天卡里摩島北部。如果從這裡作爲基點，再看乙辰針的指向，就不是新加坡海峽，而應該是其北部的岌巴港了。

新加坡海峽固然比岌巴港寬闊，但是古代的海船總體上不及今天的海船寬，而且古代的海船爲了安全和貿易，必須靠近大島，補充淡水和糧食。汪大淵的《島夷志略》說新加坡島上很早就有酋長，還有不少中國人在新加坡島上居住，則可以補充淡水和糧食。汪大淵雖然說到龍牙門的土著會搶劫過往的商船，但是鄭和下西洋的船隊不僅規模龐大，人船眾多，而且大多數是士兵，比起元代汪大淵等人的商船來說是天壤之別，所以龍牙門的土著不可能像對待明代之前的普通商船那樣對待鄭和下西洋的龐大船隊。鄭和下西洋時如果要在新加坡島補充淡水和糧食，相信不是難事。

新加坡島很早就在史書出現，唐代的中國人已經記載了新加坡，稱爲思訶盧，從南唐入北宋的樂史編撰的《太平寰宇記》卷一百七十七《四夷六》多摩長國條說：「居南海島中，東與婆鳳，西與多隆，南與半枝跋（華言五山也），北與訶陵等國接，其界東西可一月行，南北可二十五日行……衣服與林邑同……畜獸頗同中夏，音樂略同天竺……從其國經薛盧都、思訶盧、君那盧、林邑等國，方達交州。」〔註37〕已有學者指出，多摩長即今馬來西亞柔

〔註37〕〔宋〕樂史撰、王文楚等點校：《太平寰宇記》，北京：中華書局，2007年，第3383頁。

佛州三合港（Taman Chaah）的音譯，其東的婆鳳其實就是彭亨（Pahang），應作婆皇，劉宋元嘉十九年（442 年）至大明八年（464 年），婆皇六次朝貢，鳳、凰易訛。其南的半枝跋前人是今巴株巴轄（Batu Pahat）的音譯，因爲跋的上古音是 buat，所以譯 pahat 很合適。其北是訶陵，應今巴生（Kelang）附近，音近訶陵。從多摩長到中國要經過薛盧都、思訶盧、君那盧、林邑等國，薛盧都即石叻（Selat）的音譯，上古音盧、都是 la、ta。思訶盧是 Sihala 的音譯，Sihala 即獅子國，斯里蘭卡的梵文名是 Simhala，巴利文名是 Sinhala，即獅子國，〔註 38〕所以思訶盧即新加坡，日本學者荻原弘明指出。〔註 39〕或謂新加坡地名晚出，其實很早就有獅子洲之名，新加坡的古名可能來自南亞南部的移民，現在的 pore 也來自梵文 pura。〔註 40〕

不僅是中國人，早期西方航海者也經過新加坡和聖淘沙島之間的海峽，留下的資料很多，林我鈴的著作有引用。

三、明代針路的龍牙門辨析

明代晚期成書的《東西洋考》、《順風相送》、《指南正法》都提到龍牙門，這些書中的龍牙門究竟是現在的哪些位置，我們必須一一詳細分析。

《順風相送・各處州府山形水勢深淺泥沙地礁石之圖》說：

白礁：草嶼，外過三十托水，見長腰嶼，内過淡馬錫門。又礁與港平對，換一邊船對白礁進，或礁是帆鋪邊。

淡馬錫門：打水三十托，夜不可行船。

長腰嶼：打水三十托，龍牙門防南邊涼傘礁，是正邊正路二十托，又有一沙將北嶼瀉，有龍牙門。

龍牙門：中央有三十托，見長沙淺，北邊二十托，南邊八九托，石礁多，流水緊，夜間切記不可行船。

牛屎礁：仔細入門，見長腰嶼，二十餘托水，防南邊。

涼傘礁：北邊打水二十九托。〔註 41〕

〔註38〕〔唐〕玄奘、辯機原著、季羨林等校注：《大唐西域記校注》，北京：中華書局，2000 年，第 866 頁。

〔註39〕饒宗頤：《新加坡古事記》，《饒宗頤二十世紀學術文集》卷七《中外關係史》，中國人民大學出版社，2009 年，第 419 頁。

〔註40〕周運中：《中國南洋古代交通史》，第 183～185 頁。

〔註41〕向達整理：《兩種海道針經》，第 37～38 頁。

在《鄭和航海圖》上，長腰嶼在龍牙門的西北部，但是《各處州府山形水勢深淺泥沙地礁石之圖》的描述容易給人造成誤解，認爲長腰嶼在龍牙門的東北部，其實從下文牛屎礁見長腰嶼來看，仍然是在龍牙門的西北部，因爲《鄭和航海圖》上的牛屎礁就在龍牙門的西南部。因爲《各處州府山形水勢深淺泥沙地礁石之圖》原來是地圖，現在《順風相送》沒有保存這幅圖，僅有文字留存，所以文字的次序有所錯亂。

淡馬錫門很可能是新加坡東北部的柔佛河口的海峽，龍牙門應該是在新加坡島的西南部。所以才說龍牙門的北部水很深，而南部有很多礁石。如果龍牙門是新加坡海峽，則南北都有礁石，看不出差別。

《順風相送‧廣東往磨六甲針》說白礁：「用單酉針五更，船取龍牙門。夜不可行船，防南邊有牛屎礁。過門，平長腰嶼，防南邊沙淺及涼傘礁。用辛戌針三更，取吉利悶山。乾亥針五更，船平昆宋嶼。」〔註42〕

從白礁用單酉到龍牙門，單酉是正西向，說明龍牙門一定在今岌巴港，而不可能是白礁西南的新加坡海峽。從吉利悶到昆宋嶼（毗宋嶼 Pisang 之形訛）是乾亥，也即 227。5°，如果是從卡里摩島出發，顯然不符合，必須是從卡里摩島北部的海峽中間經過才符合，這也證明了《鄭和航海圖》的吉利門不是卡里摩島，而是其北部的海峽。

下文《滿喇加回廣東針路》即上一條的回程，滿喇加即磨六甲（馬六甲），說：「出龍牙門，夜間不可行船。單卯針，取官嶼。」官嶼即《鄭和航海圖》上龍牙門東北部的官嶼，官嶼就是酋長駐紮之地，這裡應是指淡馬錫的酋長，則在今新加坡島。單卯是正東方，說明龍牙門在今新加坡島的西南部。

又有《磨六甲回暹羅》，針路和上述基本一致，提到龍牙門而不提方向和距離，可以不再考證。

《指南正法‧浯嶼往咬留吧》說：「用丙午三更，取東竹。用丙午十更，取長腰。用丁未十更，取龍牙大山。」〔註43〕東竹山的位置，前人從來沒有任何爭議，即今馬來半島東部的奧爾（Aur）島，馬來語的意思是竹。丙午、丁未都是向南，這裡的龍牙大山顯然是指今天的林加群島，而不是新加坡島旁邊的龍牙門，此處也不稱爲龍牙門。此處的長腰嶼在民丹島附近，這就是許雲樵誤以爲《鄭和航海圖》上長腰嶼是民丹島的原因。

〔註42〕向達整理：《兩種海道針經》，第 56 頁。
〔註43〕向達整理：《兩種海道針經》，第 173 頁。

下文《咬留吧往暹羅》說：「若收入舊港……若往暹羅，用艮寅三更開，用丑癸七更取七星嶼及龍牙。單子三更、子癸五更、單子五更，取長腰嶼。壬子十三更，取地盤內。壬子，取彭亨港口。」〔註44〕這一條其實就是上文從浯嶼去咬留吧（今雅加達）的回路，這裡的龍牙也是林加群島，也不稱龍牙門。

《指南正法·咬留吧澳回唐》：「豬毛焦，用子癸三更，取龍牙大山，門有石產，不出水。用龍牙山，用壬子十更，取長腰嶼。」〔註45〕這一條就是上述《咬留吧往暹羅》的針路，龍牙大山、龍牙山都是林加群島，不稱龍牙門。

《指南正法·浯嶼往麻六甲針路》說：「沿白礁外邊過，用單酉五更，取龍牙門。」〔註46〕單酉是正西方，上文已經說過，從白礁正西正是到峇巴港。

張燮《東西洋考》卷九《舟師考》的價值遠遠不及《順風相送》、《指南正法》，因為張燮是根據船民的針路簿改編，所以很多地方出現了縮減和變形，必須參考更為原始的記載才能讀懂，卷九說：「往來尋白礁為準，往滿剌加，從北邊過船，用庚酉，五更，入龍牙門。」〔註47〕如果我們不看《順風相送》，以為這是指從白礁往滿剌加（今馬六甲）是要往北走，其實這一段是張燮的縮略，原意是指經過新加坡附近的海峽，靠北邊走。這裡不提涼傘礁、長腰嶼、牛屎礁，但是從庚酉即西偏南 7.5° 的角度來看，還是可以證明龍牙門在今峇巴港。下文又有一段話提到淡馬錫門、吉里問山，基本類似《順風相送》。下文提到的龍雅大山即《指南正法》的龍牙大山，即林加群島，也不稱為龍牙門。

可見明代船民的記載，從來不把龍牙門和龍牙大山（林加群島）混淆，這是因為船民的記載必須精確，如果地名近似造成失誤，很可能船毀人亡或南轅北轍，所以船民記載的很多地名務必要避免重名。

四、費信記載的龍牙門和龍牙菩提

新加坡在今天航路上的位置如此重要，但是在鄭和下西洋的時代，不僅馬歡的《瀛涯勝覽》、鞏珍的《西域番國志》未立龍牙門的專條，就連費信的《星槎勝覽·後集》雖然有龍牙門的專條，也是全部抄襲汪大淵的《島夷志

〔註44〕 向達整理：《兩種海道針經》，第 174 頁。
〔註45〕 向達整理：《兩種海道針經》，第 194 頁。
〔註46〕 向達整理：《兩種海道針經》，第 192 頁。
〔註47〕 〔明〕張燮著、謝方點校：《東西洋考》，北京：中華書局，2000 年，第 177 頁。

略》，所以鄭和下西洋時代的新加坡還不如後世重要。《星槎勝覽》的龍牙門條是：「山門相對，若龍牙狀，中通過船。山塗田瘠，米穀甚厚。氣候常熱，四五月間淫雨。男女椎髻，穿短衫，圍稍布。擄掠爲豪，遇有番船，則駕小船百隻，迎敵數日。若得順風，僥倖而脫，否則被其截，財被所劫。泛海之客，宜當謹防。」〔註48〕從內容來看，沒有超出汪大淵《島夷志略》的描述。

汪大淵的《島夷志略》第 42 條爲龍牙菩提（今林加群島），第 49 條爲龍牙門，費信注意到了龍牙門不是龍牙菩提（今林加群島），所以分別爲兩條敘述，而且列在一起，表明二者不是一地。《星槎勝覽》的龍牙菩提條說：「周環皆山，石排壘門，無田耕種，但栽薯蕷代糧，常熟，收堆以供歲月。氣候多熱少寒，俗樸而淳。男女椎髻，披木綿布。煮海爲鹽，浸芋麻根以釀酒。地產速香、檳榔、椰子。貨用燒珠、鐵鼎、色布之屬。」也是完全抄襲汪大淵的《島夷志略》龍牙菩提條，費信的《星槎勝覽》中抄襲《島夷志略》的例子還有不少。但是費信不是抄錄《島夷志略》的所有條目，而是有選擇地抄襲一些條目，說明他很可能不是亂抄。我們不能因爲費信抄錄了《島夷志略》的一些內容，就說費信的抄襲毫無意義，或者說費信完全沒到過這些地方。因爲還有一種可能是費信路過這些地方的附近，沒有下船實地考察，或者忘記了考察的見聞，於是拿《島夷志略》的內容來塡補。

費信《星槎勝覽》的龍牙門條末尾有詩曰：「山峻龍牙狀，中通水激湍。居人爲擄易，番舶往來難。入夏常多雨，經秋且不寒。從容陪使節，到此得遊觀。」從最末一句來看，費信似乎到過龍牙門，所以說從容陪同使者，得以到此地遊覽。即使不是從容上岸遊覽，也一定路過龍牙門附近。

明代萬曆年間湖州人沈節甫編纂的《紀錄彙編》卷二百二，有祝允明的《前聞記》，詳細記載鄭和第七次下西洋的主船隊行程。其中的去程並不經過龍牙門，而是直接從占城（今越南中南部）到爪哇，再北上舊港（今巴鄰旁），再北上滿剌加（今馬六甲）。而回程則是從滿剌加到崑崙洋，崑崙洋在今越南最南部的崑崙島附近。所以鄭和下西洋的回程很可能不經過爪哇，而是從新加坡直接北上，所以經過龍牙門。所以《鄭和航海圖》的龍牙門航線正是從西向東的回程航線，而不提去程航線。而且鄭和下西洋主船隊的去程航線不經過龍牙門，不等於有的分船隊的去程航線不經過龍牙門。所以費信很有可

能經過龍牙門附近，甚至有可能登上新加坡的島嶼。《星槎勝覽》開頭列舉他的四次航行，除了永樂十年一次是跟隨楊敏去榜葛剌（今孟加拉國），另外三次都是跟隨鄭和航行，即永樂七年、永樂十三年、宣德五年的三次，費信在這四次航行中有多次機會路過龍牙門，登上新加坡的島嶼。

古代的新加坡雖然最遲在唐代就在中國的史書有記載，最遲在元代就有酋長，但是遠遠不及近代重要。原因是新加坡島畢竟在面積上不如馬來半島或蘇門答臘島，不能提供更多的淡水和糧食，又沒有特別珍貴的物產，所以古代的商船沒有必要在這一帶多停留。而且新加坡島附近的島礁和沙洲密佈，木船很容易擱淺或觸礁，在這些島嶼上有很多土著搶劫商船，所以古代的商船往往不敢在這一帶多停留。鄭和下西洋的船隊過於龐大，所以不怕土著搶劫，但也有擱淺或觸礁的風險。近代西方的造船與航行技術出現重大進步，又在軍事上處於優勢，才有可能在新加坡立足，從而把新加坡變成重要的商埠。

清代嘉應州（今梅州）人謝清高的《海錄》第9條舊柔佛說：「嘉慶年間，英吉利於此闢展土地，招集各國商民在此貿易、耕種，而薄其稅賦，以其為東西南北海道四達之區也。數年以來，商賈雲集，舟船輻輳，樓閣連互，車馬載道，遂為勝地矣。番人稱其地為息辣，閩粵人謂之新州府。土產胡椒、檳榔膏、莎藤、紫菜。」〔註49〕此處所說的已經不是條目名和前半條的舊柔佛，而是柔佛以南的新加坡。英國東印度公司職員托馬斯·斯坦福·萊佛士（Thomas Stamford Bingley Raffles）在1819年登上新加坡島，開闢新加坡現代港口，謝清高說是在嘉慶年間，完全符合。謝清高是同時代人，又曾跟隨西方商船航行，所以瞭解新加坡的詳情。可惜同時代的絕大多數中國人，上到嘉慶、道光皇帝，下到平民，很少知道英國人在海外的拓展勢頭。謝清高晚年住在澳門，死於道光元年（1821年），距離鴉片戰爭已經很近。

五、結論

綜上所述，龍牙門就是今新加坡西南部的岌巴港，在白礁的西偏南7.5°，所以《鄭和航海圖》說從龍牙門用甲卯（東偏北7.5°）到白礁，《東西洋考》說從白礁用庚酉（西偏南7.5°）到龍牙門，至於《順風相送》、《指南正法》說從白礁用單酉即正西到龍牙門，相差也很小。

〔註49〕 〔清〕謝清高口述、楊炳南筆錄、安京校釋：《海錄校釋》，北京：商務印書館，2002年，第39頁。

鄭和下西洋的航線非常靠近新加坡島,因為新加坡島最遲在唐代已經有獅子島(思訶盧)的名字,最遲在元代已經有酋長。船隊接近新加坡島容易補充水糧和貿易,鄭和下西洋的主要任務是外交和貿易,所以自然要靠近新加坡島航行,而不是靠近其南部的諸多小島。鄭和的船隊規模龐大,每次有兩萬多人,需要補充很多淡水和糧食,靠近新加坡和柔佛有利於及時獲得充足的補給。而且新加坡南部的巴淡島、民丹島、廖內群島等地有很多海盜,為了避免不必要的衝突,鄭和的船隊自然要走靠近新加坡島的航線而不走今天的新加坡海峽。從費信的記載來看,他很可能在新加坡一帶登岸。

宋代趙汝括的《諸蕃志》只是在記載去三佛齊的路上提到龍牙門,元代汪大淵的《島夷志略》有專條詳細記載了的龍牙門,明代的《鄭和航海圖》、《順風相送》、《指南正法》、《東西洋考》等書則詳細記載了龍牙門的航線,費信的《星槎勝覽》還記載作者登岸遊覽。說明宋元明時期中國人對新加坡的瞭解不斷深入,記載愈發詳細,可惜明清的海禁使得中國人向海外發展的勢頭一度受挫,所以新加坡最終成為英國殖民地。雖然新加坡的主體民族是華人,但是英國人在嘉慶年間發展新加坡港才徹底改變了新加坡的歷史地位,新加坡的華人是在英國人的主導下建設了新加坡。鄭和下西洋是古代規模最大的航海活動,但英國人近代建立的海上殖民帝國在規模上遠遠超過鄭和下西洋,世界海洋勢力版圖在幾百年內的逆轉值得我們深思。

馬來文獻所記鄭和下西洋故事考證

前人研究鄭和下西洋時已經非常注意使用外語文獻,但是馬來文獻是被大家忽視的一種外語文獻。《馬來紀年》是一種重要的馬來文獻,中國學者對此書的關注和研究較少。前人研究鄭和下西洋時代中國和馬來西亞關係時,雖然也經常提到此書,但是很少仔細分析其中具體內容,沒有認真比對書中的內容和中國的同時代記載。〔註 50〕也有極少中國學者認真研究了《馬來紀

〔註 50〕 〔馬來西亞〕趙澤洪:《馬中關係與三寶山》,南京鄭和研究會編:《走向海洋的中國人》,海潮出版社,1996 年,第 272〜284 頁。鄭閏:《鄭和與滿剌加三代國王——兼論明代中國與馬來西亞的友好關係》、〔馬來西亞〕林源瑞:《鄭和是促進馬中友誼的大功臣》,范金民、孔令仁主編:《睦鄰友好的使者——鄭和》,海潮出版社,2003 年,第 84〜97 頁。張旭東:《從〈馬來紀年〉看古代馬來人對中國形象的認知》,《南洋問題研究》2009 年第 4 期。

年》的細節，但是沒有關注其中有關鄭和的內容。〔註51〕本文先簡要介紹《馬來紀年》及其漢譯本的概況，再分析此書的可信度，重點是分析書中有關鄭和下西洋的內容。關於明代中國和馬六甲的關係，因爲前人論述太多，所以本文僅是附帶略述，不作重點。

一、《馬來紀年》的可信度

前人一般翻譯此書爲《馬來紀年》，黃元煥譯本曾經以《馬來傳奇》爲名在中國出版，在馬來西亞出版時改名爲《馬來紀年》，本文使用的是他在馬來西亞出版的譯本。此書作者是馬來半島柔佛王國的首相敦·斯利·拉囊（又叫敦·穆罕默德），他和柔佛國王被蘇門答臘島的亞齊國王俘虜，遵亞齊國王之命，撰寫此書。原序說寫成於伊斯蘭曆 1021 年，也即公元 1612 年。不過這可能是最終整理的日期，此書應該寫作於 1511 年滿剌加（馬六甲）亡國之前，所以此書的末尾是滿剌加亡國。而且此書寫作時參考了很多其他書籍，所以其原始資料的形成時間更早。黃元煥認爲此書是傳奇故事，所以改稱爲《馬來傳奇》。譯者在前言中也指出，此書的馬來語名字應翻譯爲《馬來王譜》。〔註52〕

薛松指出，這本書的馬來語名字可以譯爲《諸王世譜》或《列王史記》。此書的手稿現在有 32 份，收藏在印度尼西亞、荷蘭、英國、俄羅斯等地的圖書館，最早的版本是萊佛士第 18 號本（Raffles MS No.18）。1821 年，英國人約翰·萊登（John Leyden）最早譯爲英文。1831 年，新加坡出版了最早的爪夷文（阿拉伯字母）手抄本。1898 年，希勒別（W. G. Shellabear）翻譯了兩個更長的版本。1952 年英國人布朗（Charles Cuthbert Brown）根據萊佛士藏本，再次英譯。〔註53〕1955 年，許雲樵最早將此書譯爲漢文《馬來紀年》，他根據的是萊登英譯本，但參考了其他版本，共 31 章。黃元煥譯本根據的是爪夷文印尼語本，祖本是1831 年新加坡出版的版本，共 34 章。另有一個中國出版的漢譯本根據 1997 年馬來西亞國家語文出版局出版的馬來文版本譯出，共 31 章。〔註54〕因爲這個譯本在國內容易看到，所以本文不再贅述。

〔註51〕 徐作生：《1488 年麻坡華人援救滿剌加國王史事調查》，《鄭和研究動態》2017年第 1 期，第 52～59 頁。

〔註52〕 〔馬來西亞〕敦·斯利·拉南著、黃元煥譯：《馬來傳奇》，北嶽文藝出版社，1999 年。〔馬來西亞〕敦·斯利·拉囊著、黃元煥譯：《馬來紀年》，吉隆坡：學林書店出版，2004 年。

〔註53〕 薛松：《〈馬來紀年〉研究綜述》，《東南亞南亞研究》2011 年第 2 期。

〔註54〕 羅傑、傅聰聰：《〈馬來紀年〉翻譯與研究》，北京大學出版社，2013 年。

因為《馬來紀年》的體裁是傳奇故事，所以很多人誤以為此書缺乏歷史根據，其實此書取材於馬來人的史書，有很高的可信度。比如該書第一篇講到印度的蘇臘安（Suran）王決定征討中國，先向東攻打馬來半島的康卡納卡臘（今馬來西亞天定）、狼牙修（今泰國北大年）、單馬錫（今新加坡）。還要遠征中國，中國的國王派老人航行到單馬錫，船上裝有生銹的針、開花結果的柿子樹和棗樹。老人對印度人說，他從中國出發時是孩子，因為中國太遠，所以針都生銹，帶出來的種子都開花結果。印度人覺得中國太遠，取消了遠征中國的計劃。〔註55〕

我認為這個故事有很高的可信度，蘇臘安在萊佛士本作 Shulan，顯然就是印度最南部的注輦帝國 Chola，又作 Shola，讀音非常接近。注輦在 11 世紀曾經征服印度東南海岸和斯里蘭卡，還派海軍遠征緬甸、安達曼群島、尼科巴群島、馬來半島和蘇門答臘島的很多地方。〔註56〕注輦也派人出使北宋，《宋史》記載了注輦使臣的航路。〔註57〕

該書第二篇講的是室利佛逝建國故事，說巨港國所在的塔堂（Tatang）河上游是馬來遊（Melayu）河，馬來遊河源頭的高山誕生三個王子，第一個被米南加保（Minangkabau）人迎去為王，第二個被丹戎普拉（Tanjung Pura）人迎去為王，第三個被巨港王迎來為王，巨港王自降為宰相。〔註58〕馬來遊人到巨港為王的歷史符合唐代義淨的記載，義淨《大唐西域求法高僧傳》中說他去印度，路過室利佛逝：「王贈支持，送往末羅瑜國（今改為室利佛逝也）。」義淨《南海寄歸內法傳》自序說：「從西數之，有婆魯師洲，末羅遊州（即今尸利佛逝國是）。」說明室利佛逝是末羅瑜（馬來遊）改名，巨港城南的克杜坎武吉（Kedukan Bukit）發現的石刻銘文說 683 年，有一位大首領從米南加塔萬（Minānga Tāmvan）出發，率海軍兩萬，還有 1312 名陸軍從陸上同行，28 天後到達馬塔耶普（Matajap），建城名為室利佛逝。有學者認為米南加塔

〔註55〕　〔馬來西亞〕敦・斯利・拉囊著、黃元煥譯：《馬來傳奇》，第 25～28 頁。

〔註56〕　〔英〕D. G. E. 霍爾著、中山大學東南亞歷史研究所譯：《東南亞史》，第 89 頁。Paul Wheatley, The Golden Khersonese, pp.200-201，〔新西蘭〕尼古拉斯・塔林主編、賀聖達等譯：《劍橋東南亞史》，第 204～206 頁。另可參考 Hermann Kulke，K. Kesavapany，Vijay Sakhuja，Nagapattinam to Suvarnadwipa：Reflections on the Chola Naval Expeditions to Southeast Asia，Singapore：Institute of Southeast Asian Studies，2009。

〔註57〕　周運中：《中國南洋古代交通史》，第 253～257 頁。

〔註58〕　羅傑、傅聰聰等譯：《〈馬來紀年〉翻譯與研究》，第 8～11 頁。

萬在蘇門答臘島西部的米南加保地區,也有人認為這個詞指江灣或低地河汉,王任叔認為室利佛逝的首領來自馬來半島的赤土國。〔註59〕這群征服者一定來自蘇門答臘島北部,因為不僅有陸軍,而且時間是一個月。〔註60〕

第二篇故事還說到中國貴族之子在巨港娶了公主,他們的子孫世代在中國做國王。另一種傳奇說,中國貴族之子和公主的子孫住在巨港做華人的國王,有華人的封地。這個說法也有依據,元代室利佛逝衰亡,華人取得了巨港的主導權,所以鄭和下西洋之前,華人首領陳祖義佔有巨港。

該書第三篇故事講的是新加坡的興起,第四篇故事講的是印度羯陵伽公主和新加坡國王結婚。很多人誤以為新加坡是在近代才興起,其實唐代中國人已經記載了新加坡,音譯為思訶盧,地名源自錫蘭(斯里蘭卡)移民。第五篇故事講的是爪哇派海軍攻打新加坡,第八篇故事說暹羅(泰國)攻打蘇門答臘國,第十三篇故事說馬來半島很多小國臣服於暹羅,暹羅兩次派兵攻打滿剌加都失敗了,滿剌加追擊暹羅人到新加坡,滿剌加又吞併了臣屬於暹羅的彭亨國(今馬來西亞彭亨),後來兩國和好,滿剌加還派兵幫助暹羅攻打另一個小國。汪大淵《島夷志略》第 33 條暹說:「近年以七十餘艘來侵單馬錫,攻打城池,一月不下。本處閉關而守,不敢與爭。遇爪哇使臣經過,暹人聞之乃遁,遂掠昔里而歸。至正己丑夏五月,降於羅斛。」暹羅侵佔單馬錫(新加坡)不成,印證了《馬來紀年》的記載可靠,時間在元朝末年。爪哇和暹羅都想佔領馬來半島,他們的兵力都比滿剌加強大,馬歡《瀛涯勝覽》說滿剌加國:「此地屬暹羅所轄,歲輸金四十兩,否則差人征伐。永樂七年己丑,上命正使太監鄭和等齎詔,敕賜頭目雙臺銀印、冠帶、袍服,建碑封城,遂名滿剌加國,是後暹羅莫敢侵擾。其頭目蒙恩為王,挈妻子赴京朝謝,貢進方物,朝廷又賜與海船回國守土。」中國人認為滿剌加依靠中國人的幫助才擺脫暹羅的控制,而《馬來紀年》則不提中國人的幫助,其實二者都有道理,是中國和滿剌加合作而成。

所以《馬來紀年》雖然是明代馬來西亞人改編的故事,其實保留了很多唐宋時期的信史。第一篇故事在宋代,第二篇故事在唐代,時間顛倒,因為東南亞早期文化深受印度移民的影響,所以先從印度說起。書中元代之後的歷史越來越可信,而且時間大體上都沒有顛倒。第十七篇故事說滿剌加征服

〔註59〕王任叔:《印度尼西亞古代史》,第 370～373 頁。
〔註60〕周運中:《中國南洋古代交通史》,第 189 頁。

了蘇門答臘島東南的監篦國 Kampar 和錫亞克國 Siak，第十九篇說孟加錫（今蘇拉威西島）人征服爪哇的很多屬國，但是被滿剌加打敗，第二十四篇故事說滿剌加人打敗了阿魯國 Haru。說明明代中期滿剌加的國力越來越強，《馬來紀年》雖然沒有提到中國的幫助，但是滿剌加和中國的貿易應是其強盛的重要原因。第二十五篇故事說卡斯迪蘭（西班牙）Kastilan 人攻佔馬魯古群島，國王逃到滿剌加。最末的第三十二篇到三十四篇故事，說葡萄牙人攻佔滿剌加，國王逃亡到彭亨，滿剌加在 1511 年亡國。

二、鄭和和漢女的故事

　　該書第十五篇講的故事其實是鄭和下西洋，開頭說滿剌加的威名傳到中國，中國國王決定派特使到滿剌加。中國特使帶來滿滿一船細針，還有很多綾羅綢緞和其他珍奇異寶，滿剌加王蘇丹・芒速・沙迎接中國國王的書信，捧著書信在全城遊行一周，正如對待暹羅王的禮儀。書信說中國要和滿剌加友好，中國非常強大，中國人很多，每家人出一根針，就裝滿了一整船。滿剌加王看到信，叫人收下那船針，叫人裝滿一船沙穀米，派宰相的弟弟敦・博爾巴迪・布迪爲特使，出使中國。特使到中國京城，進宮殿時看到很多烏鴉。朝見國王的人很多，天不亮的時候，大家都在露天等候。中國國王終於出朝，大家遠遠地看到他的樣子。中國國王問滿剌加特使沙穀米的由來，特使說每個人搓出一粒米，所以滿剌加的百姓很多。中國國王聽說滿剌加的百姓都吃搓出的米，命令以後不要舂米，一定要剝去米的殼殼。滿剌加的特使手上戴滿戒指，中國大臣看到，就贈送一個，所以贈送了不少戒指。

　　中國國王還要招滿剌加國王爲婿，護送公主漢麗寶 Hang Li Po 去滿剌加，萊佛士珍藏本作 Hang Liu。調撥一百艘船，由大臣 Di Po 統領。滿剌加王以隆重的禮儀迎接公主，生出梅馬特王，梅馬特王又生出斯利・中國王。陪嫁的五百名中國大臣之子，和公主一樣，都皈依伊斯蘭教，定居在滿剌加的中國山。還在山下開挖了水井，子孫都稱爲中國侍臣。滿剌加王做了中國國王的女婿，要去中國稱臣納貢，派敦・特拉奈和耶納・布特臘出使中國，途中遇到風浪，到了文萊，文萊國王聽說滿剌加王朝貢中國，也向中國朝貢。

　　中國國王聽說滿剌加王向中國稱臣納貢，非常高興，但是有一天，忽然渾身發癢，發展爲褐黃斑皮膚病，御醫說中國國王必須喝滿剌加王的洗腳水，才能治好。中國國王只好派特使去討滿剌加王的洗腳水，滿剌加王把他的洗

腳水交給特使，中國國王喝了滿剌加王的洗腳水，眞的好了。從此中國和滿剌加的關係更好，他不再要求滿剌加王來朝貢，他的子孫也不要滿剌加王來朝貢，兩國的關係一直很好。〔註61〕

故事中說到率領中國船隊的特使叫 Di Po，但是萊佛士珍藏本是一個非常珍貴的早期版本，按照漢麗寶 Hang Li Po 在萊佛士珍藏本作 Hang Liu 的例子，則 Di Po 也可以寫成 Di-u，正是鄭和的閩南語讀音。鄭的聲旁是奠，現代漢語中滇的讀音就保留了眞的古音，現在閩南話保留了古漢語聲母知端合一的特點。廈門話的鄭還讀成 di 或 din，泉州話是 di，漳州話是 de。雖然漳州話也比較接近古音，但是《馬來紀年》的記音最接近泉州話。這很可能是因爲泉州是宋元時期的世界第一大港，明初雖然因爲海禁政策而逐漸衰落，但是在鄭和下西洋的時代，泉州的影響仍然比漳州大。很多泉州水手仍然爲船隊服務，很多泉州人來到馬來半島。和的古音是 wa，現在吳語是 uu，閩南語是 ho。因爲東南亞的華人主要來自華南，所以他們讀鄭和兩個字的讀音影響了馬六甲人。另外 Po 也可能是 Ho 的訛誤，因爲古代馬來語用阿拉伯文書寫，很容易寫錯。

鄭和下西洋的船上，水手主要來自東南沿海，南京人鞏珍的《西域番國志》自序說：「始則預行福建、廣、浙，選取駕船民梢中有經慣下海者稱爲火長，用作船師。」〔註62〕鄭和下西洋船隊中調來的士兵也有福建人，比如福建的族譜記載泉州衛的鄧回是南遷的第三代，跟隨鄭和下西洋。永春人劉孟福下西洋，卒於思門噠劣（蘇門答臘）。〔註63〕嘉靖《邵武府志》卷十《祀典》：「天妃宮，舊名靈慈宮……永樂間，邵武衛官軍從征西洋，舟楫顚危，賴神以濟歸，因立廟於此。」《閩書‧方域志》泉州晉江縣青陽山：「皇朝從中官鄭和下西洋者，奉其（順正王）香火以行。」《閩都記》說：「明永樂時，福州商人赴麻喇國者，有姓阮、芮、朴、樊、郝等，往麻喇國多年，聚番婦生子，率之返國。」〔註64〕明清時代馬來西亞的華僑以閩南人爲主，所以閩南語對馬來西亞的文化影響很大。

現在馬六甲的中國山下還有一口古井，稱爲漢麗寶井。前人未曾深入分析漢麗寶的由來，明代正史沒有記載下嫁公主給滿剌加的國王，說明這個故事中的公主不是明朝眞正的公主。但是故事中的滿剌加國王應該和中國女子

〔註61〕〔馬來西亞〕敦‧斯利‧拉囊著、黃元煥譯：《馬來傳奇》，第 132～138 頁。
〔註62〕〔明〕鞏珍著、向達校注：《西域番國志》，北京：中華書局，2000 年，第 6 頁。
〔註63〕李玉昆：《福建安溪發現鄭和下西洋隨行人員族譜》，《鄭和研究》2005 年第 2 期。
〔註64〕林金枝、張蓮英：《鄭和下西洋與福建華僑》，《鄭和與福建——福建省紀念鄭和下西洋 580 週年學術討論會論文選》，福建教育出版社，1988 年，第 18～32 頁。

通婚，否則其孫子的王號中不可能有中國這個詞。我認為漢麗寶的名字應該是萊佛士珍藏本的 Hang Liu，也即漢女，本來應該寫作 Han Lu，因為 han 和 hang 的讀音很近，現在南方很多方言還混淆不清，包括南京話。南京話和閩南話的 n 和 l 都分不清，所以女寫成了 lu 或 liu，現在閩南話的女還讀作 lu，汝的聲旁就是女。所以滿剌加王是和漢人的女子結婚，但是訛傳為明朝的公主。雖然這個漢女不是真的公主，仍然反映滿剌加王重視發展和華人的關係。

　　故事中說鄭和的船隊有一百艘船，這也不是亂說，《瀛涯勝覽》開頭說：「寶船六十三號。」加上其他各種型號的船，鄭和的船隊至少有上百條船。即使有分船隊去泰國，經過馬六甲的船也應有上百艘。《三寶太監西洋記通俗演義》第十八回說鄭和下西洋的船隊，寶船居中，其外是座船，戰船和馬船在前哨，戰船、馬船、糧船在左右和後哨。

　　雖然南京的明故宮早已毀壞，但是我們現在在北京故宮還能看到很多烏鴉，而且體型很大，可見馬六甲的故事確有依據。大群烏鴉在宮中是馬六甲人所未見的景象，所以他們留下了很深的印象，保存了故事中。滿剌加國的使者之所以和很多人在宮中等候皇帝，因為按照古代的禮儀，一般不止滿剌加一個國家的使者朝見，而是很多國家的使者一起朝見。但是馬六甲留下的故事中沒有說到其他國家的使者，可能是覺得這樣說，顯得馬六甲人的地位不高。滿剌加的使者把手上的寶石送給明朝的大臣，可能是馬六甲人行賄或明朝大臣索賄的曲折反映，明代的很多史料都說到外國商人或使者經常會向接待的中國官員行賄。

四、從鐵塊到鋼針的轉變

　　故事說中國特使送給馬六甲一船細針，透露了中國和馬六甲貿易的商品包括細針，這是東南亞人難以造出的產品，受到東南亞百姓的喜歡，所以保留在傳奇故事中，這是傳統中國史書未能記載的細節。

　　如果我們想到宋元時期中國大量輸出到東南亞的還是鐵塊、鐵條，就會發現元明時期中國輸出到東南亞商品的重大轉變。五代十國時期割據閩南的留從效家譜《清源留氏宗譜・鄂國公傳》說：「陶瓷、銅、鐵，遠泛於番國，取金貝而返，民甚稱便。」說明此時閩南出售到海外的物品就有鐵器，廈門市同安區五顯鎮的東橋頭西部發現宋代與明代冶鐵遺址，約 80 米的遺址中有 50 米見方、3 米高的土堆，有大量鐵渣和鐵砂，還有冶鐵爐殘片、耐火磚殘塊、木炭與宋

代、明代瓷片。五顯鎮後壟村的鐵渣堆仍有 1000 平方米，高 3 米，其中有五代與宋代的青瓷片、粗瓷片。按爐村北的鐵渣堆，俗名鐵屎墩，面積 500 平方米，高 2 米。同安城內的葫蘆山是鐵渣堆形成的小山，東西 42 米，南北 110 米，高 12 米，其中有五代與宋代的瓷片。〔註65〕同安這麼多的宋代鐵渣說明當時的鐵產量很大，很可能是用於外銷。〔註66〕美國學者郝若貝（Robert Hartwell）根據《宋會要》指出宋代的鋼鐵產量是世界最多，許倬雲提出一個問題，如此多的鋼鐵是不是有很多用於外銷？〔註67〕現在看來確實如此。

　　廣東海域發現的南宋時期南海 I 號沉船發掘出很多鐵鍋、鐵條，元代的泉州海商汪大淵《島夷志略》記載貿易之貨，也即售出的中國貨物，就有很多鐵器，三島（今菲律賓呂宋島）、麻逸（今菲律賓民都洛島）有鐵塊、麻里魯（今呂宋島伯利瑠）有鐵鼎，遐來勿（今菲律賓卡拉棉群島）有鐵線，無枝拔（今馬來西亞巴株巴轄）有鐵鼎，彭亨有鐵器，交趾（今越南廣平）有鐵，日麗（今越南中部）有鐵塊，靈山（今越南大嶺角）有鐵條，羅衛（在今泰國沙敦）有鐵條，蘇洛鬲（今馬來西亞吉打）有鐵，針路（今緬甸丹老）有鐵鼎，八都馬（今緬甸莫塔馬）有鐵鼎，尖山（今馬來西亞基納巴盧山）有鐵鼎，八節那澗（今爪哇島班吉里）有鐵器，三佛齊（今印度尼西亞巨港）有鐵鍋，嘯噴（今蘇門答臘島占碑）有鐵鍋，勃泥（今文萊）有鐵器，暹（今泰國）有鐵，爪哇有鐵器，都督岸（今沙撈越）有鐵，萬年港（今西加里曼丹）有鐵條，蘇祿（今蘇祿）有鐵條，龍牙菩提（今印度尼西亞林加島）有鐵鼎，龍牙門（今新加坡）有鐵鼎，班卒（今馬來西亞柔佛）有鐵條，東西竺（今馬來西亞奧爾島、巴比島）有鐵器，蒲奔（今爪哇島龐越）有鐵線，千里馬（今爪哇島井里汶）有鐵條，文老古（今馬魯古群島）有鐵，古里地悶（今帝汶島）有鐵，花面（今蘇門答臘島陂隄里）有鐵條，淡洋（今蘇門答臘島亞魯）有鐵器，喃巫哩（今亞齊）有鐵器，班達里（今印度潘達里）有鐵器，金塔（今印度泰米爾納德邦靈鷲山）有鐵鼎，東淡邈（今爪哇島淡目）有鐵器，大八丹（今印度泰米爾納德邦第魯馬來拉延八丹）有鐵條，加

〔註65〕 廈門市同安區文化體育出版局編：《同安文物大觀》，廈門大學出版社，2012年，第 275～277 頁。

〔註66〕 周運中：《南海一號沉船與南宋海外貿易新探》，2016 年 12 月 10 日，泉州師範學院主辦海絲文化與區域社會經濟學術研討會發表。

〔註67〕 許倬云：《近古史研究三題擬議》，《許倬雲自選集》，上海教育出版社，2002年，第 266 頁。

里那有鐵條，小具喃（在今印度奎隆）有鐵器，大烏爹有鐵器，阿思里（今索馬里阿希拉）有鐵器，天堂（今麥加）有鐵鼎。〔註68〕

南海一號古船出水的鐵鍋（周運中攝於 2015 年 11 月 22 日）

　　宋元時期中國輸出很多鐵條、鐵鼎（鐵鍋），沒有提到針，明代則輸出很多針，說明東南亞本地的冶鐵業發展了，不再需要大量中國的粗加工鐵器。因爲東南亞氣候炎熱，汪大淵還說到很多地方人赤身裸體，或者在腰部繫上非常簡單的稍布。因爲長期接觸中國人和阿拉伯人，東南亞人的服裝也逐漸複雜，所以在明代前期大量購買中國的針。當然中國人通過大量輸出工藝品，也促進了中國手工業的發展。

吉隆坡馬來西亞國家歷史博物館的宣德瓷器（周運中攝於 2018 年 11 月 10 日）

〔註68〕　〔元〕汪大淵著、蘇繼廎校釋：《島夷志略校釋》。

五、馬六甲的官廠和貿易

朱元璋曾經賜閩人三十六姓給琉球國，但是明朝的正史沒有記載賜五百大臣之子給滿剌加國。其實在明朝之前，中國和東南亞各地的交流已經很密切，已經有很多人定居在東南亞。費信《星槎勝覽》說滿剌加：「男女椎髻，身膚黑漆，間有白者，唐人種也。」〔註69〕說明在鄭和下西洋之前，就有很多中國人住在馬六甲了。鄭和下西洋時代，仍然有不少中國人僑居在東南亞。

鄭和下西洋時，還在馬六甲設立明朝的官廠，作為航海基地，鞏珍《西洋番國志》的滿剌加條說：

> 中國下西洋船以此為外府，立擺柵牆垣，設四門更鼓樓。內又立重城，蓋造庫藏完備。大宗寶船已往占城、爪哇等國，並先宗暹羅等國回還船隻，俱於此國海濱駐泊，一應錢糧皆入庫內□貯。各船並聚，又分宗次前後諸番買賣以後，忽魯謨斯等各國事畢回時，其小邦去而回者，先後遲早不過五七日，俱各到齊，將各國諸色錢糧通行打點，裝封倉儲。停侯五月中風信已順，結綜回還。

馬六甲的官廠有城牆和更鼓樓，內部還有子城，錢糧都在城內貯存，船隊在此集合，傷病員也在此療養。因為明朝在馬六甲的官廠設有很多常駐人員，一些人從此留在馬六甲，所以出現了中國國王賜五百人在馬六甲的故事。

今天馬六甲的老城被馬六甲河分為東西兩部分，蘇丹的王宮在河東岸，中國人聚居的街道在河的西岸。有人認為《鄭和航海圖》上的馬六甲官廠正是在馬六甲河的西岸，王宮在河東岸。而且在今天中國人聚居的街道，還有官廠的遺址，發現有古代的水井，地下挖出不少明代的瓷器和貨幣。因為馬六甲的蘇丹住在河東岸，所以官廠設在其對岸。〔註70〕

但是不知為何，官廠的建築和城牆遺址未能在地面留存，而且馬六甲河西岸的古井和明代的文物沒有經過科學發掘。中國山則在馬六甲河東岸，現在還叫 Bukit Cina，馬來語的意思就是中國山，bukit 是山，cina 是中國。中國山是中國人墓地所在，現在還能看到很多華人古墓。中國山又名三寶山，山下有供奉鄭和的寶山亭，俗稱三寶廟。廟外有天運丙午年（康熙五年，1666年）青雲亭所立的一塊碑刻，禁止牛羊在三寶井山上放牧，下方有古代馬來人用的爪夷文。青雲亭是明末清初到馬六甲的閩南人所建，所以不用明清年

〔註69〕 〔明〕費信著、馮承鈞校注：《星槎勝覽校注》，第20頁。
〔註70〕 陳達生：《馬六甲「官廠」遺址考》，《鄭和研究》2006年第3期。

號，說明三寶井的名字在明末清初就出現了。《馬來紀年》說中國人住在中國山，應該不是亂說。可能因爲在明朝正式修築官廠城堡之前，相對少量的華人定居在蘇丹皇宮之外不遠的地方，也即中國山一帶。明朝設立官廠，改在馬六甲河對岸。

馬六甲老街最重要的華人廟宇青雲亭（周運中攝於 2018 年 11 月 13 日）

　　也有可能是因爲《鄭和航海圖》不太精確，圖上的官廠雖然畫在馬六甲河的西岸，但是馬六甲河再往上的部分沒有畫出，而馬六甲河正是在中國山的西南有很大的轉折，中國山和馬六甲河之間有很大的空地。所以《鄭和航海圖》上的官廠也可能在中國山和馬六甲河之間，有待考古發掘確認。

　　馬歡《瀛涯勝覽》說滿刺加：「有一大溪河水，下流從王居前過入海。其王於溪上建立木橋，上造橋亭二十餘間，諸物買賣俱在其上。」其實滿刺加王宮的河對面就是明朝的官廠，所以在橋上建造很多亭子來貿易，這是明朝官廠設立之後的情況。費信《星槎勝覽》滿刺加：「田瘠少收，內一山泉流溪下，民以溪中淘沙取錫，煎銷成塊，曰斗塊，每塊重官秤一斤四兩。及織蕉

心籌。惟以斗錫通市，餘無產物。」說明馬六甲河也是重要產品錫的來源，上游的產品沿河而下，運到海岸，所以更要在河上建橋貿易。

馬歡《瀛涯勝覽》滿剌加條：「山野有一等樹，名沙孤樹，鄉人以此物之皮，如中國葛根，搗浸澄濾，其樹作丸，如菉豆大，曬乾而賣，其名曰沙孤米，可以作飯吃。」因為沙穀米可以作為飯吃，很多中國船員也跟著吃沙穀米，並運到中國，所以故事中說滿剌加國王運了一船沙穀米到中國。今天也稱為西米，是從西谷（沙谷、沙孤）椰樹的樹幹中取出澱粉，手工揉搓而成。在熱帶很多地方，原來是人們的主食，現在也大量外銷到世界各地。

馬六甲河的西岸和東岸（周運中攝於 2018 年 11 月 13 日）

六、洗腳水源自荖葉水

這個故事最後的一個情節說，中國的皇帝一定要喝滿剌加國王的洗腳水，而且真的喝了，病真的好了。這個故事看似荒誕不經，很多中國人和海外華人在感情上都不能接受。有人說，這個故事是滿剌加國王為了顯示自己高於中國皇帝，所以編造了這個故事。還有人說，這個故事不利於中國和馬來西亞的友好。我認為這些看法有一定道理，但是總覺得這個故事也不能輕易否定。因為滿剌加作為明朝的藩屬國，不至於編造這個故事。故事中也說中國和滿剌加一

直非常友好，兩國既然一直友好，有什麼必要編造這個故事呢？即便是滿剌加國王要顯示自己的地位，也不必編造中國皇帝喝他的洗腳水吧！

所以我認爲這很可能是一種誤會，可能是讀音接近造成的誤傳，魯魚亥豕是古代文獻常見的問題。馬歡《瀛涯勝覽》說滿剌加：「海之洲諸岸邊生一等水草，名茭葦。葉長如刀茅樣，似苦筍殼厚，性軟，結子如荔枝樣，雞子大。人取其子釀酒，名茭葦酒，飲之亦能醉人。鄉人取其葉，織成細簟，止闊二尺，長丈餘，爲席而賣。」這種茭葦是馬來語 kajang 的音譯，中國人很少看到，更不會用茭葦來釀酒。茭葦酒很可能吸引了很多中國人，所以馬歡要特地仔細描寫。或許還有茭葦酒被運到中國，或許滿剌加國王向中國皇帝進貢了茭葦酒。中國皇帝喝了茭葦酒，覺得非常好喝。茭葦水的諧音正是腳髒水，也就是洗腳水。所以我認爲中國皇帝要滿剌加國王的洗腳水，是茭葦水的訛傳。

茭葦就是今天所說的聶帕棕櫚樹（Nipa fruticans），俗稱爲 nipa palm，palm 是棕櫚樹，或稱爲紅樹林棕櫚（mangrove palm），或者單稱 nipa。〔註71〕這種樹的花朵榨出的甜汁可以釀出一種飲料，叫 tuba、bahar 或 tuak。這種飲料裝在瓶中數周，可以變成酒，馬來西亞叫 cuka nipa。閩南語的腳叫 ka，cuka 的讀音類似洗腳。

《宋史》卷四百九十八說三佛齊國（在今蘇門答臘島）：「其酒出於椰子及蝦蟆丹樹，蝦蟆丹樹華人未嘗見，或以枓椰、檳榔釀成，亦甚香美。」我認爲蝦蟆丹樹就是 Kajang 的音譯，因爲宋代人不熟悉，誤以爲枓椰、檳榔。

從洗腳水（茭葦水）故事的案例來看，我們看到傳說中難以解釋的情節，不能輕易否定，更不必迴避，而應尋求合理的解釋。再如馬歡《瀛涯勝覽》說滿剌加國：「山出黑虎，比中國黃虎略小，其毛黑，亦有暗花紋。其黃虎亦間有之，國中有虎化爲人，入市混人而行，自有識者，擒而殺之。如占城屍頭蠻，此處亦有。」這種黑虎在現在東南亞很多國家還有，之所以出現黑虎變成人的傳說，很可能是因爲在東南亞很多地方，有一些比馬來人還早的土著，個子很矮，皮膚更黑，西方人稱爲尼格利陀人，也即黑人。因爲這種小黑人主要住在東南亞內陸的山地，所以出現了這種人是山上的黑虎變成的傳說。

〔註71〕章樂綺：《鄭和下西洋異國飲食考》，江蘇省紀念鄭和下西洋 600 週年活動籌備領導小組編《傳承文明、走向世界、和平發展：紀念鄭和下西洋 600 週年國際學術論壇論文集》，社會科學文獻出版社，2005 年，第 1004 頁。

六、結論

　　總之,《馬來紀年》是一部不可多得的馬來西亞古代文獻,記載的範圍還涉及到印度、泰國、印尼、越南等很多國家。全書還多次提到中國,記載了中國和東南亞的密切交往,特別是鄭和下西洋的相關內容彌足珍貴。讓我們瞭解到馬來西亞人對鄭和下西洋的觀感和記憶,滿剌加在明朝的幫助下,不僅擺脫了暹羅、爪哇的控制,還多次打敗暹羅、爪哇,吞併彭亨,可見滿剌加和明朝的合作使得雙方都獲利頗豐。我們從中國文獻中看不到滿剌加甘願做明朝藩屬的根本原因是爲了擴張自己的勢力。如果光看中國文獻,或許僅能看到明朝成功利用了滿剌加,而不知滿剌加也成功利用了明朝來發展自己。

　　明朝和滿剌加的關係是 15 世紀東方國際關係網中的一條重要環節,明朝和滿剌加可謂一榮俱榮,一損俱損。正德六年(1511 年)葡萄牙人滅亡滿剌加,滿剌加曾經請明朝派兵援助。此時的明朝早已放棄經營外洋近八十年,對最新國際形勢缺乏瞭解,所以不僅不派兵援助,也不提防葡萄牙人來華。葡萄牙人兩年後就到了廣東、福建、浙江等地,建立起堅固的城堡,大力發展跨國貿易,引發嘉靖年間的倭寇風潮,明朝在北虜南倭交攻之中衰落。

馬六甲河邊的葡萄牙人、荷蘭人堡壘遺址(周運中攝於 2018 年 11 月 13 日)

來南京朝貢的眞假滿剌加國王

　　眾所周知，明朝在鄭和下西洋時期積極扶持滿剌加（今馬六甲），在滿剌加建立官廠，使得滿剌加成爲鄭和下西洋時最重要的基地。滿剌加國王不僅多次派遣使者來華，而且有多個國王親自到中國朝貢。許雲樵譯《馬來紀年》附錄有《明代載籍中的滿剌加》，還有學者把《明實錄》中所有的滿剌加記載製成表格，〔註 72〕中國文獻中的滿剌加資料已經非常清楚。但是很少有學者對比中國文獻記載的滿剌加國王和《馬來紀年》記載的滿剌加國王，如果我們比對兩種文獻，就會發現兩國文獻記載的滿剌加國王有不少出入。我們甚至會發現，有的來南京向朱棣朝貢的滿剌加國王，或者遣使來朝貢的滿剌加國王，其實都不是眞正的國王，而是滿剌加國的大臣！

一、中國文獻記載的滿剌加

　　關於中國文獻記載的中國和滿剌加交往史，本文先簡略敍述。《明太宗實錄》卷二三說，永樂元年（1403 年）十月丁巳：「遣內官尹慶等，齎詔往諭滿賜、柯枝諸國，賜其國王羅銷金帳幔及傘，並金織文綺、綵絹有差。」有學者認爲滿賜是滿剌加之誤，應該是在年底或次年到滿剌加，滿剌加國王拜里迷蘇剌遣使中國，應該是在次年或第三年夏季出發。《明太宗實錄》卷四六記載三年（1405 年）九月癸卯：「蘇門答剌國酋長宰奴里阿必丁、滿剌加國酋長拜里迷蘇剌、古里國酋長沙米的，俱遣使，隨奉使中官尹慶朝貢。詔俱封爲國王，給與印誥並賜彩幣、襲衣。」《明太宗實錄》卷四七，記載十月丁丑：「賜西洋古里、蘇門答剌、滿剌加、爪哇、哈蜜等處使臣及歸附韃靼頭目宴。」

　　費信《星槎勝覽》的滿剌加國條說：「永樂七年，皇上命正使太監鄭和等，齎捧詔敕，賜以雙臺銀印，冠帶袍服，建碑封域，爲滿剌加國，其暹羅始不敢擾。」〔註73〕而《明史》卷三二五《滿剌加傳》說永樂四年（1406 年），鄭和第一次下西洋的船隊，就把朱棣御賜給滿剌加的鎭國之山碑送到滿剌加，安放在西山，封西山爲鎭國山。根據《殊域周諮錄》等書，應是七年而非四年。〔註74〕但《明太

〔註72〕　〔馬來西亞〕　敦・斯利・拉囊著、許雲樵譯注：《馬來紀年》，新加坡青年書局，1966 年，第 349～388 頁。張應龍：《鄭和下西洋對中國與馬來西亞友好關係發展的影響》，林曉東、巫秋玉主編《鄭和下西洋與華僑華人文集》，中國華僑出版社，2005 年，第 467～477 頁。

〔註73〕　〔明〕費信著、馮承鈞校注：《星槎勝覽校注》，第 20 頁。

〔註74〕　〔明〕嚴從簡著、余思黎點校：《殊域周咨錄》，北京：中華書局，1993 年，

宗實錄》卷四七明確說：「賜滿刺加國鎮國碑銘。」可能此時僅是賜給碑文，而建碑要等到七年。前兩次下西洋的主要工作在爪哇、巨港、錫蘭等地，所以沒有重點經營滿刺加。

不過鄭和前兩次下西洋也都路過滿刺加國，而且都有使者來華《明太宗實錄》卷七一記載，永樂五年（1407 年）九月壬子：「壬子太監鄭和使西洋諸國還……蘇門答剌、古里、滿刺加、小葛蘭、阿魯等國王遣使比者牙滿黑的等來朝貢方物……戊午，新建龍江天妃廟成，遣太常寺少卿朱焯祭告。時太監鄭和，使古里、滿刺加諸番國還，言神多感應，故有是命。」現在有一種流行的說法認為鄭和七次下西洋，五次到馬六甲。但是已有學者指出，鄭和下西洋每次都經過馬六甲，不止五次。〔註75〕

永樂九年（1411 年），拜里迷蘇剌率妻、子、陪臣 540 多人來南京朝貢，《明太宗實錄》卷一一七說七月：「甲戌，以滿刺加國王拜里迷蘇剌來朝，遣中官海壽、禮部郎中黃裳等往宴勞之……（甲申）滿刺加國王拜里迷蘇剌，率其妻子及陪臣五百四十餘人入朝。初，上聞之，念其輕去鄉土，跋涉海道以來，即遣官往勞。覆命有供張會同館。是日，奉表入見，並獻方物，上御奉天門宴勞之，別宴王妃及陪臣等……（丁亥）賜滿刺加國王拜里迷蘇剌及其妃八兒迷速里等，宴於會通館。」卷一一八說八月庚寅朔：「賜滿刺加國王拜里迷蘇剌金相玉帶、儀仗鞍馬，並賜王妃冠服。」卷一一九說九月己未朔：「宴滿刺加國王拜里迷蘇剌及榜葛剌古里等國使臣、雲南木邦軍民宣慰司等處所遣頭目於午門……癸酉滿刺加國王拜里迷蘇剌辭歸，賜宴於奉天門，別宴王妃陪臣等……丙子，命禮部宴餞滿刺加國王及榜葛剌古里諸國使臣於龍江驛，仍賜宴於龍潭驛。」

拜里迷蘇剌又派他的兩個侄子來華朝貢，《明太宗實錄》卷一二九說永樂十年（1412 年）六月：「丁巳，禮部言滿刺加、榜葛剌國遣使朝貢將至，命差人往鎮江府宴勞之……（壬申）滿刺加國王拜里迷蘇剌，遣侄西里撒麻剌札牙等，貢方物……（丙子）賜榜葛剌、滿刺加國使臣把一濟等，宴會同館。」卷一四二說十一年（1413 年）八月：「壬申，滿刺加國王拜里迷蘇剌，遣侄賽的剌者等百六十五人，貢方物，賜鈔文綺、襲衣、紗羅有差。」

第二個來南京的滿刺加國王是母幹撒于的兒沙，《明太宗實錄》卷一五五

第 287 頁。

〔註75〕 時平：《鄭和訪問馬六甲次數考》，《南洋問題研究》2015 年第 2 期。

說，十二年（1414 年）九月壬辰：「滿剌加國王子母幹撒于的兒沙，來朝奏其父拜里迷蘇剌卒，詔母幹撒于的兒沙，襲父職爵爲王，賜金銀、錦綺、紗羅、冠帶、織金襲衣。」他多次遣使來華朝貢，《明太宗實錄》卷一六八記載永樂十三年（1415 年）九月癸卯滿剌加使者朝貢，卷一八二記載十四年（1416 年）十一月戊子朔，滿剌加使者朝貢。卷二百三記載十六年（1418 年）八月辛巳，國王遣兄撒里汪剌查朝貢，卷二二九記載十八年（1420 年）九月戊寅，國王遣使段姑麻剌什的朝貢。

在此期間又有一個滿剌加國王亦思罕答兒沙來過南京，《明太宗實錄》卷二一六說，十七年（1419 年）九月丙午：「滿剌加等十七國王亦思罕答兒沙等，進金鏤表文，貢寶石、珊瑚、龍涎、鶴頂、犀角、象牙、獅子、犀牛、神鹿、天馬、駱駝……（壬子）宴滿剌加國王並阿魯國王、喃渤利國使臣於奉天門。」《明太宗實錄》卷二一七說，十月癸未：「遣使諭暹羅國王三賴波磨剌札的……比者滿剌加國王亦思罕答兒沙嗣立，能繼乃父之志，躬率妻子詣闕朝貢。其事大之誠，與王無異。然聞王無故欲加之兵……況滿剌加國王已內屬，則爲朝廷之臣。彼如有過，當申理於朝廷，不務出此而輒加兵，是不有朝廷矣。」但是《明太宗實錄》卷二二九說十八年（1420 年）九月戊寅遣使的還是母幹撒于的兒沙，或許是同一名字的不同漢譯，有學者認爲都是 Iskandar Shah，Iskandar 翻譯爲撒幹的兒或亦思罕答兒。

永樂末年和宣德年間，又出現了一個滿剌加國王西里麻哈剌，兩次親自來華朝貢，《明太宗實錄》卷二六九說，二十二年（1424 年）三月：「滿剌加國王西里麻哈剌者，率其妃及頭目，來朝貢方物，以父歿，新嗣故也。」卷二七〇四月丁未：「滿剌加國王西哩麻哈剌者還國，賜宴於玄武門。」《明宣宗實錄》卷一百六記載宣德八年（1433 年）九月丙寅：「滿剌加國王西里麻哈剌者，率家屬來朝。」一百十記載九年（1434 年）四月乙丑：「滿剌加國王西哩麻哈剌者，及其弟剌殿把剌、頭目文旦等，來朝貢馬及方物……（庚寅）賜滿剌加國王西哩麻哈剌者及其弟剌殿把剌頭目文旦等二百二十八人，金銀、彩幣、綾錦、紗羅、絹布及金織襲衣有差。加賜國王冠帶，及還賜敕獎諭，且命工部爲繕治海舟，蓋昔永樂中王父舉國來朝，至王益修臣職，上嘉其勤誠待之加厚云。」

他前兩次來華之間，滿剌加國控告暹羅侵犯，使滿剌加國王不能來朝貢，《明宣宗實錄》宣德六年（1431 年）二月壬寅：「滿喇加國頭目巫寶赤納等，

至京言國王欲躬來朝貢，但爲暹羅國王所阻，暹羅素欲侵害本國，本國欲奏無能書者，今王令臣三人潛附蘇門答喇貢舟來京，乞朝廷遣人諭暹羅王，無肆欺凌，不勝感恩之至。上命行在禮部，賜賚巫寶赤納等，遣附太監鄭和舟還國。令和齎敕諭暹羅國王……禮部言，諸番貢使例有賜予，巫寶赤納非有貢物，給賞無例。上曰，遠人數萬里外來訴不平，豈可不賞？遂賜紵絲、襲衣、彩幣、表裏綿布，悉如他國貢使例。」既然暹羅阻撓滿剌加國王來朝貢，來了兩次的西里麻哈剌是眞的滿剌加國王嗎？

此次是鄭和第七次下西洋，此次下西洋的具體日程，《紀錄彙編》卷二百二的祝允明《前聞記》有詳細記載，宣德七年（1432年）七月八日到滿剌加，八月八日離開。主船隊沒有去暹羅的記載，分船隊去暹羅。

西里麻哈剌還派遣其弟剌殿把剌來華朝貢，見《明英宗實錄》卷三記載宣德十年（1435年）三月乙酉。卷四說四月壬寅：「敕諭滿剌加國王西哩麻哈剌者……今已敕廣東都司布政司厚具廩餼，駕大八櫓船送王還國，並遣古里、眞臘等十一國使臣附載同回。王宜加意撫恤，差人分送各國，不致失所，庶副朕柔遠之意。」明朝要西里麻哈剌派人送各國使者回國，西里麻哈剌再也沒有來華。第一個來華的國王拜里迷蘇剌在南京住了兩個月，第二個、第三個來中國的國王在中國的時間不詳，應該不是很長，但是這個西里麻哈剌似乎在中國住了兩年，時間太長，這很不正常。

奇怪的是，又出現了一個滿剌加國王息力八密息瓦兒丟八沙，要求明朝給他大船，《明英宗實錄》卷一二三正統十年（1445年）三月壬寅：「滿剌加國使臣謨者那等，奏請賜國王息力八密息瓦兒丟八沙護國敕書及蟒龍衣服、傘蓋，庶仗天威，以服國人之心。又云國王欲躬親來朝，所帶人物數多，乞賜一巨舟，以便往來，上命所司造與之。」

明朝給了滿剌加大船，但是這個國王沒有來，而是在景泰六年遣使，名字也變成了速魯檀無答佛哪沙，還要求重新賜冠服，《明英宗實錄》卷二五三記載五月己未：「滿剌加國王速魯檀無答佛哪沙，遣頭目馬哪吽等，來朝貢馬及方物，賜宴並彩幣、表裏金織羅衣等物。」卷二五六記載七月丙申：「滿剌加國遣使臣端麻古凌釘等，奉表來朝貢馬及方物，賜宴並彩幣、表裏金織紵絲、襲衣等物，仍命齎敕並彩幣表裏賜其王及妃凌釘等。奏其王原賜冠服毀於火，詔復賜皮冠弁服、紅羅常服及紗帽犀帶。」

滿剌加國王的名字從永樂到宣德、正統換了三次，但是都沒有先王訃告，

也沒有新國王請求冊封，直到《明英宗實錄》卷三百四記載，天順三年（1459年）六月戊午：「錫蘭山國並滿剌加國王子蘇丹茫速沙，各遣使亞烈葛佛蔭等，來朝貢珊瑚、寶石、乳香、綿衣、鶴頂、薔薇露等物，賜宴並賜冠帶、織金文綺衣服、布絹有差。」卷三百六說，八月丙寅：「遣給事中陳嘉猷為正使行人、彭盛為副使，持節封故滿剌加國王子蘇丹茫速沙，為滿剌加國王……覆命嘉猷等，諭祭其國王速魯檀無答佛哪沙，並頒詔告其國人。」

　　說明此前的國王是速魯檀無答佛哪沙，但是他之前的國王西里麻哈剌、息力八密息瓦兒丟八沙，如果不是一個人，如果曾經死亡，按照慣例不可能沒有訃告，這很不正常！

南京明故宮遺址的龍紋丹陛石（周運中攝於 2011 年 9 月 8 日）

　　茫速沙卒於 1481 年，《明憲宗實錄》卷二一七說，成化十七年（1481）七月辛丑：「遣禮科給事中林榮充正使，行人司行人黃乾亨充副使，封滿剌加國故王蘇丹（茫）速沙子馬哈木沙為國王。」據《明史·滿剌加傳》說，正德年間，佛郎機（葡萄牙人）舉兵侵奪其地，王蘇端媽末出奔，遣使中國告難。嘉靖帝敕責佛郎機，令還滿剌加故土，又諭暹羅諸國王以救災恤鄰之義，

迄無應者，滿剌加竟爲所滅。馬哈木就是媽末，正德六年（1511 年）滿剌加亡國，則馬哈木在位 30 年。

有學者認爲滿剌加國王祖孫三代曾經訪華，即拜里迷蘇剌、母幹・撒幹的兒・沙、西里麻哈剌。〔註 76〕我認爲只有兩代滿剌加國王來華三次，不包括西里麻哈剌。因爲西里麻哈剌不是眞正的國王，他是滿剌加國的大臣。漏掉的一代是永樂十七年（1419）來南京的亦思罕答兒沙，上文已經說過，西里麻哈剌的破綻太多，僅有無答佛哪沙有訃告，西里麻哈剌和突然出現的息力八密息瓦兒丢八沙都沒有帶來先王訃告。中國文獻記載的滿剌加國王破綻太多，必須要用根據滿剌加國史書編寫的《馬來紀年》來校正。

二、馬來文獻對勘出假國王

我已經指出《馬來紀年》第十五篇故事講的就是鄭和下西洋，說 Din Po（應是 Di-u，即鄭和）率領一百艘船到滿剌加，護送公主 Hang Liu（漢女）和滿剌加國王成婚。〔註 77〕這個故事中的滿剌加國王是 Sultan Mansur Syah，讀音完全符合中國文獻記載的天順時國王蘇丹茫速沙，《馬來紀年》又說他的父親是 Sultan Muzaffir Syah，讀音也完全符合中國文獻記載的景泰時國王無答佛哪沙，閩南語的無字讀古音 mu，所以有學者認爲第十五篇的故事在天順時。

我認爲這是《馬來紀年》編纂的失誤，上百艘的船隊去滿剌加只能是鄭和下西洋而不可能在景泰、天順時，前人因爲不懂鄭和的閩南語，所以沒有發現這是在說鄭和下西洋。既然這是永樂年間的事，爲何《馬來紀年》記在了天順時滿剌加國王蘇丹茫速沙的名下呢？

我們先來看馬來文獻記載的滿剌加國王世系，《馬來紀年》說新加坡國王斯利・馬哈臘查（Sri Maharaja）的兒子亞歷山大・沙（亞歷山大 Alexander 的波斯語形式是伊斯坎達 Iskandar），被爪哇滅國，逃到滿剌加，重新建國。他的兒子柏薩爾・慕達繼位，柏薩爾・慕達的兒子萊登・丁雅繼位，萊登・丁雅的兒子格齊爾・柏薩爾繼位，他皈依伊斯蘭教，改名爲蘇丹・穆罕默德・沙。他的兒子伊布臘欣繼位，號蘇丹・阿布・沙希特（Abu Sahid），在位僅

〔註76〕楊亞非：《鄭和航海時代明朝與滿剌加國的關係》，紀念偉大航海家鄭和下西洋 580 週年籌備委員會編：《鄭和下西洋論文集》第二集，南京大學出版社，1985 年，第 205～217 頁。

〔註77〕趙自天（周運中）：《馬來文獻所記鄭和下西洋故事考證》，《南京鍾山文化研究》2019 年第 3 期。

15 個月，就被他的弟弟蘇丹‧穆薩費爾‧沙（Sultan Muzaffir Syah）奪取王位，即中國文獻記載的無答佛哪沙，在位 42 年。無答佛哪沙的兒子阿不都拉繼位，就是蘇丹‧茫速‧沙。〔註 78〕

　　許雲樵認爲中國文獻記載的母幹撒于的兒沙是母幹‧撒幹的兒‧沙（Megat Iskandar Shah）和拜里迷蘇剌（Parimicura），對應滿剌加的開國君主伊斯坎達沙（Iskandar Shah）。〔註 79〕鄭闓認爲母幹撒于的兒沙是母翰‧撒于的兒‧沙（Muhammad Sayyid Shah），于誤寫爲幹。〔註 80〕我認爲兩說都有對錯，母翰對應 Muhammad，不能對應 Megat。撒幹的兒對應 Iskandar，幹誤寫爲于。他就是《馬來紀年》第一個改宗伊斯蘭教的滿剌加國王蘇丹‧穆罕默德‧沙。他父親拜里迷蘇剌的名號是 Parimicura，源自梵語 Paramesvara，由梵語最高 parama 與自在天 Ishvara 合成，說明拜里迷蘇剌沒有改信伊斯蘭教。穆罕默德沙首次來南京，Muhammad 僅譯出前一半母翰，第二次來南京則不譯出 Muhammad，只說亦思罕答兒沙，這是他父親留下的名號。是明代的通事故意不譯，還是剛剛改信伊斯蘭教的國王不想在朱棣面前表現他改變了信仰呢？

　　再看《馬來紀年》說，穆罕默德‧沙繼位後，宰相斯利‧瓦克‧臘查之子敦‧柏爾巴迪‧斯棠被毒死，國王任命財相斯利‧納臘‧迪臘查爲宰相，財相控制朝政。暹羅進攻之後，前宰相的兒子敦‧霹靂又任宰相，號巴杜加‧臘查，宰相又回任財相。〔註 81〕

　　因爲《馬來紀年》說無答佛哪沙在位 42 年，希勒別本說是 40 年，我們暫且按照 40 年推算。無答佛哪沙死於天順三年（1459 年），此年王子蘇丹茫速沙繼位，請求明朝冊封。從中國文獻記載的天順三年（1459 年）上推 40 年，說明亦思罕答兒沙繼位是在永樂十七年（1419 年）。但是永樂十七年（1419 年）來華的是亦思罕答兒沙，說明還要減去幾年，但是至少應有 30 多年。既然天順三年（1459 年）之前的 30 多年內，滿剌加國王是無答佛哪沙，我們就不難推測，那個在永樂二十二年（1424 年）和宣德六年（1431 年）兩次來中國朝貢的西里麻哈剌（Sri

〔註 78〕〔馬來西亞〕敦‧斯利‧拉囊著、黃元煥譯：《馬來紀年》，吉隆坡：學林書店出版，2004 年，第 84～87、97～100 頁。
〔註 79〕〔馬來西亞〕敦‧斯利‧拉囊著、許雲樵譯注：《馬來紀年》，第 304 頁。
〔註 80〕鄭闓：《鄭和與滿剌加三代國王——兼論明代中國與馬來西亞的友好關係》、范金民、孔令仁主編：《睦鄰友好的使者——鄭和》，海潮出版社，2003 年，第 86 頁。
〔註 81〕〔馬來西亞〕敦‧斯利‧拉囊著、黃元煥譯：《馬來紀年》，100～105 頁。

Maharaja），不是滿剌加國王！《馬來紀年》根本沒有說到滿剌加有這個國王，上文說過他的破綻太多。因爲 sri 是梵語的神聖，maha 是梵語的大，raja 是梵語的王，東南亞很多國王都有這些稱號。滿剌加國王改宗伊斯蘭教後，名號全部伊斯蘭化，不可能再有這些印度教的名號。眞的滿剌加國王也不可能爲了朝覲朱棣就換回祖先的印度教名號，所以西里麻哈剌應該是假國王。

正統十年（1445 年）滿剌加使者請求中國皇帝敕其王息力八瓦密兒丟八沙護國敕書與蟒袍、傘蓋，以鎮服國人。此時仍然是無答佛哪沙在位時，可見使者所說的八瓦密兒丟八沙仍然是假國王。許雲樵復原息力‧八瓦‧密兒丟八爲 Sri Paramesvara Dewa，說這個印度名號的國王從伊斯蘭教又改信印度教。我認爲此說不確，如果滿剌加有個國王從伊斯蘭教又改信印度教，如此重要的事，不可能在《馬來紀年》找不到任何線索。由息力八瓦密兒丟八請求中國皇帝賞賜以鎮服國人，我們才想到，永樂、宣德年間這個宰相兩次冒充國王也是爲了獲得中國皇帝的賞賜，以獲得在滿剌加的權威。

因爲來的是假國王，所以才在中國住了兩年，眞國王不可能在中國住兩年。浡泥（文萊）國王在永樂六年（1408 年）六月來南京，三個月後病死。永樂十五年（1417 年），蘇祿國王去北京僅住了一個月。所以在中國住了兩年的西里麻哈剌，應該不是眞國王。

西里麻哈剌很可能是滿剌加財相，因爲他控制大權，所以在新王登基時來中國朝貢。也可能是宰相斯利‧瓦克‧臘查的兒子巴杜加‧臘查，他承襲父親的爵位，也可以使用斯利 Sri 的名號。中國記載說他的父親新歿，而《馬來紀年》說宰相正是被毒死。《馬來紀年》第十三篇故事說彭亨國王稱財相是羯陵伽 Kalinga 老鬼，羯陵伽本來是印度東南部的一個小國，因爲大量移民東南亞，所以馬來人稱印度人爲 Kalinga，萊佛士本明確說財相是印度人，說明這些大臣正是印度裔，所以有梵語的封號。《馬來紀年》第十六篇故事的末尾說財相的兒子繼承了他的爵位，就叫斯利馬哈臘查，也即西里麻哈剌的同源字。

很多中國人不明眞相，誤以爲來朝貢的是滿剌加王子。《馬來紀年》第十五篇故事說鄭和下西洋時，滿剌加國王派到中國的特使是宰相巴杜加‧臘查的弟弟敦‧柏爾巴迪‧布迪，這個人就是西里麻哈剌的弟弟，更證明這次來中國朝貢的不是國王，而是宰相一家人。他的弟弟很可能就是宣德十年來華的王弟剌殿把剌，讀音接近。至於息力八密息瓦兒丟八沙，或許是宰相，或許是財相，總之是掌權的大臣。

　　息力八密息瓦兒丟八沙嚮明朝要大船，明朝給了他大船，但是他竟然不來了。過了十年，眞正的國王無答佛哪沙派人來中國，他說明朝原來賜給他的冠服被燒了，要求重新賜給冠服。我認爲這正好對應《馬來紀年》第十六篇故事中的宮廷大火，說明第十六篇故事發生在無答佛哪沙時期，那麼此前的第十五篇故事，也是在無答佛哪沙時期，而不是茫速沙時期，說明第十五篇故事講述的鄭和下西洋發生在無答佛哪沙時期，如此時間才符合。

馬六甲老街一座融合馬來、中國、歐洲建築風格的古清眞寺（周運中攝）

　　同樣的事情也發生在明初的日本，室町幕府的將軍足利義滿掌控國政，在日本後小松天皇應永八年（1401 年）遣使來明，建文帝稱義滿爲日本國王源道義，因爲足利氏出自源氏。永樂元年（1403 年），義滿給朱棣的國書開頭自稱日本國王臣源。應永十一年（1404 年）、十三年（1406 年）朱棣一直稱義滿爲日本國王源道義，甚至冊封日本的主山爲壽安鎮國之山，由朱棣親自撰寫碑文，在山上立碑。應永十四年（1407 年），明朝使者到京都，義滿穿上

明朝的衣服，表明接受明朝的衣冠。〔註 82〕這是中國歷史上唯一在日本封山立碑，表明日本接受作爲明朝的藩屬。明朝只要日本稱臣納貢，並不介意到底是足利氏還是天皇來代表日本。而足利氏從朝貢貿易中獲利頗豐，所以樂意臣服於明朝。

三、滿剌加國王世系新考

　　許雲樵根據萊佛士本，對照希勒別本，考證滿剌加國王世系。我認爲《馬來紀年》雖然各版本有出入，但是仍然有很多可信的成分。對比馬來文獻和中國文獻，不能採取機械對應的方式，而應在發現中國文獻的破綻後，找到幾個相對精確的基點。天順三年（1459 年）茫速沙接任去世的無答佛哪沙就是一個精確的基點，如果按照無答佛哪沙在位 40 年的記載上推，可知他在永樂十七年（1419 年）前後即位，而此年確實有亦思罕答兒沙來南京朝貢，說明 40 年很可能是接近正確的說法。

　　萊佛士本第一代王是伊斯坎達沙 Iskandar Shah，在新加坡 3 年，在滿剌加 20 年，希勒別本說在新加坡 32 年，在滿剌加 3 年。我認爲，兩個版本的共同點是他的在位時間很長，說明他去世時已經是老人。所以他的兩個兒子在位時間都不會很長，他的兒子穆罕默德沙在位時間僅有幾年。所以《馬來紀年》說穆罕默德沙的長子伊布臘欣即位，依靠外公勒干王，說明他的年齡不大。次子無答佛哪沙的外公是財相，依靠財相奪位。因爲無答佛哪沙即位時很年輕，所以他才能在位 40 年。

　　萊佛士本第二代王是格齊爾·柏薩爾（Raja Kechil Besar），號蘇丹·梅加特（Sultan Megat），僅有 2 年，傳給萊登·丁雅（Radin Tengah）。希勒別本的第二代作 Raja Besar Muda，說在位時間不詳，傳給萊登·丁雅，再傳給格齊爾·柏薩爾。萊佛士本的蘇丹名號顯然有誤，因爲滿剌加王皈依伊斯蘭教是第三代而不是第二代。因爲他在位的時間很短，所以中國文獻不記載他派遣過使者，更沒有時間來中國。馬來語的 besar 是大，muda 是幼，kechil 是小，其實都是幼小的大王。tengah 指排行居中，說明第三代王是第二代王的哥哥，中國文獻說母幹·撒于的兒·沙是拜里迷蘇剌的兒子，第二代、第三代國王確實都是第一代國王的兒子，說明希勒別本多出的一代是重複計算。

〔註82〕〔日〕木宮泰彥著、胡錫年譯：《日中文化交流史》，北京：商務印書館，1980年，第 516～523 頁。

　　第二代國王在位時間很短，所以葡萄牙人在 16 世紀記載的滿刺加史都不提他，比如皮列士的《東方志》說拜里迷蘇刺的兒子 Chaquem Daraxa（即亦思罕答兒沙 Iskandar Shah），45 歲時去中國拜見皇帝，中國皇帝讓滿刺加成為屬國，派將軍護送中國女子去滿刺加和他結婚，72 歲和巴昔公主結婚，改信伊斯蘭教，婚後 7 年去世，他的長妻之子是無答佛哪沙（Modafarxa）。〔註83〕說明此人顯然是穆罕默德沙，之所以不提第二代王，正是因為在位時間太短。

　　萊佛士本第三代是萊登・丁雅（Radin Tengah），皈依伊斯蘭教，改名穆罕默德沙，在位 57 年。穆罕默德沙在位僅有四年，而不是 57 年，因為 57 年不符佛哪沙，如果從景泰六年（1455 年）出現的無答佛哪沙上推 57 年，則在永樂之前，顯然不可能，因為永樂初年還是拜里迷蘇刺。上文已經說過，他去世時比較年輕，所以在位時間不會太長。《東方志》說他 72 歲才信伊斯蘭教，此說不確，即使從他 45 歲算起，最多在位二十多年，但是顯然不可能有二十多年，否則要從永樂延續到景泰，但景泰年間已經是無答佛哪沙。因為他改信伊斯蘭教，不可能再改信印度教，而永樂二十二年就有冒充的國王西里麻哈刺來朝貢，說明此時穆罕默德沙已經去世。因為新國王年齡不大，所以才可能有他人冒充國王。《東方志》說拜里迷蘇刺一直住在馬六甲西北的文擔（Bietam），而穆罕默德沙未繼位時，就搬到了今天的馬六甲修建宮室，他的父親不久去世。我認為穆罕默德沙在位 57 年的說法，源自他在今天的馬六甲住了多年，其中大部分時間是他的父親拜里迷蘇刺在位時。拜里迷蘇刺搬到馬六甲的西北最多三十多年，穆罕默德沙在今馬六甲的時間更短，57 年或許是 57 歲之誤。

　　萊登・丁雅（穆罕默德沙）即中國文獻記載的母幹・撒于的兒・沙（Muhammad Iskandar Shah），許雲樵誤以為母幹對應格齊爾・柏薩爾名號中的 Megat，又看到萊佛士本的萊登・丁雅改稱穆罕默德沙，就說《馬來紀年》把《明史》母幹・撒于的兒・沙分成了兩個人。其實《馬來紀年》的作者不可能參考中國文獻，不存在分為兩人之舉，是許雲樵誤對 Megat 為母幹，母幹最接近的是 Muhammad。《馬來紀年》說他在位時，滿刺加更加強盛，豐衣足食，財政富裕。四方商賈前來貿易。他在位時正值鄭和下西洋第五次下西洋時，此時貿易更加繁榮。他在此時改信伊斯蘭教，正是因為大量穆斯林

〔註83〕〔葡〕多默・皮列士著、何高濟譯：《東方志——從紅海到中國》，江蘇教育出版社，2005 年，第 185～203 頁。

前來貿易。他在位的時間不到十年，也即從永樂十二年（1414 年）到二十二年（1424 年）西里麻哈剌來華之前，還要除去伊布臘欣在位的 15 個月，約是 9 年。

萊佛士本第四代是易卜拉欣（Ibrahim），在位 17 個月，一作 15 個月，差別不大。第五代是無答佛哪沙，在位 40 年，或許僅有 30 多年。《東方志》說他東征西討，在位時間應該很長。

萊佛士本第六代是芒速沙，說他活到 73 歲，希勒別本說他 27 歲即位，都不說在位時間。但是我們可以根據中國文獻，明確算出他在位 22 年。

第七代是蘇丹阿老丁（Sultan Ala'u'd-din Shah），享年 33 歲。第八代是末代君主蘇丹穆罕默德（Sultan Mahmdu），即《明史·滿剌加傳》的算端媽末，在位 30 年。葡萄牙滅亡滿剌加後，又從麻坡到彭亨 1 年，在廖內 12 年，在甘巴 5 年。則第七代蘇丹卒於 1481 年，則其在位時間極短。

雖然明朝的記載讓很多人誤以為滿剌加的國王多更迭了兩次，但是永樂十七年（1419 年）、天順三年（1459 年）兩次滿剌加王位更迭記載非常重要，符合《馬來紀年》無答佛哪沙在位 40 年的記載。現在有的外國學者考證出的滿剌加國王年表，說阿布·沙希特（伊布臘欣）在位 12 年，說無答佛哪沙在位 13 年，既不符合中國文獻的記載，也不符合《馬來紀年》的記載，所以完全錯誤。

本文結合中國文獻和馬來文獻，重新考證的滿剌加國王年表如下：

1、拜里迷蘇剌（Parimicura），即《馬來紀年》伊斯坎達沙，從洪武年間到約 1414 年（永樂十二年）在位。

2、格齊爾·柏薩爾（Raja Kechil Besar），也即 Raja Besar Muda，中國文獻不記，在位時間極短。

3、萊登·丁雅（Radin Tengah），因為改宗伊斯蘭教，所以改名母翰·撒幹的兒·沙（Muhammad Iskandar Shah），中國文獻又作亦思罕答兒沙，即《馬來紀年》的蘇丹·穆罕默德·沙，可能從 1414 年（永樂十二年）到 1422 年（永樂二十一年），在位 9 年。

4、蘇丹·阿布·沙希特（Sultan Abu Sahid），原名伊布臘欣，中國文獻不記，可能從 1423 年（永樂二十一年）到 1424 年（永樂二十二年），在位 15 個月。

5、無答佛哪沙（Sultan Muzaffir Syah），即《馬來紀年》的蘇丹·穆薩費爾·沙，可能從 1424 年（永樂二十二年）到 1459 年（天順三年），在位 35 年。

6、蘇丹茫速沙（Mansur Syah），即《馬來紀年》的蘇丹茫速沙，從 1459（天順三年）到 1481 年（成化十七年），在位 22 年。

7、蘇丹阿老丁沙（Sultan Ala'u'd-din Shah），在位時間很短。

8、蘇丹穆罕默德（Sultan Mahmdu），即算端媽末，從 1481 年（成化十七年）到 1511 年（正德六年），在位 30 年。

馬來西亞國立歷史博物館展出的元末明初中國沉船上的瓷器（周運中攝）

四、結論

因爲有《馬來紀年》的記載，讓我們今天才確定明代來南京向朱棣朝貢的滿刺加國王中，有的是眞國王，有的是假國王。如果光看中國文獻，就會多出幾代國王，所以會使人誤以爲滿刺加的國王都很短命。其實開國君主伊斯坎達沙（拜里迷蘇剌）的在位時間很長，第二代君主到第四代蘇丹·阿布·沙希特在位的時間都很短，三個君主僅有大概六年。但無答佛哪沙在位 40 年，歷經中國永樂、洪熙、宣德、正統、景泰、天順六朝，中國的這六個皇帝每一個在位的時間都沒有超過他。

　　鄭和下西洋有一半時間是在無答佛哪沙時期，滿剌加作爲明朝在東南亞最重要的屬國，因爲有長期的穩定和較強的實力，才完美配合了明朝的鄭和下西洋。看了馬來文獻，才使我們有可能跳出中國中心論的認識誤區，更加全面地認識鄭和下西洋。

　　滿剌加的權臣有不少是印度裔，冒充國王的西里麻哈剌等人很可能是印度人，說明馬來西亞歷史上一直是馬來人、印度人和華人等多民族共同維繫的國家。今天的馬來西亞，印度裔仍然是排在馬來人、華人之後的第三大族群。印度裔長期把持滿剌加大權，是我們過去研究鄭和下西洋時容易忽視的現象。滿剌加正是在鄭和下西洋的時代改信了伊斯蘭教，這是歷史上阿拉伯商人勢力持續向東南亞擴張的結果。所以我們必須要看到鄭和下西洋的時代不僅有中國人在海上開拓，馬來人、印度人、阿拉伯人都在同一個時期、同一個場域中向四周擴張，這是人類歷史上的一個共同繁榮時代。

吉隆坡茨廠街的印度古廟內景（周運中攝於 2018 年 11 月 10 日）

第三章　鄭和下西洋文獻研究

劍橋孤本《異域圖志》與明初中外交流

英國劍橋大學圖書館藏有一本珍貴的孤本典籍《異域圖志》，這本珍貴典籍是明初著名的學者朱元璋第十七子寧獻王朱權在元代周致中《贏蟲錄》和胡惟庸改編本《異域志》的基礎上，根據永樂年間宮廷掌握的最新資料編成。中國學者過去看不到此書全貌，所以無法研究。最近此書的電子本在網上公開，使得我們得以看到此書，並加以研究。

一、《異域圖志》的寫作和流傳

據書前的英文標籤，此書是 1886 年 10 月 11 日由威妥瑪（Thomas Francis Wade）捐贈。威妥瑪（1818～1895）畢業於劍橋大學，1838 年入伍，1841 年參加鴉片戰爭，1843 年任香港殖民政府翻譯。1847 年任英國駐華商務監督署漢文副使，1853 年任英國駐上海副領事。1854 年任上海海關第一任外國稅務司，1855 年任駐華公使館漢文正使，1858 年任英國全權專使額爾金的翻譯。1861 年任英國駐華使館參贊，1868 年發明威妥瑪漢語拼音，1871 年升任駐華公使。1888 到 1895 年在劍橋大學任漢語教授，直到去世。

全書採用圖文相配式，介紹邊疆和域外各族，畫出各族人的形象。此書前有跋文：「四庫館本，後有明廣信府知府金銑序，疑是宋人屬。總目駁以書中載明封元梁王子於耽羅事，又有元世祖稱帝及今之和林路云云，而於安南不及滅黎季犛置郡縣，是明洪武時人所謂。故全以應天府紀程也。芸楣識。

嘉慶丙辰，展重陽日。」芸楣是清代著名學者彭元瑞的號，他曾任四庫館副總裁。書中確實有很多條目注明到應天府（今南京）的里程，但是全書最末的《異域禽獸圖》畫出了鶴頂（犀鳥）、福鹿（斑馬）、麒麟（長頸鹿）、白鹿、獅子、犀牛、黃米里高（藍牛）、金線豹（金錢豹）、哈剌虎剌（獰貓）、玄豹（黑豹）、馬哈獸（劍羚）、青米里高、阿韋羊（大尾羊）的圖像。這些都是鄭和下西洋帶到中國的野獸，說明此書應該是在永樂或此後寫出。

　　四庫館副總裁沈初的《浙江採集遺書總錄》戊集說《異域圖志》：「考寧獻王權，撰有《異域圖志》，當即此。」說明《異域圖志》的作者很可能是寧王朱權，所以出現了鄭和下西洋帶回的動物，而且認真考訂了諸多地方距應天府的里程。朱權是明代藩王中罕見的著名學者，作品頗豐。朱權信奉道教，他的作品以道教、醫藥、術數類最多，所以頗為關心域外奇聞，才編出《異域圖志》。他可能是通過宮廷或江西籍的官員得到禮部的原始資料，明初有大量江西籍官員在都城任職。因為明代此書最早在江西流傳，所以有廣信府（治今上饒）知府的跋文。過去研究鄭和的中國學者因此非常重視此書，也對這些野獸有很多考證。〔註 1〕但是過去中國學者看不到此書原貌，所以對全書未作研究。

　　近來有學者對此書的部分內容作了文獻學的研究，但沒有考證書中的具體內容，主要關注的是書中抄錄前代文獻的部分，而不是明代出現的最新信息。偶而考證條目位置還有錯誤，比如第 137 條退波國：「係黑和尚，有城池房舍，出羊馬，林木甚多。」被誤以為在非洲，〔註 2〕其實退波國不可能在非洲，因為非洲東部海岸都是熱帶草原和熱帶沙漠氣候，不可能有很多森林。亞洲南部人的膚色也很黑，和尚指其信奉佛教，所以應在亞洲南部。疑即緬甸南部的土瓦（Tavoy），元末泉州汪大淵的《島夷志略》稱為淡邈，《鄭和航海圖》稱為打歪，因為在緬甸南部，所以膚色很黑，信奉佛教。

　　書中注明距離應天府里程的條目基本是明初最新的知識，但是很多未注明距離應天府里程的條目其實也是明初最新的知識，而且這些信息非常珍貴，前人未曾指出，本文作細緻發掘。

〔註 1〕 張箭：《下西洋所見所引進之異獸考》、《下西洋引進之麋里羔獸考》，《鄭和下西洋研究論稿》，臺北：花木蘭文化出版社，2003 年，第 163～183 頁。

〔註 2〕 侯倩：《劍橋大學圖書館藏明刊〈異域圖志〉考》，《中國歷史地理論叢》2018 年第 4 期。

首先需要說明的是，元代周致中的《異域志》有很多文字和《異域圖志》一樣，說明明初《異域圖志》在《異域志》的基礎上編出。陸峻嶺校注《異域志》前，看到向達從英國抄錄的《異域圖志》三條文字，發現明代王圻《三才圖會‧人物篇》的文字相同，因而指出《三才圖會》的資料來自《異域圖志》，〔註3〕現在看來這個觀點非常正確。但是《異域圖志》有一些地方和《異域志》不同，是明初最新的信息。陸峻嶺因為沒有看到《異域圖志》全本，所以不能研究《異域圖志》明代最新的信息。

二、明初來自琉球和臺灣的珍貴信息

全書第1條是高麗，第2條是巴赤吉，第3條是包石，第4條日本國條文字是：「即倭國，在新羅國東南大海中，依山島居，凡九百餘里。專一沿海盜寇為生，國呼為倭寇。」前面是抄錄唐代的文字，後面是明初最新的信息，元末明初是倭寇活動的一個高潮。有趣的是，文字說日本人全靠做海盜為生，但是畫出的日本人卻是一個雙手作揖、溫文爾雅的僧人，這是因為明初中日交流中，僧人起了使者的作用，所以宮廷畫師看到的日本人就是這樣的僧人模樣。

第5條大琉球國條說：「當建安之東，水行五百里，土多山峒，有小王，各為部落，而不相救援。國朝進貢不時，王子及陪臣之子皆入太學讀書，禮待甚厚。」第6條小琉球國說：「國近東南，有王子管轄，地產玻璃、名香、異寶。」中華書局整理本的元代周致中《異域志》大琉球國和《異域圖志》一樣，說明這已經是明初洪武年間的增補本，元代不可能有琉球人來中國太學讀書。《四庫全書總目提要》卷七八史部地理類存目七說《異域志》篇首有胡惟庸序：「《贏蟲錄》者，予自吳元年丁未出鎮江陵，有處士周致中者，前元之知院也，持是錄獻於軍門。」又說有明初開濟跋文：「是書吾兄得之青宮，乃國初之故物，今吾兄重編，更其名曰《異域志》。」說明《異域志》是胡惟庸在元代周致中《贏蟲錄》基礎上重編，所以今本《異域志》應該署兩人之名，而不應僅署周致中一人之名。《異域圖志》小琉球國說：「與大琉球國同，其人龔俗，少入中國，風俗與倭夷相似。」這和《異域圖志》完全不同，說明《異域圖志》不是洪武年間成書，而是永樂年間的增補本，所以大琉球國內容未改，而小琉球國內容已改。

〔註3〕〔元〕周致中著、陸峻嶺校注：《異域志》，北京：中華書局，2000年。

小琉球國
國近東南有王子管轄地產玻璃名香異寶

朱權《異域圖志》小琉球國（臺灣）

　　清代《四庫全書總目提要》說：「考明太祖於元至正二十四年甲辰，建國號曰吳，丁未當稱吳三年，不得稱元年。又濟跋題壬午長至，爲惠帝建文四年，其時濟被誅已久，不應作跋，疑皆出於依託也。其書中雜論諸國風俗、物產、土地，語甚簡略，頗與金銑所刻《異域圖志》相似，無足採錄。」四庫館臣沒有認眞比較《異域志》和《異域圖志》的不同，所以不能發現《嬴蟲錄》、《異域志》、《異域圖志》不斷增訂的過程。四庫館臣懷疑《異域志》的胡惟庸的序言和開濟的跋文都是僞託，我認爲不能成立。胡惟庸是被朱元璋以謀反罪而誅殺，明代有誰會去僞託胡惟庸呢？元的草書近似三，所以吳元年或許是吳三年（1367 年）之誤。因爲胡惟庸被殺，所以此書以抄本流傳，自然有錯字，不能因此就說胡惟庸的序言和開濟的跋文是僞造。壬午可能是壬子之訛，午和子字形接近而誤，壬子是洪武五年（1372 年）。

　　明代的大琉球指的是今天的琉球群島，小琉球指的是臺灣。但是在明代之前，直到元代，琉球仍然是特指臺灣而不包括今天的琉球群島。明初因爲扶持沖繩島上的政權建國，沒有名號，所以移用了原來指臺灣的琉球之名。此書大琉球國的前半截介紹抄自《隋書‧流求傳》，建安郡是隋代在今福建所設政區。國朝之後的後半截，說的是明代最新的信息。

　　此書的小琉球條非常珍貴，因爲明末之前介紹臺灣的文獻很少。明初在距離更遠的沖繩島扶植了琉球國，卻沒有留下關於臺灣的文字和圖像。這也是現存中國第一幅關於臺灣的畫像，也是清代之前唯一臺灣土著的畫像。南宋趙汝括《諸蕃志》的流求國條基本上是照抄《隋書‧流求傳》，最末三句說：「無他奇貨，尤好剽掠，故商賈不通。土人間以所產黃蠟、土金、犛尾、豹脯往售於三嶼，旁有毗舍耶、談馬顏等國。」這三句是宋代最新的信息，《元史》卷二百一十《瑠求傳》說：「漢唐以來，史所不載，近代諸蕃市舶不聞至其國。」其實元代之前一直有記載，不過這句話反映大陸人確實很不瞭解臺灣，連南宋趙汝括的名著《諸蕃志》的記載也不曾注意。《島夷志略》第 2 條琉球說臺灣商品有沙金、黃豆、黍子、硫黃、黃蠟、鹿、豹、麂皮，商品種類比較類似趙汝括《諸蕃志》的記載。《異域圖志》的重要不僅在於畫出了臺灣人的樣子，而且說臺灣出產玻璃、名香、異寶，這三種產品不見於《諸蕃志》、《島夷志略》，但是都有依據。玻璃不是現代人所說的玻璃，而應是臺灣過去的名產碧玉。臺灣宜蘭的碧玉在新石器時代就是重要的商品，在東南亞很多島嶼都有發現。因爲類似玻璃，所以被明初人誤記。異象應該是熱帶的

香料，類似廣東、海南等地出產的香料，但是古代文獻很少提到臺灣出產香料。異寶可能包括黃金、硫磺、玳瑁等礦產，或許還包括其他種類的商品。

文字還說到小琉球國（臺灣）有王子管轄，畫出的人像穿著長衫，腰繫布帶，比上一頁的大琉球國人的衣服還接近中國大陸人。而畫出的大琉球國人，衣服有很多花紋，而且坦胸露乳。此處的王子或許是指土著酋長，從衣服和商品來看，比起前代，似乎和大陸的交往更多。從出產碧玉來看，很可能是指臺灣北部的土著。臺北的凱達格蘭族原來善於經商，因爲淡水河口爲海船提供淡水，臺北的北部與基隆一帶出產硫磺、黃金，吸引外商與土著貿易。在西班牙人到來時，基隆的巴賽人就是高超的工匠和商人。〔註 4〕九州島中南部沒有出土唐代的開元通寶，琉球群島越靠近臺灣的島嶼，出土的開元通寶越多，而澎湖島與臺灣淡水河口的十三行遺址出土了多枚開元通寶，所以今琉球群島的這些唐代貨幣無疑來自福建與臺灣這條航路。靠近臺灣的西表島還出土了兩件唐代後期的長沙窯瓷缽，長沙窯產品多通過揚州一帶海港外銷，日本多見於北九州與本州島，琉球群島的長沙窯瓷器無疑是經過臺灣售出。〔註 5〕

雖然沒有明確記載說到明朝在鄭和下西洋時代派船隊到臺灣，甚至沒有留下臺灣的詳細記載，但是從《異域圖志》在永樂年間新增加的臺灣資料來看，此時大陸和臺灣之間的交流有大幅發展。很可惜，我們現在不知道朱權關於臺灣的資料是如何得來。

三、各地到應天府里程

第 2 條巴赤吉：在林木內居住，出馬，應天府行一年。

第 3 條包石：有城池屋舍，種田，出羊馬，應天府馬行一年。

第 9 條黑契丹：有城池人煙，金人馬會至□，應天府馬行一年。

第 11 條阿思：有城池，用石壘就，至應天府馬行一年七個月。

第 13 條無連蒙古：在海島住坐，有城池人煙，每與忒沒戰，著貂鼠皮，至應天府馬行五個月。

第 14 條土麻：人煙多，似韃靼，至應天府馬行七個月。

〔註 4〕周運中：《正說臺灣古史》，廈門大學出版社，2016 年，第 123、131 頁。

〔註 5〕王仲殊：《論開元通寶對古代日本貨幣制度的影響——兼論開元通寶傳入琉球列島的經路》，《王仲殊文集》第 3 卷，社會科學文獻出版社，2014 年，第 270～288 頁。

第 16 條阿里車廬：並係山林，有城，種田食，至應天府馬行一年。

第 17 條虼曾國：與木魯一般，至應天府馬行七個月。

第 18 條深列大：似轄魁國一般，至應天府馬行六個月。

第 19 條擺里荒：北邊，似轄魁一般，至應天府馬行三個月。

第 20 條大羅國：如轄魁結束，至應天府馬行四個月。

第 21 條采牙金彪：係西番木波，至應天府馬行約五個月。

第 24 條鐵東：出駝馬，至應天府馬行二個月。

第 25 條歇祭：皆平地，多林木，種田，有房屋，出好馬，人黃頭，穿衣。至應天府約行一年。

第 26 條波利：多林木，種田，無城池，有屋舍，轄魁曾到。至應天府馬行一年。

第 28 條乞黑溪：無城池，出羊馬，似轄魁，至應天府馬行十個月。

第 29 條木思奚德：似轄魁一般，至應天府馬行七個月。

第 30 條滅吉里：人多，似轄魁言語，至應天府馬行四個月。

第 31 條阿里驕：多人煙，係山林，無羊馬，射打生魚爲活，至應天府馬行七個月。

第 32 條狗國：狗國人身狗首……至應天府馬行二年二個月。

第 95 條藏國：有城池屋舍，產大柳木，至應天府行一年二個月。

第 122 條新千里國：出石似朽骨，如牙，俗稱佛牙，至應天府行二年零八個月。

第 123 條玉瑞國：產牛羊，種田，有房舍，至應天府行五個月。

第 124 條擔波國：有城池，民種田，天氣常熱，地無霜雪，出獅子，至應天府行一年二個月。

第 125 條悄國：係西番，人食乳穀過活，至應天府行五個月。

第 126 條丁零國：在海內，人從膝下生毛，馬蹄，善走，自鞭其腳，一日可行三百里，至應天府馬行二年。

第 127 條猴孫國：名扶刊剌國，若有他國兵來，眾猴防□，法即不敢來侵犯，至應天府馬行三年。

第 128 條入不國：有城池，種田，出胡椒，至應天府行三年。

第 136 條印都丹：人身黑色，地熱無雪，至應天府馬行一年二個月。

第 139 條日蒙國：有房舍，種田，出薑，人似黑蒙國結束，至應天府馬

行一年零二個月。

第 140 條麻阿塔：有神明金剛，有城池種田，至應天府行一年二個月。

第 141 條方連暮蠻：語話難曉，人種田，出驢馬，至應天府行一年。

第 142 條訛暮：人眼深，發黃，壘木植為屋，至應天府馬行一年八個月。

第 143 條昏吾散僧：多山林，人種田以食，至應天府馬行七個月。

第 144 條黑蒙國：有城池房舍，民種田，天氣常熱，人穿五色錦袴，至應天府行一年。

第 145 條果暮果訛：有城池，種五穀，出良馬，至應天府行一年七個月。

第 146 條結賓榔國：有城池，種田，黃頭，仙人成道處，至應天府馬行三年。

第 148 條七番：耕山種田，出駝牛，至應天府馬行半年。

第 149 條隴木郎：有城池一座，昔日番王子建都，有百姓住坐，至應天府馬行半年。

第 151 條的剌普剌國：有城池，民種田，出明珠異寶，至應天府行二年二個月。

第 152 條不剌：係西番，出羊馬，至應天府馬行一年八個月。

這些條目在《異域志》中都有，內容有出入，但是《異域志》都沒有注明到應天府的里程，說明《異域圖志》是洪武或永樂年間增補。《異域志》、《異域圖志》都有大量抄自《山海經》及歷代正史記載的邊疆和域外條目，《異域志》的這些抄錄的條目基本在卷下，而《異域圖志》則多在前半段，後半段也有，顯得很雜亂。這是因為胡惟庸重編《嬴蟲錄》為《異域志》時，經過考訂，把抄錄前代文獻的條目改在卷下。而《異域圖志》未改《嬴蟲錄》的條目，所以顯得非常雜亂。

再看《異域圖志》加注到應天府里程的條目，都不包括這些抄自前代文獻的條目，說明增補《異域圖志》的人也經過認真查考，知道哪些條目抄自前代文獻，哪些條目是寫實。

書中各地到應天府里程的記載是否可靠呢？我認為大都有依據，比如無連蒙古靠近海島，說明在今黑龍江下游，與其作戰的忒沒，應即唐代的達末婁、遼代的突不呂室韋，也即《異域圖志》第 15 條女暮樂：「有城池人煙，著串皮衣，畜牛羊，韃靼曾到。」女暮樂是土暮樂之形訛。忒沒、達末婁、突不呂、土暮樂都是蒙古語的鐵 temur，在今哈爾濱西北。

　　阿里驕國人，以打魚為生，應在黑龍江更下游。無連蒙古到應天府五個月，阿里驕是七個月，疑即遼代的越里吉、金代的胡里改，在今依蘭縣。

　　波利，多林木，種田，無城池，韃靼曾到，至應天府馬行一年，疑即伯力（今俄羅斯哈巴羅夫斯克）。

　　狗國出自後晉胡嶠《陷遼記》，說在室韋之北的極北之地，《元史・世祖紀十》至元二十一年（1284 年）四月戊申：「命開元等路宣慰司，造船百艘，付狗國戍軍。」前人已經指出狗國是南宋彭大雅《黑韃事略》所說蒙古人東北的那海益律干，蒙古語的那海是狗，但誤以為益律干是黑龍江河口的奴兒干。〔註 6〕我認為益律干應是今俄羅斯雅庫特共和國的涅吉達爾人（Negidals），自稱葉勒勘，即益律干。涅吉達爾人用狗拉雪橇，所在極北之地的位置也符合。此處說狗國至應天府馬行二年二個月，距離也大致符合。

　　不剌，應即今新疆博樂，耶律楚材《西遊錄》作不剌，劉郁《西使記》作孛羅。訛暮，應是今新疆額敏縣，劉郁《西使記》作伊瑪，《元史・西北地附錄》作也迷失。阿思，有石城，至應天府馬行一年七個月，距離和不剌、訛暮差不多，應即今阿克蘇（Aksu），元代稱為阿速，正是有石城。

　　果暮果訛有城池，出良馬，至應天府行一年七個月。應是 Qum-Qol，即突厥語的沙漠湖，應即今蒙古西部的哈拉烏斯湖，這一帶多沙漠。元代稱為渾麻出海，渾麻即沙漠 qum，距離吻合。

　　丁零國，看似照抄《山海經》最末《海內經》的釘零國，其實不是歷史上已經消失的民族。因為在今俄羅斯阿爾泰共和國仍然有 Telengit 人，Teleng 即丁零，詞綴 it 是複數，這是古代丁零族的後代。即《元朝秘史》的田列克，《親征錄》作帖良兀。〔註 7〕不剌、訛暮到應天府是一年八個月，丁零國是兩年，多出四個月，位置符合，因為到丁零國還要翻越崎嶇而且多森林的阿爾泰山，如果遇到冬天大雪封山，則行路更加艱難。

　　的剌普剌國，《異域志》多出一句說：「番國皆往彼國買賣者多，與撒母耳干境相連。」說明靠近撒母耳干（撒馬爾罕），而且是繁華的城市。的剌應

〔註 6〕　賈敬顏：《五代宋金元人邊疆行記十三種疏證稿》，北京：中華書局，2004 年，第 36 頁。

〔註 7〕　韓儒林：《元代的吉利吉思及其鄰近諸部》，《穹廬集》，河北教育出版社，2000 年，第 399 頁。

是《元史·西北地附錄》之的里安（今土庫曼斯坦的達爾甘阿塔），普刺應是今烏茲別克斯坦的布哈拉，耶律楚材《西遊錄》作蒲華。此地到應天府是二年二個月，比丁零還遠，大體符合。

擺里荒，似韃靼，至應天府馬行三個月。大羅國，似韃靼，至應天府馬行四個月。深列大，似韃靼國，至應天府馬行六個月。土麻，似韃靼，至應天府馬行七個月。阿里車盧，多山林，有城，種田食，至應天府馬行一年。《異域志》說阿里車盧人似韃靼，與深烈大相同。這五個地方或許在同一條交通線上，都在蒙古高原。這五個地方的總體距離應天府的距離比較近，大概是因為從華北直接北上，而不是走河西走廊。擺里荒，疑即百里荒，是一片荒地，應在今內蒙古或外蒙古南部的戈壁地帶。

隴木郎有城池，是番王子建都，至應天府馬行半年。陸峻嶺認為指拉薩的大昭寺，引清代《西藏記》說：「大召在拉撒內，名曰老木郎。」我認為不確，因為本書說藏國（西藏）距離應天府一年二個月，應天府到拉薩不可能僅有半年路程。我認為老木郎是藏語活佛府邸的通名，甘肅夏河縣的拉卜楞寺也即老木郎的音轉。此處老木郎，應在甘肅南部或四川的西部。明代有隴木頭土司，在今四川茂縣東北，或即隴木郎。

七番，耕山種田，出駝牛，至應天府馬行半年，距離和隴木郎相同，應在四川西部。應即元代的天全招討司（治今四川天全）和六番招討司（治今四川雅安），明洪武六年（1373 年）合併為天全六番招討司，所以俗稱為七番。

採牙金彪，係西番木波，至應天府馬行約五個月。距離比隴木郎近一個月，木波是宋元吐蕃的一支，在今甘肅的西南。

歇祭，出好馬，人黃頭，至應天府約行一年。《異域志》說歇祭：「人黃眼，黃毛髮，即黃達子，專務劫掠回回諸國商貨。」黃達子應即黃頭回紇，在今柴達木盆地，經過疏勒河、黨河等河谷可以向北通往沙州（今敦煌）。因為地處交通要道，所以能劫掠回回各國商品。歇祭，疑即沙州的音轉，明初設沙州衛管轄這一帶。

四、南洋和西洋的最新信息

擔波，應即《大唐西域記》瞻波國，在今印度比哈爾邦東部。印都丹，應即印度，所以距離應天府的里程相同。印都丹是印度斯坦 Hindustan 的音譯，stan 源自波斯語的地方，但是印都丹到應天府僅有一年二個月，說明不是走中

亞道路，否則遠遠超過一年二個月。印都丹這個名字源自中亞，但是到應天府的道路很可能是通過雲南或西藏道路來計算。藏國應即西藏，距離應天府的里程也是一年二個月，大體符合。

黑蒙國，天氣很熱，至應天府行一年，疑即苗族自稱 Hmong，此處所說的可能是雲南到東南亞等地的苗族。日蒙國人的服裝似黑蒙，但是里程多出兩個月，或是瑤族南遷到東南亞的一支，使用瑤語的勉方言，自稱為優勉，音近日蒙，瑤族是苗族的同源民族。

新千里國出石，俗稱佛牙，至應天府行二年零八個月。疑是新干里之誤，即斯里蘭卡的古名僧伽羅 Simghala，讀音接近。斯里蘭卡是著名的佛教國家，歷史上有出佛牙的記載，唐代玄奘《大唐西域記》卷十一說僧伽羅國有佛牙精舍，唐代義淨《大唐西域求法高僧傳》卷上明遠法師：「次至師子洲，為君王禮敬，乃潛形閣內，密取佛牙，望歸本國，以興供養。既得入手，翻被奪將。不遂所懷，頗見陵辱。」至元二十四年（1287 年），忽必烈派亦黑迷失多次出使斯里蘭卡，取佛舍利。因為元代的斯里蘭卡和中國有密切交流，所以《贏蟲錄》記載此地，被《異域圖志》繼承。

西洋在元代正式成為一個廣闊區域的名字，元代還出現一個西洋國，一般認為是特指古里國（今印度卡里卡特），《異域志》西洋國：「在西南海中，地產珊瑚、寶石等物，所織綿布絕細，瑩潔如紙。其人髠首，以白布纏頭，以金為錢交易，國人至富。」《異域圖志》第 43 條西洋國：「國近西南，濱海，地產蘇木、胡椒、珊瑚、寶石等物。」以下文字相同，多出蘇木、胡椒，因為鄭和下西洋每次都到古里，所以出現了古里出產蘇木、胡椒的新信息，馬歡《瀛涯勝覽》古里國、費信《星槎勝覽》都記載古里出產胡椒。

全書最末的十多種動物圖像，不僅非常寫實，而且還畫出了一些馴養動物的外國人，也很寫實。很多動物是在鄭和下西洋時代首次來中國，而且明清時期再也沒有來過中國，所以非常珍貴。雖然元代的君主就派人把非洲的猛獸運到中國，明代是繼承元代的傳統，但是元代沒有留下非洲野獸的畫像，這也是現存中國最早的域外野獸圖集。這些圖畫或許源自禮部的檔案，被朱權搜集到，編入書中。不過改編的朱權等人可能沒有親眼看過長頸鹿，所以圖上的麒麟脖子太短。斑馬、麒麟（長頸鹿）排在前列，可能因為這是此前中國人從未見過的動物，在進獻給朱棣時就排在前面。

朱權《異域圖志》黃米里高、阿葦羊

　　雖然如此，《異域圖志》的動物圖像還是有珍貴的資料。比如大尾羊被成
爲阿葦羊，我認爲阿葦源自梵語的綿羊 avi，葦的讀音 bi 非常接近 vi，中國古
代文獻經常把 vi 譯爲毗。說明這種大尾羊源自印度，元末汪大淵《島夷志略》
的加里那條說：「地產綿羊，高大者二百餘斤，逢春則割其尾，用番藥搽之，
次年，其尾復生如故。」這是全書唯一記載的大尾羊，加里那正是在印度西
部，〔註 8〕印證了鄭和下西洋帶回的大尾羊來自印度。雖然阿葦羊的名字來自
印度，但是鄭和下西洋時代的很多大尾羊很可能來自阿拉伯半島而非印度，
馬歡《瀛涯勝覽》說阿丹國（今也門亞丁）的大尾無角棉羊：「其尾大如盤。」
說忽魯謨斯國（今伊朗霍爾木茲）有：「一等大尾棉羊，每個有七八十斤，其
尾闊一尺餘，拖著地，重二十餘斤。」費信《星槎勝覽》稱阿丹國的大尾羊
是九尾殺羊，九尾是形容尾巴很大，類似有九條尾巴。

〔註 8〕周運中：《中國南洋古代交通史》，第 374 頁。

朱權《異域圖志》麒麟（長頸鹿）、福鹿（斑馬）

　　同樣，斑馬來自非洲，但是斑馬的漢譯名字福鹿似乎不是來自非洲，我查找世界各族語言中的斑馬，讀音最接近福鹿的竟然是馬來語 habluk，福的古音是 buk，祿的讀音正是對應 luk。馬歡《瀛涯勝覽》阿丹國（今亞丁）說：「其福鹿如騾子樣，白身白面，眉心隱隱起細細青條花，起滿身至四蹄，細條如間道如畫。」費信《星槎勝覽》卜剌哇國（今索馬里布拉韋）稱為花福祿，如果我們光看馬歡的記載，或許會以為花福鹿的花指斑馬身上的花紋。我們找到花福鹿的讀音來源 habluk，才明白原來花不是指斑馬的花紋，而是 ha 的音譯。現在閩南語和粵語的福都不讀 buk，但是六百多年前，福在閩南語或粵語的讀音或許仍然接近 buk。

　　阿丹國的斑馬是從非洲運來，但是斑馬的漢語名稱不是源自阿拉伯語，而是源自馬來語。這說明最早為中國人翻譯斑馬的人，很可能是居住在東南亞的阿拉伯商人。阿拉伯商人很早就在東南亞的海港定居，並促使一些國家改宗伊斯蘭教，比如占城。西亞的君主很早就把一些珍貴的動物送給東南亞

的君主，或者經由商人賣到東南亞，所以東南亞人接觸到非洲動物可能比中國人早。比如太倉劉家港天妃宮《通番事蹟記》和福建長樂南山寺《天妃之神靈應記》碑文都說：「爪哇國、古里國進麋（麋）里羔獸。」爪哇不產麋里羔（藍牛），爪哇的藍牛來自印度。前人指出麋里羔（米里高）源自印地語的 nilgāy，nil 是藍色，現代英語稱藍牛爲 nilgai，但是不知詞頭爲何多出一個 mi 的讀音。我認爲沒有多出讀音，米是譯 ni，里是譯 l，高是譯 gāy。

馬哈獸是劍羚，《星槎勝覽》說卜剌哇國產馬哈獸，說明來自東非。我認爲馬哈獸的名字源自東非沿海的斯瓦西里語 pala hala 或 paa、pofu，因爲 p 和 m 接近，所以譯爲馬哈。阿丹國（今亞丁）說阿拉伯語，但是羚羊的阿拉伯語是 zaby，說明馬哈獸不是源自阿拉伯語。

長頸鹿的漢名麒麟也是源自索馬里語 geri，太倉劉家港天妃宮《通番事蹟記》和長樂南山寺《天妃之神靈應記》碑文都說：「阿丹國進麒麟，番名祖剌法，並長角馬哈獸。」祖剌法是阿拉伯語的長頸鹿 zarāfa，說明中國人接觸到了兩種語言的長頸鹿名字。

很多來自海外的野獸到了明朝，就飼養在都城南京，正陽門（今光華門）外有象房村地名保留至今，今雨花門外有養虎巷。南京外郭城的西南有大馴象門、小馴象門，小馴象門在今所街，大馴象門在今賽虹橋西南的王家村。這些地方在南京城南，是原來人口比較少的地方。

五、結論

朱權《異域圖志》的很多資料來自元代周致中的《贏蟲錄》，也有一些資料來自明代鄭和下西洋時期新增的資料。元代的《贏蟲錄》在明代發展爲《異域志》和《異域圖志》，是明初繼承和發展元代中外交流活動的一個寫照。《異域圖志》的原始文本，應該來自明初的南京宮廷，經過朱權改編。

可惜《異域圖志》在明朝和清朝沒有得到太多重視，清代的乾嘉考據是中國考據學的頂峰，但是乾嘉學者似乎也沒有關注《異域圖志》。清代中期，上到皇帝，下到平民，都不熟悉海外地理，學界對歷史上積累的海外知識也不是很感興趣。清代中期，中國學者對海外地理的研究著作乏善可陳。以至於到了晚清，《異域圖志》的孤本被威妥瑪帶到英國，中國的學者反而長期看不到全書。《異域圖志》中源自《山海經》等前代文獻的條目，已有很多相關研究，但是源自元明時期的很多新出的條目仍然缺乏研究，值得我們深入研

究，本文僅解釋了一部分，還需要學術界加大關注。

《海道經》源流考

《海道經》雖小，卻是一部重要著作，它包括了我國現存最早刊刻的針路簿和最早刊刻的海圖——《海道指南圖》。但是此書不題撰者，由來難考，至今學界鮮有論述，本文試就其成書源流作一略考。

《四庫全書總目提要・地理類存目四》有兩本《海道經》，分別如下：

《海道經》一卷（浙江范懋柱家天一閣藏本），不著撰人名氏。惟書中「揚子江」一條，自稱其名曰「璹」，其姓則不可考。前有明嘉靖中應良序，疑為元初人所撰，而後人增修之。今觀書末附朱晞顏《鯨背詩》三十三首，晞顏為元人，則此書亦出元人可知矣。其書言海路要害，及占風雨潮汛諸事，大抵皆為海運而作。其後歌訣，與今人所說亦同。然未免失之於太簡。

> 《海道經》一卷（戶部尚書王際華家藏本），不著撰人名氏。紀海運道里之數，自南京歷劉家港開洋，抵直沽，及閩浙來往海道。凡泊遠近、險惡宜避之地，皆詳志之。又有占天、占雲、占風、占月、占虹、占霧、占電、占海、占潮各門。蓋航海以風色為主，故備列其占候之術。疑舟師習海事者所錄。詞雖不文，而語頗可據。考海運惟元代有之，則亦元人書也。後有《海道指南圖》，乃龍江至直沽針路。嘉靖中袁褧以二本參校，刻入所編《金聲玉振集》，復錄元延祐間海道都漕運萬戶府《海運則例圖》、至正間周伯琦《供祀記》二碑，附於其末。〔註9〕

二者差別不大，後者占天各門應即前者所說占風雨潮汛的歌訣，後者之海道應即前者所說海路要害。四庫館臣根據前者附錄朱晞顏《鯨背吟》就斷定是元人所作是很粗率的，又說「海運惟元代有之」也錯了，明代也有海運。今見《金聲玉振集》、《借月山房匯鈔》的《海道經》都有「璹聞揚子江者」一句和附錄《海運則例圖》、《供祀記》，但沒有應良的序。

今人關於《海道經》成書的研究，有章巽先生寫於 1978 年的《論〈海道經〉》、高榮盛先生的《關於〈海道經〉以及元明時期江海航業的幾個問題》、楊熺先生的《〈海道經〉天氣歌謠校注釋理》。〔註10〕章文指出：顧炎武《天

〔註9〕〔清〕永瑢等：《四庫全書提要》，北京：中華書局，1965年。
〔註10〕章巽：《論〈海道經〉》，《章巽文集》，海洋出版社，1986年。高榮盛：《關於

下郡國利病書》、《古今圖書集成・職方典・登州府部》、乾隆（五年）《萊州府志》卷一曾節錄《海道經》，最早收錄《海道經》的是嘉靖二十九年（1550年）袁褧印於蘇州的《金聲玉振集》（《袁本》），此本沒有提到永樂十三年（1415年）罷海運這樣的大事，所以「《袁本》最早的祖本成書在永樂十三年以前」。章文附錄以《袁本》爲底本，校以《古今圖書集成》引《登州府志》本及《叢書集成》排印《借月山房匯鈔》本、嘉靖四十五年（1566年）刻《廣輿圖》卷二《海運建置》轉錄「海道」篇。高文根據書中「寶船洪」一名，斷定成書上限在鄭和下西洋前後，又根據永樂十三年海運告終，認爲成書下限不會很遲。高文指出明張燮《東西洋考》卷九《舟師考》「占驗」目基本照錄《海道經》的口訣，並比較了二者。楊文主要校注天氣歌謠，沒有考證《海道經》的成書。楊文說沒有見到《借月山房匯鈔》以外的其他版本，這是該文美中不足處。

我認爲《海道經》的成書有個相當長的過程，必須對全書內容分段考察。

一、《海道指南圖》

圖上地名有很多錯別字，定海衛北的虎存山應即寧波甬江口的虎蹲山，北面的洪水洋應即舟山、寧波間的橫水洋，鱶山應即衢山島，楊山即今大小洋山島（宋代作楊山〔註11〕），金山寺東面的礁山門的礁山即今鎮江焦山，丁高縣應爲如皋縣，西海州北面的林洪應即海州（今連雲港市）北面的臨洪鎮（今新浦區新海街道），滴水爲荻水鎮（今日照市南端荻水村），雄嶽應是舊熊嶽縣（今蓋縣南），濯州應爲舊耀州（今營口市北）。從這些錯別字來看，最初的作者應該是普通船民。從讀音通假來看（存=蹲、橫＝洪、滴=荻），作者是南方人。

圖上的攔頭（今日照市南端嵐山頭）、安東衛（今日照市安東衛）、滴水、林洪、西海州被刻在淮河北岸，這顯然不對。究其原因，攔頭北面的山東半島東南沿海地名太多，把日照、連雲港的 5 個地名「擠」到南面去了。船民用的手繪圖因爲可以卷放，所以不會出現版面不夠的難題，也有可能分頁拼

〈海道經〉以及元明時期江海航業的幾個問題》，南京大學歷史系元史研究室編《元史及北方民族史研究集刊》第九期，1985 年。楊熺：《〈海道經〉天氣歌謠校注釋理》，《海交史研究》1999 年第 2 期。

〔註11〕陳橋驛：《〈岱山縣地名志〉序》，《陳橋驛方志論集》，杭州大學出版社，1997 年。

裝，總之不會把海邊的地名標到淮河邊上。但是刻本的字體不能小而版面又不夠大，所以才會錯刻。

圖上的西海州即今連雲港市，東海洲即古代郁州島（今雲台山，清代中期連陸）上的東海州。查古代的連雲港只在宋末元初一段時間內稱過西海州，其他時間多是稱海州。郁州島上的東海縣於隋至南宋間存在，元代至元二十年（1283 年）廢，宋末改爲東海州。《宋史・地理志》海州：「端平二年，徙至東海縣。淳祐十二年，全子璮又據之，治朐山。景定二年璮降，置西海州。」〔註12〕同書《瀛國公本紀》：「（德祐二年三月甲申）大元兵至西海州，安撫丁順降。乙酉，知多海州施居文乞降於西海州。」西海州應是元初改回海州，但是這個叫法卻被海運的船民沿用，明代還有這種說法。〔註13〕

此圖最北的一個地名是柳河，柳河以北的遼河又畫了一段。柳河即遼河的支流柳河，源出內蒙古奈曼旗，流經遼寧彰武、新民縣。柳河地區在洪武二十年（1387 年）後爲明朝放棄，圖上顯示柳河及及其以北說明這是明初的圖。圖上還有「收復州」三字，對應最南端的「收寧波府」，收某地指示海運的終點，終於復州（治今遼寧復縣西）反映的是洪武二十年之前明朝只佔有遼寧南部時期的情況。

《廣輿圖》約在嘉靖二十年（1541 年）成書，〔註14〕可能早於袁本《海道經》。其第九十六幅《海運圖》比《海道指南圖》詳確得多，所以前者可能源自後者。《海道指南圖》的礬山（在今南京市六合區南）竟然對著江陰縣的巫子門，鎮江的金山寺竟然對著今張家港市的谷瀆港，礁（焦）山門竟然對著太倉，礁（焦）山門和狼山（在今南通）中間竟然又多出個礬山。羅洪先編製那麼大的地圖集難免出錯，《海道指南圖》長江中諸地名的錯誤都在《海運圖》中沿襲下來，礁（焦）山門對著江陰縣，東面仍然多出個礬山。一些簡單的錯誤像丁高（如皋）縣之類被《廣輿圖》修正，說明《海運圖》是《海道指南圖》的修正本。

〔註12〕據《宋史・理宗本紀》、《元史・李璮傳》，李璮降在景定三年，不久升東海縣爲東海軍，這是日後改爲東海州的前提。

〔註13〕〔明〕梁夢龍：《海運新考》卷上《海道口岸》有「西海州塔兒灣、臨洪島」、「滴水口」，《四庫全書存目叢書》編纂委員會編《四庫全書存目叢書》史部第 274 冊，齊魯書社，1996 年。

〔註14〕中國科學院自然科學史研究所地學史組主編《中國古代地理學學史》，科學出版社，1984 年，第 318 頁。

二、《靖江縣志》、《廣輿圖》的《海道經》

我今年六月在嘉靖四十四年（1565 年）修成的《靖江縣志》發現了與《海道經》基本相同的文字，該志卷五《風俗》附有《海道歌訣》，序言：「一法之善可以利百世，一人效忠可以利天地。邑居水中，丁夫利涉者，念惟先世傳聞海道經行道路、占風歌訣，可以備濟世憂民者之□理，謹錄如左。（□為模糊處，前兩處為我所補）」正文為五段，即一福建布政司水波門船廠〔開〕船、一劉家港開船、直沽開洋、一遼河口開洋和占驗歌訣（今影印本缺印一頁，從上下頁看，原本連貫無缺）。〔註15〕據序言，則《海道經》為船民世傳之書。

《靖江縣志》和《廣輿圖》所錄四段針路都比《海道經》簡略，都缺南京至劉家港針路。《靖江縣志》針路的福寧縣改為福寧州，據《明史·地理志》，福寧縣在成化九年（1473 年）三月升為州，則福寧州為後人所改。《靖江縣志》、《廣輿圖》所錄歌訣和《海道經》、《東西洋考·舟師考》占驗目所錄各有不同，恰好章巽先生沒有比較歌訣部分，下面比較幾種歌訣（後四種未錄全句，只寫出不同處）。〔註16〕

借月山房本《海道經》	袁本《海道經》異處	《靖江縣志》異處	《廣輿圖》異處	《東西洋考》異處
無雨天必陰	天必陰	必天陰	必天陰	必天陰
雲隨風雨疾	風雨疾	風雨急	風雨疾	風雨疾
雲勢若魚鱗	魚鮮	魚鮮	魚鱗	魚鱗
風色屬人情	人情	人猜	人猜	人猜
雲陣兩雙尖	雨陣兩雙煎	雨陣兩雙煎	雨陣兩雙煎	（缺此段）
亂雲天頂絞	天頂絞	天頂纏	天頂絞	天半
風雨來不少	不少	不少	不少	多少
晴明便可許	便可許	不可許	不可許	晴明未堪許
下來雨不從	下來	風來	夏來	（缺此段）

〔註15〕《靖江縣志》，中國科學院圖書館選編《稀見中國地方志彙刊》第十三冊，中國書店，1992 年。
〔註16〕〔明〕羅洪先：《廣輿圖》，《續修四庫全書》編纂委員會編《續修四庫全書》第 586 冊，上海古籍出版社，2002 年。〔明〕袁褧編《金聲玉振集·海道經》，《四庫全書存目叢書》史部第 221 冊。〔明〕張燮：《東西洋考》，北京：中華書局，2000 年。

汛頭、汛後	訊	訊	訊	訊
初四還可懼	還可懼	不可懼	還可懼	還可懼
回頭必亂地	回南	回南	回南	回南
風起北方	北方	此方	此方	此方
日光早出 晴明必久 返照黃光 明日風狂	日光早出 晴明必久 返照黃光 明日風狂	日光早出 行途可幹 晴明頃刻 返照黃光 明日風狂	日光早出 晴明必久 返照黃光 明日風狂	（前幾句缺） 返照黃光 明日風狂
虹下雨垂	雨垂	雨雷	雨雷	雨雷
辰闕電飛	電飛	雷飛	電飛	電飛
螻蛄放洋	螻蛄	螻蛔	螻蛄	螻蛄
若近山岸	山岸	山岸	山岸	沙岸
烏〔魚孚〕弄波	烏〔魚存〕	烏〔魚脊〕	烏〔魚脊〕	烏〔魚脊〕

　　高榮盛先生比較了袁本《海道經》和《東西洋考》，指出：《東西洋考》更正了《海道經》一些誤字，如魚鱗、屬人猜、沙岸；《海道經》「朝看東南有黑雲推起，東風勢急，午前必有雨。暮看西北有黑雲，半夜必有風雨」、「六月十二日，彭祖忌，連天大忌，須忌。七月上旬爭秋風，穩泊河南莫開船。八月半旬候潮時，風雨隨潮不可移」被規範化為「朝看東南黑，勢急午前雨。暮看西北黑，半夜看風雨」、「六月十一二，彭祖連天忌。七月上旬來，爭秋莫開船。八月半旬時，隨潮不可移」；張燮改正了一些錯字，如「魚鱗」（魚鮮誤）、「屬人情」（猜字誤）、「沙岸」（山岸誤）；有些改動似可商榷，比如虹下雨雷、晴明未堪許。

　　楊熺先生比較了《海道經》與《相雨書》、《海道風占》、《海運水經》、《海運抄略》天氣歌謠，指出「風色屬人情」正確（猜字誤，屬人情是浙江方言）、「雲陣兩雙尖」正確（煎字誤）、「回頭必亂地」（南字誤）。

　　在此研究基礎上比較五種版本後可以發現：

　　1、上述兩段《海道經》不整齊的地方，不僅《東西洋考》，《靖江縣志》、《廣輿圖》也作了規範化改動，應是同源。

　　2、有些差異實質一樣，如天必陰和必天陰、纏和絞、疾和急、螻蛄和螻蛔。

　　3、《靖江縣志》的版本有些特別，有些地方勝於他本。「春夏西北風，風來雨不從」，他本「下來」、「夏來」不通。占天門「朝看天頂穿，夜看四腳懸」

一句，他本都沒有。這個版本的《海道經》，可能確實是編纂者從船民那裡抄來的，而不是抄自早刊十幾年的《金聲玉振集》。「辰闕雷飛」則應爲「電飛」，不過雷電本來就是一回事。占日門多出「行途可幹」，也不好理解。

4、有些地方還是《海道經》正確。如「風起北方」、「雨下虹垂」兩句，楊先生已經解釋，則「風起此方」、「雨下虹雷」誤。

《海道經》版本眾多，流傳廣泛，崔旦於嘉靖甲寅年（三十三年，1554年）所作《海運編》卷上：「按丘文莊《大學衍義補》與《海道經》一自南京龍江關、一自福建長樂港、一自太倉劉家港開船，俱入揚子江口盤轉入山東。」〔註17〕崔旦已經看到《海道經》了。

在流傳過程中不可避免地隨人而改，上述四本書中，《東西洋考》最晚，作者是漳州龍溪人張燮，他雖然遊歷廣泛，但主要活動在福建，所以他的資料最有可能來自福建船民。這就解釋了其他版本的「若近山岸，仔細思尋」在《東西洋考》中作「若近沙岸，仔細思尋」，因爲福船最怕行沙。《清朝柔遠記》附編《沿海輿圖》：

> 海州而下，廟灣而上，則黃河出海之口。……中間深處，呼曰沙行。江南之沙船往山東者，恃沙行以寄泊，船因底平少擱無礙。
> 閩船到此則斷難停泊，因底圓，加以龍骨三段，架接高昂，擱沙播浪則碎折。〔註18〕

三、《太倉州志》的《海道》

《古今圖書集成》除了章巽先生指出的《職方典・登州府部》一段，《食貨典》卷一百六十二《漕運部》引《太倉州志》海運道一段也是《海道經》的同源文獻。此段出自《崇禎太倉州志》卷九《海運志・海道》，我所見爲復旦大學古籍部所有原嘉業堂藏本，上有繆朝荃校注，《海道》一節繆注：「亦見《江南經略》卷三下，遼運以下，《經略》無。」《江南經略》卷三《太倉州》附錄有與《太倉州志》相同的文字，題爲「明初太倉至北京海運故道」，據序，此書成於嘉靖壬戌（四十一年，1562年）至嘉靖四十五年。〔註19〕但是《太倉州志》針路去路末尾說：「遼運以上，係新開海道，非洪永時舊路。」

〔註17〕 〔明〕崔旦：《海運編》，《四庫全書存目叢書》第 274 冊。
〔註18〕 〔清〕王之春：《清朝柔遠記》，北京：中華書局，1989 年。
〔註19〕 〔明〕鄭若曾：《江南經略》，《影印文淵閣四庫全書》第 728 冊，臺北：商務印書館，1986 年。

二者牴牾，我以爲當信《太倉州志》，因爲太倉爲海運起航地，不僅資料來源可靠，而且《太倉州志》比《江南經略》翔實得多，應非虛言。

《太倉州志》回程內容缺遼河口回程，餘直沽回程一段與《海道經》相同。《海道經》的閩浙航路、長江航路，《太倉州志》均無。自劉家港北航針路，可以分爲四段：（1）劉家港自長灘段，二者不同，《海道經》所述航路複雜，沙洲較多。（2）長灘至成山段，二者相同。但是「不見成山」的種種意外情況，《海道經》敘述得詳細。《太倉州志》接著發了「成山頭絕險，自放洋、入黑水、夾延眞、白峰頭、轉成山，所謂萬里波濤也」的感歎後，描述另一種「若約略程次，隨路趨避」的情況，即沿今江蘇、山東海岸航行，這一種航路在《海道經》裏不僅沒有，而且《海道經》在到達長灘後清楚地說：「北有長灘沙、響沙、半洋沙、陰沙、冥沙，切可避之」。（3）成山至遼河段，二者相同。（4）成山至直沽段，《海道經》無，《太倉州志》有，可能是前者脫落，也可能因爲明初的海運重點在遼東而不在河北。

《海道經》有閩浙航路、長江航路，只有放洋航線而沒有沿蘇魯海岸路線，而且有兩段較詳細，所以《海道經》的針路成於明初，而《太倉州志》的針路要晚。後者不僅重新回到了沿岸探索的低級階段，而且對「萬里波濤」還要感歎一下，自閉帝國的垂暮之氣可見一斑。

四、卷首、圖後的補綴文字

《海道經》開頭有大段概述元明海運的話，其中說：「今我皇明，匡服四夷，藩鎮奉朔，大遼歲給饋餉。迨遼海之平，欽封昭孝德正靈應孚濟聖妃娘娘，聖號留芳於萬年矣。」按遼海平定至少是在洪武二十年（1387 年）納哈出投降之後，但是其他記載朱元璋褒封媽祖的文獻都說在洪武五年（1372 年）或初年，這些說法都是洪武五年近二百年後才出現的，名號又不一致，明初的碑刻只記永樂褒封而沒有洪武褒封，因此這次褒封的存在受到學者的質疑。〔註20〕不管怎樣，《海道經》的洪武晚期褒封媽祖之說值得懷疑，可能也是明代中期以後才出現的。

《海道指南圖》和歌訣之間還有一段文字，說：「我朝太祖高皇帝建都金陵，四方運舟，率由大江。至洪武三十年，造船海運遼東，以供軍餉。」按《明史·太祖本紀三》：「（洪武三十年）多十月戊子，停遼東海運。」同書《河

〔註20〕朱天順：《有關媽祖褒封的幾個問題》，《臺灣研究集刊》1997 年第 4 期。

渠志四》：「（洪武）三十年，以遼東軍餉贏羨，第令遼軍屯種其地，而罷海運。」
《廣輿圖・海運圖》圖說引言：

> 我朝洪武三十年猶仿其制，歲運七十萬石以給遼東，至永樂間
> （通會）〔會通〕河（城）〔成〕，始不復講。議者憂有意外之慮，以
> 爲人生一日不下嚥，則死亡立至，會通河固南北之咽也。訪求故道，
> 擇才而任之，且重其權，抑亦可爲先事之防。

這段話源自丘濬《大學衍義補》卷三十四：

> 我朝洪武三十年海運糧七十萬石以給遼東，永樂初海運七十萬
> 石至北京，至十三年（通會）〔會通〕河通利始罷海運。……然善謀
> 國者恒於未事之先而爲意外之慮，……會通一河譬則人身之咽喉
> 也，一日食不下嚥，立有死亡之禍。〔註21〕

下文詳述怎樣「訪求故道，擇才而任之」，並提出要把海道「造成圖冊」。《大
學衍義補》作於成化末，進呈於弘治改元時，只提到洪武三十年海運遼東糧，
不提罷海運一事。《崇禎太倉州志》卷九《海運志・原始》：「（洪武）三十年，
海運糧七十萬石於遼東。十月，上諭戶部：遼東海運歲不絕，近聞彼處軍餉
頗有贏餘，今不須轉運，止命本處軍人屯田自給。其三十一年海運糧，可於
太倉、上海、蘇州三衛倉收貯。」可見《大學衍義補》、《廣輿圖》說洪武三
十年（1397 年）海運沒錯，但是當年也下令停止次年海運，所以《海道經》
說洪武三十年「造船海運遼東，以供軍餉」是不對的，海運在洪武初年已經
開始，三十年已經暫時結束。

　　《海道經》此段接著說永樂時改海運爲漕運，最後說：「及洪武年間，海
船有一千料，有四百料鑽風海船運糧，自開裏河，改四百料淺船一隻，故淺
船因海船得名也。」淺船的得名對於洪武、永樂時親身接觸到海運轉爲漕運
的人來說不需要解釋，這段話的作者在最後補釋淺船說明其離明初已遠。

　　綜上，《海道經》開頭和中間的兩段補綴不是明初人所作。《海道經》的
最後編輯者把他收集到的針路、《海道指南圖》、歌訣編匯到一起，又覺得缺
乏引言和連綴性文字，於是撰寫了兩段露馬腳的話。從《廣輿圖》可能早於
《海道經》來看，《廣輿圖》的圖雖然是源自《海道經》，但是《海道經》的
「補綴文字」反倒可能源自《廣輿圖》。

〔註21〕〔明〕丘濬：《大學衍義補》，《影印文淵閣四庫全書》第 712～713 冊。

餘論：《海道經》成書

既然海運在永樂時已經廢除，爲何還有好事者編撰《海道經》呢？他的目的僅是爲了紀念歷史嗎？不是這麼簡單，實際上終明一代，海運的建議不斷被提出，關於海運的爭論時而在朝堂發生。

據《明史・河渠志四》，成化二十年（1484 年）丘濬請恢復海運，朝廷未行。弘治五年（1492 年），河決金龍口，有人請復海運，朝議不同意。嘉靖二十年（1541 年），總河王以旗以河道梗澀請開海運，朱厚熜不同意。此後嘉靖三十八年、四十五年、隆慶五年（1571 年）、萬曆二十五年、四十六年都有人倡議海運，「崇禎十二年（1639 年），崇明人沈廷揚爲內閣中書，復陳海運之便，且輯《海運書》五捲進呈。命造海舟試之。」瓊山縣（今海口市）人丘濬《大學衍義補》：「臣家居海隅，頗知海運之便。」平度縣（今山東平度市）人崔旦《海運編》自序：「始予從家君蜀大夫宴南宮時，即聞鄉人謁闕言海運事。」從丘濬到沈廷揚，提議海運的人多是沿海地區的人。這些人膽敢上言國家大計，不可能沒有詳細的策劃書，如沈廷揚《海運書》之類。所以《海道經》的編纂很可能與建議海運的背景有關，作者最有可能是與海運休戚相關的江南人。

《四庫提要》提到根據《海道經》中「璃聞揚子江者」可以判斷作者的名字，此舉如大海撈針。〔註 22〕民國《連江縣志》卷二十二《藝文志》記載明代游璉著有《海道經》，卷二十三《列傳》說游璉是正德六年（1511 年）進士，做過南京戶部主事、員外郎、登州知府、海南兵備副使。連江在海邊，登州是海運要樞，游璉比較容易得到《海道經》的資料，但是我們不知道他的《海道經》和現存的《海道經》有多大關係。《四庫提要》還提到《海道經》有應良的序，據《明史》卷二百八十三及《光緒仙居縣志》卷十三本傳，應良正德六年中進士，官編修，後講學山中。嘉靖初還任，外放爲山西副使、山東提學副使、河南參政、廣西參政、廣東右布政使。〔註 23〕應良有《南洲集》，我尚未找到，所以他和《海道經》的關係也有待於將來研究。

〔註22〕《連江縣志》，《中國方志叢書》第 76 種，臺北：成文出版社，民國五十六年（1967 年）。

〔註23〕《光緒仙居縣志》，《中國地方志集成・浙江府縣志輯》第 48 冊，上海書店，1993 年。

《鄭和航海圖》海南文昌海港考察記

文昌在海南島的東北角，是一個非常美麗的地方。文昌是海南島最靠近珠江三角洲的地方，歷史上是海南島聯結大陸的重要地點。歷史上有很多漢族先民從文昌登上海南島，也有很多海外商船在文昌貿易。文昌是宋慶齡、宋美齡、宋藹齡、宋子文、陳序經、韓振華、韓槐準等眾多名人的故鄉，是著名僑鄉，走出了很多名人。文昌不僅風景優美，物產富饒，還有衛星發射基地，是中國著名的航天城。

我有幸在 2017 年 10 月考察了文昌的諸多地方，包括銅鼓嶺附近的幾個海港。銅鼓嶺在文昌最東部，主峰高 388 米，是文昌最高點，突出在海中，是海船的重要航標。《鄭和航海圖》在海南島的東部畫出了突出的銅鼓山和七洲列島，但是很少有人注意到《鄭和航海圖》在銅鼓山下還畫出了一個很大的海灣，這是圖上海南島唯一的海灣，這個海灣按照位置，似乎是在銅鼓山的南部。如果是在銅鼓嶺的南部，則應該是今文昌市東南部的清瀾港。清瀾港的內部就是文昌市，曾經是古代海南島最重要的港口，現代也很重要，我在《中國港口》已經發表的《聯結南海諸島的海南要港史考》一文中已經說到清瀾港。清瀾港的內部很大，又名八門灣。

我此次考察了清瀾港，看到碼頭售賣的豐富漁產，看到很多漁民住在漂浮在水上的住宅。我坐船進入紅樹林保護區時，路過文筆塔，文筆塔是古代清瀾港口門的航標。

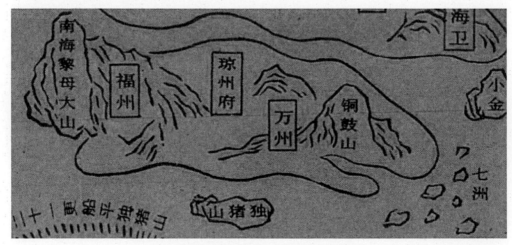

《鄭和航海圖》的海南島部分

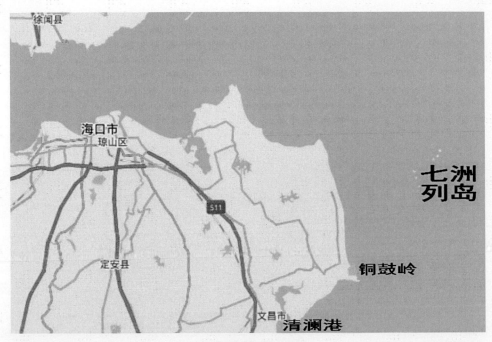

文昌重要地名圖

清瀾港的文筆塔

　　但是銅鼓陵東部和北部的海港也不能忽視，明代正德《瓊臺志》卷七《山川》文昌縣：「大賊澳，在縣東一百里青藍都銅鼓嶺之東，海賊船灣泊處。抱凌港，在縣東一百里青藍都。水自銅鼓嶺出，至此與海潮會成港，岸上有抱凌村。」銅鼓嶺的東部是岩石海岸，正對南海，不是內港。但是特別適合在外海活動的海盜停船，所以古代稱爲大賊澳，大概就是今天的大澳港，這是銅鼓嶺東南部的一個小港灣。我也到了大澳港和其北部更小的小澳港，海水清澈，沙灘乾淨，令人心曠神怡。這兩個小港灣非常隱蔽，西部要翻過山丘才能到內陸，而且中間沒有村落，所以海盜在此不易被察覺。據《瓊臺志》卷二十一《海防・烽堠》，明朝在抱凌設烽堠，但是大澳港、小澳港一帶沒有設烽堠，所以明朝軍隊其實是放任海盜的船在此停泊。

銅鼓嶺附近的海港

小澳港

保陵港

　　銅鼓嶺北部的抱凌港，現在寫作保陵港，近年又改名爲月亮灣。抱凌的
名字，出自文昌土著的臨高語，不是漢語。海南島的北部，原來是臨高人的
居住地，現在文昌的臨高人已經漢化，但留下了很多臨高語的地名。保陵港
原來是一個深入陸地的海灣，其東北部是南北向的沙丘貝殼堤，所以《瓊臺
志》說是河流和海潮交匯形成的港灣。現在這個海灣的內部雖然有很多地方
已經淤積，但是還是可以看出古代的範圍更大。如果看地圖則更清楚，晚近
淤積的地方現在還是一些水塘。我在河流入海處不足一平方米的範圍內，一
下子撿到四塊古代的瓷片，一塊是青白色釉，一塊是醬色釉，一塊是青花瓷，
一塊是帶有開片裂紋的青釉。在如此小的範圍內能撿到四種瓷片，時間跨度
從宋元到明清，說明這個地方在古代確實是重要的海港。

周運中在保陵港撿到的古代瓷片

　　根據韓振華主編、林金枝、吳鳳斌編：《我國南海諸島史料彙編》記載的調查資料，文昌鋪前鎮七峰村的漁民蒙全洲在 1977 年 93 歲高齡時回憶說，他的祖父在清代中期就和文昌東部保陵港的人一起去南海諸島捕魚，他本人在光緒二十五年（1899 年）15 歲時就去西沙群島捕魚，光緒二十七年（1901 年）17 歲就去南沙群島捕魚。瓊海潭門鎮草塘村的漁民柯家裕在 1977 年 71 歲時回憶說，他們到南沙時，文昌保陵港的符鴻輝、符鴻光已住在鳥子峙，文昌漁民有的三代都住在南沙群島，捕魚文昌人住在鳥子峙、奈羅、羅孔等島。聽說最早去南沙的是文昌人，潭門港的漁民是由文昌龍樓鎮人帶去南沙捕魚。文昌龍樓鎮紅海村的漁民符用杏，在 1977 年 91 歲高齡時回憶說，他的伯父在清朝同治年間就去西沙、南沙捕魚，父親跟鋪前鎮人去南沙捕魚，他從光緒年間開始，每年去西沙、南沙捕魚，乘坐清瀾港的船。埔前鎮的人從紅海村開船，龍樓鎮向南是清瀾港，從清瀾港去西沙 17～18 更，再去南沙 31 更。文昌龍樓鎮人林英在 1977 年 59 歲時回憶說，他從 28 歲就數次其南沙捕魚，龍樓漁民向海口、臨高、瓊海人租船，從清瀾港開船，順風 40～48 小時到西沙，再順風 60 小時到南沙。文昌人把嶺說成馬，所以黃山馬（今永興島）即黃山嶺，文昌的銅鼓嶺即銅鼓馬。龍樓鎮就在銅鼓嶺之西不遠，可見這一帶的古人是中國古代航向南海諸島最重要的人群。

　　銅鼓嶺的東北部就是著名的七洲列島，《新唐書》卷四十三下《地理志七下》賈耽所記的廣州通海夷道說：「廣州東南海行，二百里至屯門山，乃帆風西行，二日至九州石。」九州石就是七洲列島，南宋吳自牧《夢粱錄》卷十二《江海船艦》說：「愚累見大商賈人言此甚詳悉，若欲船泛外國買賣，則自泉州，便可出洋。迤邐過七洲洋，舟中測水，約有七十餘丈……自古舟人云：去怕七洲，回怕崑崙，亦深五十餘丈。」宋末景炎二年（1277 年）十二月，宋端宗趙昰逃到井澳（今大橫琴島），元軍追擊，南逃到七洲洋（今文昌東北七洲列島）。三年（1278 年）三月，北回硇洲。《元史》卷一六二《史弼傳》說南征爪哇的元軍：「過七洲洋、萬里石塘，歷交趾、占城界。」周達觀《真臘風土記》總敘說：「自溫州開洋，行丁未針，歷閩、廣海外諸州港口，過七洲洋，經交趾洋，到占城。汪大淵《島夷志略》第 50 條崑崙，說：「諺云：上有七洲，下有崑崙，針迷舵失，人船莫存。」七洲列島因為正對瓊州海峽，有一股海流急速向東流到七洲列島，所以這裡水流迴旋，海船容易失事。近年在文昌東部海岸確實發現了古代沉船，近年還有漁船在七洲列島失事。

因爲銅鼓嶺附近非常重要，所以《鄭和航海圖》不僅畫出了銅鼓嶺，還畫出了附近的海灣。鄭和下西洋的時代，文昌有很多海外商船。明初的王直在《抑庵文集》後集卷二十八《先公行述》說他的父親王泰，在洪武二十三年（1291 年）任瓊州知府：「往清瀾浦視蕃舶。」清瀾浦即清瀾灣，洪武年間就有很多蕃舶。

總之，鄭和下西洋的很多海船應該曾經在文昌停泊。今天的文昌是海南島最重要的僑鄉，歷史上曾有大量華僑從文昌南遷到海外，文昌的海洋史還值得深入發掘。

福建東山島永樂十五年鄭和碑的價值

學界最熟悉的兩塊鄭和下西洋時所立碑刻是江蘇太倉劉家港（瀏河鎮）天妃宮《通番事蹟記》碑與福建長樂南山天妃宮的《天妃之神靈應記》碑，太倉碑今已無存，1935 年鄭鶴聲先生從明嘉靖間長洲縣（治今蘇州市）人錢穀編輯的《吳都文粹續集》卷二十八發現碑文，長樂碑今仍在。而福建東山縣東山島上另一塊更早的永樂十五年（1417 年）鄭和碑雖然發現已有十多年，但是並未引起太大關注，其實此碑也有很大價值。

東山島的鄭和碑現在也是下落不明，但是此碑所在的康美鎮銅缽村清末秀才林紹唐（1883～1944）抄錄碑文，傳給他的義子謝璧才（1921～1981），謝氏又傳給本村陳斯民（1941～），東山縣博物館館長陳立群與福州市文物考古隊長林果看到陳氏抄錄的碑文，在 2004 年北京的會議公佈了碑文《舟師往西洋記》，〔註24〕傅朗又根據太倉、長樂二碑補足缺文，碑文如下：

> 皇明混一海宇，超三代而軼漢唐，際天極地，罔不臣妾。其西域之西，迤北之 北 ，固遠矣，而程途可計。洎海外諸番，實爲遐 壤 ， 皆捧 琛執 贄 ，重海來朝。皇上嘉其忠誠，令和等親率官校旗官數萬人，乘舟百餘艘，齊桅往返。自永樂三年往使西洋，迨今四次。歷番國，由占城、爪哇國、暹羅國，直逾南天竺錫蘭山國、古里國、柯枝國，抵於西域忽魯謨斯國。大小三十餘國，涉十萬里。觀夫海洋，洪濤接天，巨浪如山，視夷域迥隔，煙霞縹渺之間，而我之雲

〔註24〕陳立群、林果：《福建東山島鄭和碑考察》，《北京鄭和下西洋研究》第二期，2005 年，第 77～80 頁。

帆高張，晝夜星馳，涉彼狂瀾，若履通衢者，誠荷朝廷威福，尤賴天妃護祐之德，於石屏並記諸番往返之歲月，以銘永久焉。

永樂三年，統領舟師至古里等國。時海寇陳祖義，聚眾劫掠番商，未犯我舟師，有天朝威福及神靈陰助也。

永樂五年，統領舟師往古里、爪哇、柯枝、暹羅等，國王各以珍寶珍禽貢獻，至七年回。

永樂七年，統領舟師往前各國，道經錫蘭山國，其王亞烈苦奈兒，負頑不恭，謀害舟師，賴和等歸獻，尋蒙恩宥，俾歸本國。

永樂十一年，統領舟師往忽魯謨斯等國，蘇門答剌國偽王蘇幹剌，寇侵舟師，未傷，至阿陀純有遣使赴國陳訴，統率官兵剿擒偽王，至十三年歸獻。是年，滿剌加國王率妻子朝貢。

永樂十五年，統領舟師往西洋。開港十五有三日，忽遇暴風巨浪，繞山根避泊，有神天妃陰護保無恙。皇明威福，駐泊淨港，候風息，再涉狂瀾，勒一石以銘誌之。

永樂十五年歲次丁酉仲夏吉日。

正使太監：鄭和、王景弘。

副使太監：李興、朱良、周滿、洪保、張達、吳忠

都指揮：朱眞、王衡等立。〔註25〕

陳斯民認爲此碑可能在 1956 年修建堤壩或閘門時砌入，當時東山島是戰爭前線，內戰使銅缽村成爲寡婦村，工程主要由外地人進行，所以現在難以找到此碑下落，但是有人回憶此碑在淨港（前港）海岬處，非常醒目，據說此碑立在淨港媽祖廟邊。

這塊碑記載鄭和船隊，永樂十五年，第五次下西洋，在東山島海域遭遇颱風，幸好有天妃保祐，安全回港，因此立碑紀念。

前人研究認爲東山碑所說的開港，是指開出長樂港，從長樂到東山，差不多十五日，中間還在泉州向聖墓行香，泉州靈山回教先賢墓行香碑記載：「欽差總兵太監鄭和，前往西洋忽魯謨廝等國公幹，永樂十五年五月十六日於此

〔註25〕 傅朗：《東山鄭和〈舟師往西洋記碑〉碑文研究》，江蘇省紀念鄭和下西洋 600 週年活動籌備領導小組編《傳承文明、走向世界、和平發展：紀念鄭和下西洋 600 週年國際學術論壇論文集》，第 956～965 頁。

行香，望靈聖庇祐，鎮撫蒲和日記立。」而《蒲氏家譜》的《蒲日和傳》說：「至永樂十五年，與太監鄭和奉詔敕往西域尋玉璽，有功，加封泉州衛鎮撫，司聖墓，立碑猶存。」〔註26〕從泉州到東山僅需幾日，所以東山立碑的仲夏無疑就是五月，東山島五月多颱風，鄭和恰好在此海域遇到颱風，於是進入淨港避風。淨港是閩南語前港之雅化，前港即在東山島之東得名，此地面向大海。因爲颱風來之前是西北風，所以面向東南的前港恰好可以避風。從地圖上可以看出，前港的口門處有不少島礁，顯然不及其南面的幾個海灣安全，尤其是對鄭和船隊的大船來說更加危險，但是鄭和船隊至此避風，說明颱風來得很快，不及選擇。

值得注意的是，《鄭和航海圖》把大甘、小甘二島畫在同山千戶所（東山島）的東北部，航線在大甘、小甘外側，但是實際上這兩個小島在東山島的東南，而且小甘島距離東山島有21千米，鄭和的船隊沒有必要走到大甘、小甘的外側，所以《鄭和航海圖》可能有誤畫。此圖誤畫之處很多，可能是把東山島東北部的那些群島當成了大甘、小甘。

一般認爲中國古代的帆船去南洋都是在冬季北風最大時出發，前人認爲鄭和下西洋七次的出發日期都是冬季，我原來也深信不疑，但是此碑及泉州行香碑卻使我們明白第五次下西洋是在夏季出發，修正了我們的認識，這是此碑的第一個重要價值。目前我們還不能解釋此次下西洋爲何要選擇在夏季，按照祝允明《前聞記》記載第七次下西洋的時間，宣德六年（1431年）十二月九日離開福州五虎門，十二月二十四日到占城，七年正月十一日離開，正月二月六日到爪哇，六月二十七日到舊港，八月十八日到蘇門答剌，十一月六日到錫蘭，十二月二十六日到忽魯謨斯。則第五次下西洋如果在五月或六月離開東山島，秋季之前即到占城，此時還沒有北風，要在占城停留。何時到達爪哇不知，但是可能此次到達爪哇時間較早，初冬能到爪哇，次年夏季能到錫蘭和忽魯謨斯。鄭和前三次下西洋最遠到印度南部，第四次才到忽魯謨斯，第五次和第四次的不同之處在於帶回大量非洲珍禽異獸，太倉碑說：

> 永樂十五年，統領舟師往西域。其忽魯謨斯國進獅子、金錢豹、
> 西馬。阿丹國進麒麟，番名祖剌法，並長角馬哈獸。木骨都束國進

〔註26〕莊景輝：《泉州鄭和行香碑考》，《泉州港考古與海外交通史研究》，嶽麓書社2006年版，第165～181頁。

花福祿並獅子。卜剌哇國進千里駱駝並駝雞。爪哇國、古里國進麋
里羔獸。各進方物，皆古所未聞者。及遣王男王弟捧金葉表文朝貢。

說明鄭和第五次出發前，可能有計劃要延長在西亞、非洲的時間，所以才有
阿丹（亞丁）、木骨都束（摩加迪沙）、卜剌哇（巴拉維）等國人帶來長頸鹿、
羚羊、斑馬、獅子、駱駝、鴕鳥。是不是因為第五次下西洋要延長在西亞、
非洲的時間，所以要提前在夏季出發呢？

鄭和第七次下西洋有明確時間記載，是在冬季出發，第六次下西洋很可
能也是在冬季，說明第五次夏季出發遇到颱風，給鄭和的船隊一個教訓，必
須尊重自然規律，使他在第六次、第七次仍然改成冬季出發。

碑文所說的阿陀純，我認為就是鄭和要扶持的蘇門答剌國王，《明實錄》
記載永樂三年九月癸卯蘇門答剌國王是宰奴里阿必丁，丘濬《寰宇通志》說：
「國朝永樂中，國王鎖丹罕難阿必鎮遣其使臣阿里來朝。」阿必丁應即阿必
鎮，而它、必形近，純、鎮、丁音近，它、必應有一誤，應是阿必丁，《元史》
卷一四九《郭寶玉傳》有回紇帥阿必丁，阿必丁是穆斯林名，說明在鄭和下
西洋之前，蘇門答剌已經伊斯蘭化。陀字是東山島幾位村民抄錯，或是誤刻。

東山島鄭和碑的另一個價值是說陳祖義沒有進攻鄭和的船隊，此點傅文
已有論述。我認為東山島鄭和碑文顯然和太倉、長樂二碑文極為類似，但是
我們不能說東山島碑文就是這一系列碑文之源，因為這種格式之所以在三地
天妃宮的碑上反覆出現，說明鄭和下西洋每次出發之前很可能都要祭祀天
妃，雖然不一定每次都立碑，但是應該每次有祭文，很可能都是這種格式。
如果是這樣，則東山島碑文也不是最早，而有首次下西洋時祭祀天妃的更早
源頭。東山島碑的出現，提醒我們太倉、長樂、東山三碑的類似行文，可能
是鄭和下西洋每次祭祀天妃的通用格式，我認為這是東山島鄭和碑的另一個
重要價值。

因為每次下西洋都要祭祀天妃，都用這種公文格式，所以僅列政治大事，
第五次下西洋這次違反規律，致使遇到颱風，在第七次下西洋的碑文中就不
講。大概下西洋的船隊幾十年來遇到颱風太多，也算不上奇聞，所以此次東
山遇險，任何文獻都失載。然而正是因為後世不記，今天我們重新發掘，才
更顯得此碑對研究鄭和下西洋與媽祖文化有重要意義。

東山島鄭和碑比太倉、長樂兩碑早十四年，有很大價值，現在這塊碑
雖然已經難以查找，但是我建議在東山島淨港天妃廟的原地，按照長樂鄭

和碑的形制重新樹立，以作紀念。

寶山烽堠的世界與中國比較研究

　　明朝永樂十年（1412 年），明成祖朱棣令海運將士在長江口建造高達
30 多丈的土山，賜名爲寶山，並親自撰文立碑，即今上海市浦東新區高
橋鎮高橋中學碑亭裏的寶山御碑。這是上海唯一的御碑，其碑文是古代
皇帝撰寫的第一篇有關海運的碑文，因此具有重要意義。據寶山御碑銘
文說：

　　嘉定濱海之壚，當江流之會，外即滄溟，浩淼無際。凡海舶往來，最
爲衝要。然無大山高嶼，以爲之表識。遇晝晴風靜，舟徐而入，則安坐
無虞。其或晝夜，煙雲晦冥，長風巨浪，帆檣迅疾，倏忽千里。舟師弗
戒，瞬息差失，觸堅膠淺，淄取顛躋，朕恆慮之。今年春，乃命海運將
士，相地之宜，築土山焉，以爲往來之望。其址東西各廣百丈，南北如
之，高三十餘丈。上建烽堠，晝則舉煙，夜則明火。海洋空闊，遙見千
里，於是咸樂其便。不旬日而成，周圍樹以嘉木，間以花竹，蔚爲奇觀。
〔註27〕

　　寶山在嘉定縣的長江口，是海舶往來要衝，事故多發，因而建造寶山，
上設烽堠，白天放煙，夜裏點火，爲船隻導航。所以寶山烽堠不是中國傳統
的烽堠，而是兼有燈塔的職能。

　　烽堠之制，由來尚矣，其創制應在長城之前。而烽堠的起源地應在中國
西北內陸，早期烽堠是就近利用土墩，而後爲人工修築。烽堠燃燒狼糞起煙，
因爲草原平坦，所以遠處可見，因此烽堠的發明者是西北居民。烽堠的原意
是傳播敵情，而寶山烽堠在中國東部沿海，主要目的是爲船隻引航，所以這
是傳統西北烽堠在明初新形勢需要下的轉變。

　　寶山烽堠既然有燈塔的功能，不禁令人想到世界上最有名的燈塔——亞
歷山大燈塔，本文比較二者，試圖揭示寶山烽堠在世界文明中的地位。寶山
又名招寶山，本文還比較了上海的招寶山和寧波的招寶山，從地名轉移發掘
宋元明時期長江三角洲航運體系變遷的背景。

〔註27〕　本碑記參見時平、蘇月秋：《明永樂寶山烽堠碑研究——寶山烽堠碑立碑 600
　　　　　年記》，蘇月秋：《寶山烽堠史料選輯》。

寶山碑亭（周運中攝於 2012 年 2 月 28 日）

一、寶山烽堠與亞歷山大燈塔

埃及的亞歷山大燈塔是古典西方文明所謂的世界七大奇蹟之一，七大奇蹟是：胡夫金字塔、巴比倫空中花園、阿爾忒彌斯神廟、奧林匹亞城的宙斯神像、亞歷山大燈塔、摩索拉斯王陵、羅德島的太陽神銅像。其中：巴比倫空中花園建於公元前 6 世紀，毀棄也很早，具體時間不詳。在今土耳其以弗所的阿爾忒彌斯神廟在公元前 550 年建成，公元前 356 年被毀。希臘奧林匹亞城的宙斯神像在公元前 457 年建成，公元 462 年被毀。希臘羅德島的太陽神銅像約建於公元前 292 到 280 年，公元前 226 年毀於地震。在古希臘哈利卡納蘇斯城邦（今土耳其博德魯姆）的摩索拉斯王陵，約建於公元前 350 年，其後爲地震毀壞，1494 年、1522 年爲歐洲十字軍徹底盜掘。七大奇蹟中，目前唯一存世的是埃及的胡夫金字塔，建於公元前 2580～2560 年，建造時間最早，存世時間最長，高度最高，質量最大。

亞歷山大燈塔也在埃及，尼羅河出口處的亞歷山大港，外有法羅斯島，燈塔就在島上。約公元前 283 年，來自小亞細亞的建築師索斯特拉特設計了燈塔，公元 1303 年、1323 年的兩次地震摧毀了燈塔。在倒塌之前，亞歷山大燈塔是僅次於胡夫金字塔、弗拉金字塔的世界第三高建築。我認爲，亞歷山大燈塔和寶山烽堠，有很多相似之處，總結起來，有以下六點：

第一，二者都建造在世界大河的三角洲河口，亞歷山大燈塔在非洲第一大河尼羅河的河口，寶山烽堠在亞洲第一大河、世界第三大河長江的河口。兩個河口都是三角洲河口，地勢平坦，山林稀少，缺少導航標誌，所以才有建造燈塔的必要。

第二，二者高度相仿，寶山烽堠高達 30 多丈，約 100 多米，亞歷山大燈塔估計高達 377～492 英尺，約 115～140 米。

第三，二者都在新興王朝的初期建造，寶山烽堠雖然是明朝第三個皇帝建造，但是距離明朝開國也不過 44 年。亞歷山大燈塔建造於埃及托勒密王朝開國皇帝托勒密一世（前 367～283 年）時，托勒密原爲亞歷山大部將，亞歷山大（前 356～323 年）死後，橫跨亞歐非三大洲的帝國瓦解，托勒密成爲埃及總督，公元前 305 年，他在亞歷山大城稱王，擁有原帝國在非洲的領土。托勒密在亞歷山大城建造了圖書館、博物館等建築，亞歷山大燈塔在托勒密二世（前 308～246 年）時才最終建成。朱棣是明朝開國君主朱元璋的兒子，而托勒密二世也是托勒密王朝開國君主托勒密一世的兒子。

　　第四，寶山烽堠和亞歷山大燈塔都有皇帝有關的碑刻，傳說，托勒密一世禁止在燈塔上銘刻自己的名字，但是設計師還是這樣做了，他在燈塔基座上寫了一段頌揚托勒密的銘文。這些銘文沒有全部傳世，但是後人從殘存的銘文中看到托勒密的名字。而朱棣親自撰文，在寶山豎立御碑，開頭是：御製寶山之□，脫落的字應該是記。萬曆十年（1582 年），寶山為海潮沖毀，御碑得以保存，被移到東橋街清浦舊鎮橋北，即原海濱村五隊李家宅，建立碑亭。1928 年，碑亭倒塌，御碑被高橋鄉董鍾玉良移到高橋公園（今高橋中學）。1984 年，高橋中學建造了碑亭，御碑現存高橋中學。清雍正二年（1724 年），析嘉定縣東部置寶山縣。1910 年設高橋鄉，仍屬寶山縣。1928 年設高橋區，劃歸上海特別市，1956 年屬東郊區海濱鄉，1958 年屬新成立的浦東縣，改名東風人民公社，又改高橋人民公社。1959 年改為海濱人民公社，1960 年改為高橋人民公社。1961 年浦東縣併入川沙縣，屬川沙縣。1984 年恢復高橋鄉，1992 年川沙縣劃歸新成立的浦東新區，屬浦東新區。

　　第五，寶山烽堠和亞歷山大燈塔都和王朝的戰略地緣格局有關，明朝初都南京，而朱棣從北京起兵，又遷都北京，但是明朝的糧食仍然出自江南，於是需要通過海運，運送江南的物資到北方，維持明朝南北核心地區的緊密聯繫。托勒密王朝的建立者是希臘人，他們需要通過航海，從亞歷山大城到北方的故國希臘。托勒密一世多次佔領希臘南部島嶼，因此需要建造亞歷山大燈塔。

　　第六，寶山烽堠名為烽堠，有軍事作用，而亞歷山大燈塔也有軍事作用，其高處不僅可以充當瞭望臺，而且傳說在最高處有巨大鏡子，可以聚焦陽光，使得遠來敵船的船帆著火。

　　以上的比較，雖然發現一些相似點。可是這些相似點，可能也在其他重要燈塔中發現。那麼，寶山烽堠和亞歷山大燈塔是否有更緊密的聯繫呢？我認為，寶山烽堠在中國史無前例，不排除是受了亞歷山大燈塔影響的可能。中國傳統的各種塔中，沒有燈塔。〔註 28〕世界上最早的燈塔在地中海地區，比東方的燈塔早很久。世界上最有名的燈塔是亞歷山大燈塔，以至於歐洲諸多語言的燈塔一詞源自亞歷山大燈塔所在的法羅斯島。比如意大利語、西班牙語為 faro，葡萄牙語為 farol，法語為 phare。

　　亞歷山大燈塔毀於 1323 年，1480 年，埃及馬穆魯克王朝的蘇丹為了抵禦

〔註28〕張馭寰：《中國塔》，山西人民出版社，2000 年。

外敵，利用燈塔僅存的基座，建造了蓋特貝城堡。而寶山烽堠建於 1412 年，距離亞歷山大燈塔被毀僅有 89 年，又過了 68 年，亞歷山大燈塔才徹底喪失原貌。寶山烽堠和亞歷山大燈塔，有時間上的延續關係。

亞歷山大燈塔毀於 1323 年，這個當時世界第三高建築，也是除了胡夫金字塔外的僅存七大奇蹟之一，所以其毀壞的消息一定在當時西方世界廣爲流傳。而此時恰好是中國的元朝，蒙古西征之後，在西亞建立了伊兒汗國（1256～1393 年）。中國的大汗國和伊兒汗國之間有密切往來，來自威尼斯的馬可·波羅（Marco Polo，1254～1324）就是在 1292 年護送蒙古公主闊闊眞到伊兒汗國成婚，才從泉州航海到忽魯謨斯（霍爾木茲），再回到歐洲。因爲蒙古人打通了東亞和西亞的道路，所以有馬可·波羅這樣的歐洲旅行家來往於中國。馬可·波羅雖然不是路過亞歷山大城，但是他的老家就在地中海北岸，他一定知道亞歷山大燈塔。

此時，與馬可·波羅齊名是另一位偉大的旅行家是伊本·白圖泰（Ibn Battuta），他於 1304 年生於北非丹吉爾（在今摩洛哥）的一個柏柏爾人家庭，20 歲左右去麥加朝聖，向東旅行，一直到達中國。伊本·白圖泰路過亞歷山大，記錄了亞歷山大燈塔，所以他和馬可·波羅都有可能把亞歷山大燈塔的故事告訴中國人或者去中國路上的阿拉伯人、印度人、馬來人，這些人也有可能把亞歷山大燈塔的故事告訴中國人。

元明之際的中國人已經知道尼羅河，《永樂大典》卷 3526 門字條說：

> 園水門關，密斯兒之地，有清水江一道，名盧的泥勒，江源之
> 上，有園水關一座，上有亮光。四邊有門懸於虛空，每立春時，其
> 門自開，水從東門中來，往四十日，方閉其門。既閉，水常從門坎
> 下細流而出。

同書卷 22182 麥字條說：

> 密斯兒麥，國朝遣使至密斯兒之地，云：其國有清水江一道，
> 江岸間，古人種植，今但有雜果木，其所遺小麥種，大如黃豆，常
> 自發生。

劉迎勝先生指出這裡的密斯兒即阿拉伯語的埃及，即南宋趙汝适《諸蕃志》的密徐籬，即周去非《嶺外代答》的勿斯離。國朝指明代，但是明初沒有記載出使埃及之事。此國的清水江，即尼羅河。所謂盧的泥勒，爲波斯語 Rūd Nīl 的音譯，Rūd 爲江河，Nīl 即尼羅河專名。〔註29〕雖然此處僅說到尼羅

〔註29〕劉迎勝：《明初中國與亞洲中西部地區交往的外交語言問題》，江蘇省紀念鄭

河，沒有提及亞歷山大燈塔，但是我們知道此次出使埃及所獲得的地理知識一定不止這兩條，只是其他內容在後世散佚。

元朝人不僅有可能知道亞歷山大燈塔，而且就在元代蘇州人繪製的世界地圖上標出了亞歷山大燈塔。元代蘇州人李澤民（李汝霖）繪有《聲教被化圖》，又名《聲教廣被圖》，原圖已經散佚。元末明初的寧波人烏思道的《刻輿地圖自序》說：

> 本朝李汝霖《聲教被化圖》最晚出，自謂考訂諸家，惟《廣輪圖》近理，惜乎，山不指處，水不究源，玉門、陽關之西，婆娑、鴨綠之東，傳記之古蹟，道途之險隘，漫不之載。及考李圖，增加雖廣而繁碎，疆界不分而混淆。今依李圖格眼，重加參考，如江河淮濟，本各異流，其後河水湮於青、兗，而並於淮；濟水起於王屋，以與河流為一，而微存故跡。茲圖，水依《禹貢》所導次第，而審其流塞；山從一行《南北兩界》，而別其斷續；定州郡所屬之遠近，指帝王所居之故都。詳之於各省，略之於遐荒，廣求遠索，獲成此圖。〔註30〕

因為李澤民的地圖參考了很多西亞人的地圖，描繪範圍最廣，所以烏思道說他「考訂諸家」、「增加雖廣而繁碎，疆界不分而混淆」，其實不是他繪圖不精，而是國家太多，沒有辦法。烏思道繪製的新圖主要根據清濬的《廣輪疆里圖》，對於國內部分作了精確修正，但是國外部分則從略。和烏思道同時代的朝鮮使臣權近來到中國後，獲得李澤民的《聲教廣被圖》和清濬的《廣輪疆里圖》，於建文四年（1402 年），製成新圖《混一疆理歷代國都之圖》，這幅圖現存摹本多種收藏在日本和韓國。從《混一疆理歷代國都之圖》上面對於世界地理的描繪來看，這部分無疑出自《聲教廣被圖》，這一點為學界公認。〔註31〕

就在《混一疆理歷代國都之圖》上的地中海東部，畫有亞歷山大燈塔，說明元代蘇州人李澤民在《聲教廣被圖》上也畫出了埃及的亞歷山大燈塔，這一

和下西洋 600 週年活動籌備領導小組編《傳承文明、走向世界、和平發展：紀念鄭和下西洋 600 週年國際學術論壇論文集》，第 111～112 頁。

〔註30〕〔明〕烏斯道：《春草齋文集》卷三，《影印文淵閣四庫全書》第 1232 冊，第 226 頁。

〔註31〕〔日〕高橋正、朱敬譯：《元代地圖的一個譜系——關於李澤民譜系地圖的探討》，任繼愈主編《國際漢學》第七輯，大象出版社，2002 年。〔日〕宮紀子：《モンゴル帝國が生んだ世界圖》，日本經濟新聞出版社，2007 年。

定是摹繪自阿拉伯人的地圖。在同源的《大明混一圖》上，也畫出了亞歷山大燈塔，說明洪武年間的中國人也知道這個燈塔。《大明混一圖》上的亞歷山大燈塔是白色，因爲直布羅陀海峽太窄，所以畫圖的人誤以爲地中海是陸地，圖上的地中海是黃色，所以亞歷山大燈塔非常突出。而《混一疆理歷代國都之圖》上的地中海也被誤認爲是陸地，但是圖上的地中海是白色，亞歷山大燈塔也是白色，雖然如此，塔的外廓用黑線勾出，還是非常突出。《混一疆理歷代國都之圖》的版本較多，有的版本沒有畫出亞歷山大燈塔。

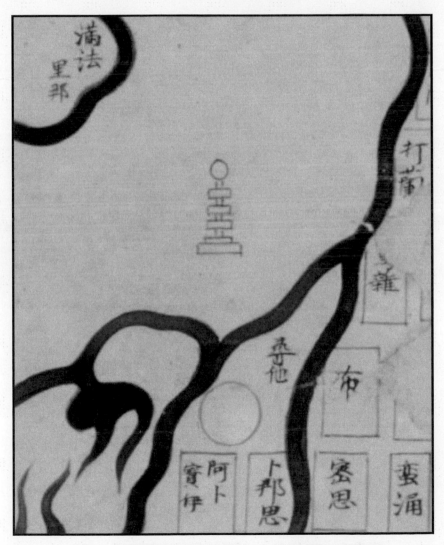

《混一疆理歷代國都之圖》上的亞歷山大燈塔

　　元代的太倉號稱六國碼頭，是中西交通的要港，而寶山烽堠距離蘇州、太倉很近。明初的海運將士，很多都是東南沿海的船民，他們在元代時就慣走大洋。元代偶恒編《乾坤清氣集》卷五收有潘純《送人之浙省幕官》一詩，元顧瑛《草堂雅集》卷六錄此詩作《送杭州經歷李全初代歸》，〔註32〕元陳基《夷白齋稿》卷三十三《精忠廟碑》說到後至元「六年庚辰郡經歷李全初」，〔註33〕說明確實是元末之詩，此詩說：

> 東家老人語且悲，衰年恰憶垂髫時，
>
> 王師百萬若過客，青蓋夜出民不知。
>
> 巷南巷北癡兒女，把臂牽衣學蕃語。
>
> 高樓急管酒旗風，小院新聲杏花雨。
>
> 比來官長能相憐，民間蛺蝶飛青錢。
>
> 黃金白璧大宛馬，明珠紫貝西洋船。〔註34〕

這裡借一個浙江老人的口說出元代初年到中期浙江社會的很多變化：老人小的時候，下西洋的船隊數萬人，夜裏都經過浙江，老百姓已經習慣這種事情。那時的浙江年輕人，甚至都在學習南海和西洋的外語（蕃語），這不是獵奇好玩，而是有通商的實際需要。當時的浙江因為和海外往來很多，所以民間極為富裕，海外珍寶充斥市井，城市也很繁榮。既然元代浙江沿海民眾已經學習外語，那麼他們也有可能知道亞歷山大燈塔。

　　既然元代蘇州人李澤民繪製的世界地圖上標出亞歷山大燈塔，而元代江浙一帶的沿海民眾也有可能知道亞歷山大燈塔，那麼明初寶山烽堠燈塔的建造，很有可能是受到亞歷山大燈塔的影響。

　　雖然如此，我們看到，寶山烽堠和亞歷山大燈塔還有很多不同之處：

　　第一，亞歷山大燈塔是石頭基座，而寶山烽堠是土山。中國的建築從上古時期開始就和西方建築不同，中國建材以土木為主，而西方建材以石頭為主。

　　第二，形制不同，寶山是土山，而亞歷山大燈塔是一座塔樓，寶山御碑銘文說：「周圍樹以嘉木，間以花竹，蔚然奇觀。」可見寶山還有很多樹木，

〔註32〕〔元〕顧瑛：《草堂雅集》，《影印文淵閣四庫全書》第 1369 冊，第 315 頁。

〔註33〕〔元〕陳基：《夷白齋稿》，《影印文淵閣四庫全書》第 1222 冊，第 344 頁。

〔註34〕〔明〕偶恒編：《乾坤清氣集》，《影印文淵閣四庫全書》第 1370 冊，第 323 ～324 頁。

這些樹木其實有加固地基的作用。因爲東海的風浪很大，所以需要樹木防止水土流失和海潮侵蝕。

所以，即使寶山烽堠的創意，受到亞歷山大燈塔的影響，其形制還是中國式樣，爲了適應寶山的環境而因地制宜。

二、上海招寶山與寧波招寶山

寶山御碑只提到海運，沒說下西洋，但是鄭和下西洋的船隊必經此地，烽堠又建於下西洋當中，所以下西洋的船隊必然用到寶山烽堠。《鄭和航海圖》上標出招寶山，就是寶山。二者一字之差，意義卻不相同。

海運只是物資的調運，物資本身沒有增長，也不是用於貿易，所以只能說是運寶，不是招財進寶。而招寶山的意思是招來外域的財寶，這是下西洋才有的效果。所以下西洋的船隊稱之爲招寶山，明代就開始流傳鄭和下西洋取寶的說法。有學者認爲寶船得名，就和取寶之說有關。

由寶山的別名招寶山，我們很容易想到就在上海的南部，寧波的甬江口也有一座招寶山。

寧波在漢代就是浙東的重要海港，不過當時的港口位置還不是現在的寧波城，而在更西的句章縣。六朝以後，江南的地位上升。到了唐宋時期，江南已經成長爲中國的經濟和文化中心。因此，寧波港的地位也不斷上升，李隆基開元二十六年（738 年）分越州（治今紹興市）置明州（治今寧波市），明州港是與高麗、日本貿易的主要港口。

招寶山在寧波北部 15 千米，唐宋時期就在海口，據《招寶山志》說，因爲商舶所經，百珍交集，因此得名招寶山。寧波的招寶山是一座眞山，不是人工土山。寧波招寶山海拔 80 米，南北 600 米，東西 300 米。寧波招寶山之名的起始時間，現在不可考。從古代文獻來看，寧波招寶山原名侯濤山，和船隻航線守候潮水有關。

有學者認爲寧波招寶山的得名至遲在北宋，並舉了兩個證據，〔註 35〕一是徐兢《宣和奉使高麗圖經》卷三十《海道》說：「故以寶山名之。」二是《寶慶四明志》卷十八《定海縣治》卷一《敘山中》說：「侯濤山，縣東北八里，一名招寶山。」〔註 36〕但是徐兢原文說：「舊傳海舶望是山，則知其爲定海也，

〔註 35〕鄭自海：《兩座招寶山——明初對外開放的見證》，《鄭和研究》2011 年第 3 期。
〔註 36〕〔宋〕羅濬：《寶慶四明志》，《續修四庫全書》第 705 冊。

故以招寶名之。」〔註37〕宋代文獻中的寧波招寶山不止這兩條，南宋陳起編
《江湖小集》卷十七引陳允平《登招寶山》一詩，〔註38〕陳造《江湖長翁集》
卷十一也有《登招寶山》一詩，卷十八《喜雨》一詩云：「招寶山鄰娑竭宮。」
〔註39〕《雲麓漫鈔》卷二：「補陀落迦山，自明州定海縣招寶山泛海東南行，
兩潮至昌國縣。」〔註40〕

　　上海和寧波，一南一北，歷史上關係極為緊密。朱元璋消滅了方國珍的
勢力，方國珍的部眾有很多被明軍整編，根據陳波先生的研究，其中一些就
轉化為海運將士。〔註41〕因此明初的海運將士一定熟悉寧波的招寶山，上海
寶山的得名可能來自寧波的招寶山。

　　雖然如此，但是上海的寶山更加出名，而寧波的招寶山的名氣卻下降了。
因為上海的寶山為海潮沖毀，海岸線內縮。而寧波的甬江口在杭州灣里，沒
有長江口的巨大海潮，其東有舟山群島庇護，其西有慈谿的數條海塘把海岸
線不斷向外拓展。所以在招寶山之北的甬江口，不斷北移，虎蹲山、內遊山、
外遊山等諸多小山逐漸連陸。原來在江口的招寶山，現在已經在內陸了。明
代成書的《海道經》，收有《海道指南圖》，這幅圖的一些地名，可以追溯到
宋末元初，其中的虎存山就是虎蹲山。〔註42〕說明在元明時期，虎蹲山就是
甬江口的重要航運標誌。

　　從寧波的招寶山到上海的招寶山，表面上是招寶山地名的北移，實質是
海運勢力和海運中心的北移。明代的寧波作為一個國際海港，已經不能和宋
元時期相比。元明時期，中國南北分裂局面結束。江淮從邊疆變成內地，江
南的政治中心從杭州又北移到了南京。蘇州、松江等地成為南京直隸的京畿，
因此明代的蘇州、松江等地的地位也上升了。蘇松地區承擔了明代最重的稅
賦，上海因此一度是漕糧北運的中心。

〔註37〕　〔宋〕徐兢：《宣和奉使高麗圖經》，《影印文淵閣四庫全書》第593冊。
〔註38〕　〔宋〕陳起編：《江湖小集》，《影印文淵閣四庫全書》第1357冊。
〔註39〕　〔宋〕陳造：《江湖長翁集》，《影印文淵閣四庫全書》第1166冊。
〔註40〕　〔宋〕趙彥衛撰、傅根清點校：《雲麓漫鈔》，北京：中華書局，1996年，第
　　　　　29頁。
〔註41〕　陳波：《試論明初海運的「運軍」》，《中國邊疆史地研究》2009年第3期。陳
　　　　　波：《蘭秀山之亂與明初海運的展開——基於朝鮮史料的明初海運「運軍」素
　　　　　描》，載郭萬平、張捷主編《舟山普陀與東亞海域文化交流》，浙江大學出版
　　　　　社，2009年。
〔註42〕　周運中：《〈海道經〉源流考》，《海交史研究》2007年第1期。

三、結論

總結上文，明代的寶山烽堠，堪稱是東方的亞歷山大燈塔。而且就在西方的亞歷山大燈塔倒塌之後，東方的最大河口豎立了同樣雄偉的燈塔，這是明初國力強盛的體現。當時的明朝是世界上最強大的國家，也因此才有鄭和七下西洋的壯舉。明朝初年，其實有改寫世界歷史的機遇。蒙元帝國在亞歐各地瓦解之後，西方的帖木兒帝國也是曇花一現，當時的東西方的大國都不能和明朝相比。

可惜，仁宣之治結束了朱棣的強勢擴張政策，開啓了保守的儒家政治時代。正統之後，明朝開始進入腐朽衰敗時期。而就在這一時期，朱棣留下的一系列浩大工程也走向衰敗：南京的寶船廠不知何時毀棄了，大運河開始水災頻繁，長城的邊防鬆弛了，寶山烽堠也倒塌了。寶山的倒塌，正是在明朝積重難返的萬曆時期。寶山的倒塌，也象徵了明朝祖業的傾頹。

朱元璋、朱棣父子把元代浙江的海上勢力納入國家的漕運機構，於是才有寧波招寶山一名北移到上海。但是就在寶山倒塌前後，浙江外海又風起雲湧。這時來到舟山群島的不僅有日本人，還有葡萄牙人，歐洲人帶來的是一種全新的文明。而歐洲人發明的新式火器，經由膠東的明朝叛軍，又爲滿清掌握，最終幫助滿清滅亡了明朝。

清朝發明了一系列新制度，吸取明朝滅亡的教訓。但是滿清仍然沒有實行積極的海洋政策，1840 年爆發了鴉片戰爭，而在這場戰爭中，英軍從招寶山攻陷鎮海縣城，兩江總督裕謙自殺，新任兩江總督牛鑒從寶山縣城潰逃，陳化成在吳淞口戰死。原來見證中國人遠航海外、招財進寶的兩個招寶山，現在沒能抵擋住外國侵略軍。清朝皇帝認爲天朝上國，無所不有，海外夷人，需要仰仗清朝才能生存。有這樣的思想，他們當然不會再去積極招財進寶。於是傳統中國的衰亡也就成了必然，所以我們今天紀念寶山烽堠，不但要看到明朝的強盛，看到中國的輝煌歷史，也要想到寶山的毀壞和近代中國的災難。這樣，才能激勵現在的中國人爲中華民族的偉大復興而奮鬥。未來的中國，必定會在各個領域都豎立起一個個新的雄偉寶山！

羅懋登《西洋記》新證

明代羅懋登的《三寶太監西洋記通俗演義》是一部非常有趣的小說，羅懋登收集了很多文獻和傳說，其中有很多說法都有根據。我已指出，其中說

到海船上用病卒祭海，我從明代文集中找到記載證明，明代中期還有這種風俗。小說中說鄭和是蛤蟆精，又在南京天妃宮附近建白鱔大王廟，明代的南江下關確實有白鱔洞、石蛤蟆等地名。小說中說的錦衣衛回回沙氏，即《武職選簿》記載的錦衣衛印度古里人沙氏。〔註 43〕

我又撰文指出，《西洋記》第十五回說王景弘：「原來是姓王名某，山東青州府人氏，現任兵部尚書。」莊爲璣根據泉州人蔡永蒹的《西山雜志》指出王景弘是閩南人，〔註 44〕徐曉望根據乾隆《龍岩州志》卷十《中官》指出王景弘是龍岩縣集賢里人，隆慶元年（1567 年）劃歸新成立的寧洋縣，1956年寧洋縣裁撤，集賢里劃歸漳平縣。〔註 45〕《漳州府志》卷三一《武勳》說王景弘是集賢里香僚人，即今漳平赤水鎮香僚村人，王曾是村中大姓。〔註 46〕王景弘是漳州府人，爲何《西洋記》稱爲青州府？我認爲，這是因爲漳州話的漳讀作 chin，明代西方人所畫的中國地圖把漳州爲 Chincheo，〔註 47〕漳的閩南語是 chin，讀音非常接近青州。也有學者提出 Chincheo 是泉州，〔註 48〕但是此說顯然錯誤，因爲泉的閩南語是 tsuan，差別很大。而且羅明堅與利瑪竇編的《葡漢字典》明確把 Chincheo 譯爲漳州，〔註 49〕可見 Chincheo 肯定是漳州。說明羅懋登一定聽到王景弘家鄉的傳說，因爲傳說中的漳讀爲 chin，接近青，誤寫爲青州。〔註 50〕

除了以上這些證據，書中還有不少說法都有依據，比如釘角兒、紅江口、白龍江、封姨山、鰍王、馬譯字等，今再作發掘。

〔註 43〕周運中：《羅懋登西洋記與南京》，時平、普塔克（R. Ptak）主編：《〈三寶太監西洋記通俗演義〉之研究》第二輯（Studien zum Roman *Sanbao taijian Xiyang ji tongsu yanyi* Band 2， *Maritime Asia 24*），德國 Harrassowitz Verlag（Wiesbaden）出版社，2013 年，第 1～24 頁。

〔註 44〕莊爲璣：《試論鄭和與王景弘之死》，《海交史研究》1987 年第 1 期。

〔註 45〕徐曉望：《與鄭和齊名的航海家》，《福建日報》1992 年 9 月 9 日。

〔註 46〕曹木旺：《王景弘籍貫考略》，范金民、孔令仁主編：《睦鄰友好的使者——鄭和》，海潮出版社，2003 年，第 388～393 頁。

〔註 47〕程紹剛：《Chincheo 的地理位置新考——Chincheo 即漳州》，《海交史研究》1993年第 2 期。

〔註 48〕廖大珂、輝明：《16～18 世紀初歐洲地圖中的 Chincheo 港》，《中國史研究》2013 年第 1 期。

〔註 49〕魏若望（John W. Witek）主編《葡漢詞典》，葡萄牙東方圖書館、東方葡萄牙學會、利瑪竇中西文化研究所出版，2001 年，第 161 頁。

〔註 50〕周運中：《羅懋登〈西洋記〉軟水洋、吸鐵嶺和南海諸島》，《鄭和研究動態》，2017 年第 2 期。

一、蓬萊縣釘角兒

《西洋記》第十七回說建立鐵錨廠，造鐵錨，有個釘碗的工匠幫了大忙，他自我介紹說：

> 小人是萊州府蓬萊縣人氏，也沒有個姓，也沒有個名字。只因自幼兒會鉗各色雜扇的釘角兒，人人叫我做個釘角兒。後來我的肩膊上掛了這個葫蘆，人人又叫我做葫蘆釘角。

其實這個說法很有依據，因爲直到現在中國鋦瓷工藝的中心還是在山東。鋦瓷是用鐵釘把破碎的瓷器拼好，這種工藝不僅在造船時也有很大作用，船板也要使用鋦釘聯結。

頂角的角，其實就是鋦，因爲鋦的中古音是 jiok，從中古音向近古音轉變時，入聲韻尾 k 消失，變成 jio，所以寫成角。膠東話保留的古音較多，所以讀成 jio，現在膠東話的入聲消失，明代可能已經如此。

附帶說明，鐵錨廠的鐵錨，清代人還能看到，淮安人阮葵生的《茶餘客話》卷二十二說：

> 《七修類稿》載：「淮安清江浦廠中草園地上有鐵錨數個，高八九尺，小亦三四尺，不知何年物。相傳永樂間，三保太監下海所造，雨淋日炙，無點發之鏽，望之如銀鑄光澤。」予壬申在張灣城角，亦見數具，長皆丈餘。〔註51〕

既然明清人都能看到鄭和下西洋時代的鐵錨，羅懋登很可能也能看到，或者聽人講到。《西洋記》卷一說：「這太爺是清江浦人，姓田氏，田齊之後，居官清正廉能。」清江浦（今淮安市清浦區）是運河沿岸要地，有很大的船廠，羅懋登很可能聽說了一些清江浦故事。可惜這些鐵錨基本上未能保留，現在南京寶船廠遺址公園尚有一個出土的大鐵錨，證明寶船體積很大。

二、紅江口、白龍江、封姨山

《西洋記》第十九回說紅江口白鱔精興風作浪，又有白龍精在白龍江，明代確實在南京天妃宮附近建了白鱔大王廟，說明紅江口、白龍江很可能也不是虛構地名。

我認爲，紅江口就是橫江口，因爲在江淮話中，橫讀成 hong，所以誤記

〔註51〕 〔清〕阮葵生、李保民點校：《茶餘客話》，上海古籍出版社，2012 年，第 567 頁。

成紅江口。長江口一帶的江水不是紅色，現在靖江已經和長江北岸相連，明代靖江是島，其北部有一條長江汊道，是東西向，所以稱橫江口。這種長江的汊道，稱爲橫江，古書有記載，北宋樂史《太平寰宇記》卷一百三十通州（今南通）靜海縣：「古橫江在州北，元是海，天祐年中沙漲，今有小江，東出大海。」〔註52〕《西洋記》第十四回說：「過了金山，就出孟河。過了孟河，前面就是紅江口。過了紅江口，前面就是白龍江。過了白龍江，前面卻都是海，舟船望南行，右手下是萬歲的錦繡乾坤浙江、福建一帶。」說明橫江口在常州孟河之東。現在中國南方很多方言稱鰻魚爲白鱔，此書白鱔很可能是鰻魚。

南通地方志嘉靖《通州志》卷三《祠宇》說：「白龍王廟，在州治西北十五里。」〔註53〕白龍王不知是否源自白鱔精，說明白龍江就在長江口，南通的白龍王廟很可能和長江口的白龍江有關。古代地方志中的白龍王廟記載還有一些，因爲有的地方距離較遠，本文不再贅抄。但是古代的白龍王信仰，至今仍然缺乏研究，這個問題值得再發掘。

又說附近有封姨山，長江口沒有突出的山，僅有南通對岸的常熟沿江有福山，我認爲封的讀音 fung，很接近吳語的福 fuk，所以封姨山很可能是福山。福山鎮在宋代已經非常重要，元代也是航運要地，出現曹氏等海運富商大族。《鄭和航海圖》畫出長江邊的福山，而且畫出福山廟。至於封姨是附會，《北堂書鈔》卷一四四引《太公金匱》：「風伯名姨。」航海者要拜風姨，所以附會爲風姨山，誤寫爲封姨山。

三、鰍王、紅旗、皇帶魚

《西洋記》第九十六回說：

> 鰍王苦不甚長，約有三五里之長，五七丈之高，背上有一路髻
> 槍骨，顏色血點鮮紅，遠望著紅旗靡靡，相逐而來。

鰍王其實就是皇帶魚（Regalecus glesne）的背鰭。皇帶魚是最長的硬骨魚，體長 3 到 6 米，所以很多人誤以爲鯨魚。皇帶魚的背鰭紅色，從頭部延伸到尾部，頭部的紅色鬃冠高聳，所以說像背上的一路髻槍骨像紅旗。

〔註52〕〔宋〕樂史撰、王文楚等點校：《太平寰宇記》，北京：中華書局，2007 年，第 2568 頁。

〔註53〕嘉靖《通州志》，《天一閣藏明代方志選刊續編》第 10 冊，上海書店，1990年，第 414 頁。

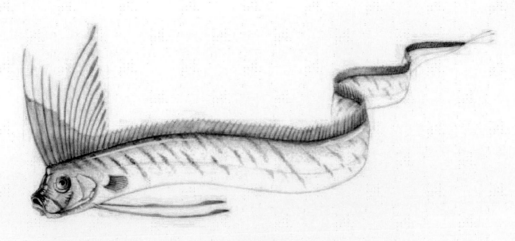

皇帶魚

南宋洪邁《夷堅志・乙志》卷十六：

> 趙丞相居朱崖時，桂林帥遣使臣往致酒米之饋。自雷州浮海而南，越三日，方張帆早行。風力甚勁，顧見洪濤間，紅旗靡靡，相逐而下，極目不斷，遠望不可審。疑爲海寇，或外國兵甲，呼問舟人。舟人搖手令勿語，愁怖之色可掬。急入舟，被髮持刀，出蓬背立，割其舌，出血滴水中，戒使臣者。使閉目坐船內，凡經兩時頃。聞舟人相呼曰，更生更生，乃言曰，朝來所見，蓋巨鰌也。平生未嘗睹。所謂紅旗者，鱗鬣耳，世所傳吞舟魚，何足道。使是鰌與吾舟相值，在十數里之間，身一展轉，則已淪溺於鯨波中矣。籲可畏哉！是時舟南去，而鰌北上，相望兩時，彼此各行數百里，計其身當千里有餘。莊子鯤鵬之說，非寓言也。時外舅張淵道爲帥云，張子思說得之於使臣，舅不知也。

朱崖是海南島，從雷州向南是瓊州海峽，航海者知道海上的紅旗是大魚的鱗鬣，其實是皇帶魚的背鰭。傳說有數千里長，這是誇張，也是誤解，航海者看到的不止一條皇帶魚而已。

明代黃衷《海語》卷下《物怪》的海神條：

> 風柔浪恬，島嶼晴媚，倏然紅旗整整，擁浪而馳，迅若激電，火長即焚香，長跪，率眾而拜曰：此海神遊也！整整紅旗者，夜叉隊也，遇者吉矣！

海上紅旗顯然也是皇帶魚，不過此書不是小說，所以說是吉兆，因爲皇帶魚

對海船確實沒有威脅。

　　又看到海面有氣直上，高百餘里，傍若暴風雨。此魚腦有井，噓吸則氣出如此，這是鯨魚噴水。古人時常混淆皇帶魚和鯨魚，統稱爲海鰍或海鰌。《太平御覽》卷九百三十八，引孫吳沈瑩《臨海水土記》曰：「海鷗長丈餘。」又引梁元帝蕭繹《金樓子》曰：「鯨鯢，一名海鷗，穴居海底。鯨入穴則水溢，溢爲潮來。鯨既出入有節，故潮水有期也。」又引唐代劉恂《嶺表錄異》曰：「海鷗魚，即海上最偉者也，其小者亦千餘尺。」皇帶魚在深海，千餘尺是誇張。

　　明代屠本畯《閩中海錯疏》：「鱓，似蛇無鱗，黃質黑章，體有涎沫，生水岸泥窟中，能雨水中上升，夜則昂首北向，一名泥猴……鷗，似鱓而短，首尖而銳，色黃無鱗，以涎自染難渥。」海鰌類似鱓魚，則海鰌是皇帶魚。《初學記》卷三十引沈瑩《臨海水土異物志》曰：「鯉魚長百步，俗傳有七里鱣魚。」此處的鯉魚是鱣魚之形誤，鱣魚即鱓魚。

　　明代陸容《菽園雜記》卷十二說：

> 劉時雍爲福建右參政時，嘗駕海舶至鎮海衛，遙見一高山，樹木森然，命帆至其下。舟人云：「此非山，海鰍也。舟相去百餘里則無患，稍近，鰍或轉動，則波浪怒作，舟不可保。」劉未信，注目久之，漸覺沉下。少頃，則滅沒不見矣，始信舟人之不誣。蓋初見如樹木者，其背鬣也。〔註54〕

鎮海衛（在今漳浦縣東南）海面的海鰍，像山一樣，顯然是鯨魚，而不是皇帶魚或鱣魚。

　　皇帶魚經常被航海者誤傳爲巨大的海蛇或白龍王，晚唐人杜光庭《錄異記》卷五說：

> 南海中有山，高數十里，周回百里。每年夏月，有巨蛇，繳山三四匝，飲海水，如此爲常。一旦飲海水之次，有大魚自海中來吞此蛇，天地晦暝，久之不復見。〔註55〕

南海巨蛇應是皇帶魚，所謂飲海水，很可能是因爲皇帶魚出現時有地震，引發海水翻滾，出現誤傳。

〔註54〕〔明〕陸容：《菽園雜記》，北京：中華書局，1985年，第151頁。
〔註55〕〔唐〕杜光庭撰、羅爭鳴輯校：：《杜光庭記傳十種輯校》，北京：中華書局，2013年，第69頁。

利瑪竇（Matteo Ricci）編寫的《葡漢詞典》，其中 balea 的漢譯就是海鰍二字，〔註 56〕balea 是葡萄牙語的鯨魚，說明利瑪竇和一些明代中國人認為海鰍就是鯨魚。

唐代還有人在東海的船上看到很多皇帶魚，楊吳溧水縣令沈玢的《續仙傳》卷上說：

> 謝自然，蜀華陽女真也……尋離蜀，歷京洛，抵江淮，凡有名山洞府靈跡之所，無不辛勤歷覽。後聞天台山道士司馬承禎，居玉霄峰，有道孤高，遂詣焉，師事承禎三年……自然乃歎曰：「明師未錄，無乃命也。每登玉霄峰，即見滄海蓬萊，亦應非遠，人間恐無可師者。」於是告別承禎，言去遊蓬萊。罄捨資裝，布衣絕粒，挈一席以投於海，泛於波上。適新羅船見之，就載。及登船數日，但見海水碧色，日落則遠浪相磨，陰火連天，船在火焰中行。逾年，船為風飄，入一色水如墨，又一色水如粉，又一色水如朱，又一色水黃，若硫黃氣。忽風轉，船乃投易澳中，有山，日照如金色，亦有草樹、香霧，走獸與禽皆黃色。船人俱上山，見石無大小，悉是硫黃。賈客遽棄別貨，盡載其石。凡經四色水，每過一水，皆三虞敬，終五晝夜。風帆所適，莫知遠近。復行月餘，又為□橫風所飄，海人惶戚，舟人恐懼。遙見水上，湧出大山，上列紅旗千餘面。海師言是鯨魚揚鬣。又晴天，忽見氣直上，高百餘里，傍若暴風雨。此魚腦有井，噓吸則氣出如此。復見海人、怪獸、鬼神，千態萬狀……俄頃風起，聞海師促人登船，言風已便。及揚帆，又為橫風飄三日，卻到台州岸。……後卻歸蜀，至永貞元年中，白日上升而去。節度使韋皋奏之。〔註 57〕

這則史料雖然時代稍晚到唐代，但是非常寶貴，記載女道士謝自然從台州乘船去硫磺山的全過程。

謝自然上的是新羅船，因為唐代確實有很多海船往來於新羅和台州之間。除了上文所說的證據，嘉定《赤城志》卷二《坊市》黃岩縣：「新羅坊，

〔註 56〕〔葡〕魏若望（John W. Witek）主編《葡漢詞典》，第 50 頁。

〔註 57〕〔五代〕沈玢：《續仙傳》，《影印文淵閣四庫全書》第 1059 冊，臺北：商務印書館，1986 年，第 593～595 頁。

在縣東一里。舊志云，五代時以新羅國人居此，故名。」卷十九《山》臨海縣：「新羅嶼，在縣東南三十里。昔有新羅賈人艤舟於此，故名。」

謝自然經過的黑色、粉色、紅色、黃色四種顏色海面，也有依據。因為黑潮流經臺灣兩側，所以從福建出發到臺灣，也要經過黑水溝。黑潮的支流，顏色稍淡，稱為紅水溝。

清代康熙三十六年（1697 年），福州府海防同知幕僚郁永河到臺灣採集硫磺，撰有《採硫日記》，又名《裨海紀遊》，卷上說從廈門出發：

> 二十二日，平旦，渡黑水溝。臺灣海道，惟黑水溝最險。自北流南，不知源出何所。海水正碧，溝水獨黑如墨，勢又稍窊，故謂之溝。廣約百里，湍流迅駛，時覺腥穢襲人。又有紅黑間道蛇及兩頭蛇繞船游泳，舟師以楮鏹投之，屏息惴惴，懼或順流而南，不知所之耳。紅水溝不甚險，人頗泄視之。然二溝俱在大洋中，風濤鼓蕩，而與綠水終古不淆，理亦難明……二十四日，晨起，視海水自深碧轉為淡黑，回望澎湖諸島猶隱隱可見，頃之，漸沒入煙雲之外，前望臺灣諸山已在隱現間。更進，水變為淡藍，轉而為白，而臺郡山巒畢陳目前矣。

郁永河看到黑水、紅水、藍水、白水，雖然謝自然走的不一定是同樣的航路，但是多種顏色的海面確有依據。登島之前的白水，相當於謝自然看到的黃水，混雜了泥沙。

逾年或是誤字，下文說是五晝夜。今九州島西南也有硫磺島，但是最有可能是臺灣島北部。

謝自然在海上看到紅旗千餘面，海師說是鯨魚揚鬐，其實不是鯨魚，而是皇帶魚或旗魚。皇帶魚是深海魚，經常因為地震而到海面，又名地震魚。2011 年 4 月 6 日，臺灣苗栗漁民在竹南崎頂近海，捕獲一條 3.5 米長的皇帶魚。9 月底，成功鎮漁民在三仙臺海域捕獲一條長 4.63 米、重約 80 公斤的皇帶魚，而 9 月 22 日花蓮恰好發生 5.2 級地震。2012 年 6 月 15 日，有人在花蓮縣立霧溪海口海灘，發現 1 條長約 6 米的皇帶魚。2013 年 10 月 28 日，有人在臺東海灘，釣上 1 條長 5 米的皇帶魚。2016 年 4 月 20 日，漁民在花蓮縣新城鄉康樂村捕獲一條長 3 米的皇帶魚，此前發生地震。臺東太麻里漁民捕獲 2 條長 4 米多、重 45 公斤的皇帶魚。謝自然在海面看到皇帶魚，很可能也發生了地震。

四、南明祭祀的水神證據

管紹寧《賜誠堂文集》卷五《加封水神疏》，記載崇禎十七年（1644年）八月，南京的弘光政權加封水神，說到：

題爲遵旨加封水神事。祠祭清吏司案呈：奉本部送、八月二十五日文書房接出，上傳著禮部將一路大小河神俱加字號，該部議來，欽此！

欽遵接出到部，送司案呈到部。該臣等看得：聖母南臨，百神呵護，鼓楫則陽侯息浪，揚帆則川後效靈。自中州以抵都門，波平風靜，鶩舟不驚。聖母無疆之禧，皇上格天之孝，已於此乎徵之。然陰祐默相者，諸神之職，而旌德報功者，皇上之仁。謹將一路大小河神各擬封號上請。計開：

原敕封黃河福主金龍四大王，今加封黃河福主靈通康祐金龍四大王。

原敕封蕭公順天王，今加封嘉祐蕭公順天王。

原敕封洞庭君主，今加封禧祐洞庭君主。

原敕封宗三靜江王，今加封惠祐宗三靜江王。

原敕封紫靈臺上楊四將軍，今加封護國庇民楊四將軍。

原敕封晏公平浪侯，今加封英顯晏公平浪侯。

原敕封護國開河顯應有感白鱔大王，今加封護國開河顯應有感靈昭白鱔大王……

原敕封護國庇民妙靈昭應宏仁普濟天妃，今加封護國庇民妙靈昭應宏仁普濟安定慈惠天妃……

岨山小姐，今封岨山慈祐夫人……

已上俱中州至南京一路大小河神，謹遵上傳，擬進封號。伏候敕旨施行。於崇禎十七年十一月初八日奉聖旨，水神俱依擬，速頒行。〔註58〕

這則寶貴的材料，說明在南京原來確有白鱔大王廟，而且有加封，宗三、蕭公、晏公、天妃、岨山小姐都等水神都在羅懋登《西洋記》中出現。宗三兄

〔註58〕張富春：《新發現的南明天妃封號》《莆田學院學報》2009年第6期。

弟，在《西洋記》中是濟江王、平江王、通江王，不是靜江王。晏公也是平浪侯，二者吻合。蕭公在《西洋記》中是靈通廣濟顯應英祐侯，尚未到順天王。雖然二書有些不同，但足以說明《西洋記》對長江水神的記載非常可信。

五、謝文彬確有其人

第三十三回是《寶船經過羅斛國、寶船計破謝文彬》，羅斛國的將軍叫謝文彬，被鄭和打敗，第三十四回番兵說：「他原是老爺南朝的甚麼汀州人，為因販鹽下海，海上遭風，把他掀在水裏。他本性善水，他就在水上飄了一七不曾死，竟飄到小的們羅斛國來。他兼通文武，善用機謀。我王愛他，官居美亞之職。他自逞其才，專能水戰，每常帶領小的們侵伐鄰國，百戰百勝。故此今日冒犯老爺，卻是淹他不死。」又說是謝文彬的奶媽（妻子）教他，因為：「小的本國風俗，有婦人與中國人通姦者，盛酒筵待之，且贈以金寶。即與其夫同飲食，同寢臥，其夫恬不為怪，反說道，我妻色美得中國人愛，藉以寵光矣。謝文彬是中國人，故此他的妻多。」

這個羅斛國（暹羅）的謝文彬是歷史真實人物，明代嚴從簡《殊域周諮錄》卷八《暹羅》說：

> 成化十三年，主遣使群謝提素英、必美亞二人來貢方物。美亞，本福建汀州士人謝文彬也。昔年因販鹽下海，為大風飄入暹羅，遂仕其國，官至岳坤。岳坤，猶華言學士之類。至南京，其從子瓚相遇識之，為織殊色花樣段疋貿易蕃貨。事覺下吏，始吐實焉。按四夷使臣多非本國之人，皆我華無恥之士。易名竄身，竊其祿位者。蓋因去中國路遠，無從稽考。朝廷又憚失遠人之心，故凡貢使至必厚待其人，私貨來皆倍償其價，不暇問其真偽。射利奸氓叛從外國益眾，如日本之宋素卿，暹羅之謝文彬，佛郎機之火者亞三，凡此不知其幾也。遂使窺視京師，不獨經商細務。凡中國之盛衰，居民之豐歉，軍儲之虛實，與夫北虜之強弱，莫不周知以去。故諸蕃輕玩，稍有恁陵之意，皆此輩為之耳。為職方者，可不慎其譏察也哉！〔註59〕

謝文彬做了暹羅的官員，到南京貿易，被他的族侄發現，因此被官員抓住。羅懋登此書在南京寫成，因此能夠知曉此事，也有可能是他看了《殊域周諮

〔註59〕〔明〕嚴從簡著、余思黎點校：《殊域周咨錄》，第281～282頁。

錄》之類的記載。《殊域周諮錄》在萬曆初年成書，恰好在《西洋記》之前不久，所以羅懋登很可能看了《殊域周諮錄》之類的書。

中國人意外到外國做官，再回中國貿易，本來是好事，竟然被明代的官員看成是無恥之徒違法犯罪，一直到清朝都是如此。因爲儒家認爲中國人不應委身夷狄，士人更不能爲了牟利而去海外，這也是明清時期中國人不積極向海外發展的思想障礙。

羅懋登《西洋記》還有很多有趣的地方，比如第二十二回說到哈密西關，因爲明代在西北邊界在哈密，很多明代人混淆海陸邊界，我已經指出，有的明代呂楠《涇野先生文集》卷十二《衢州篇爲李太守邦良作》把鄭和下西洋的地名誤爲張騫出使西域的地名。〔註60〕

第二十八回說到南朝朱皇帝，也很有趣，因爲元朝滅亡，元順帝退回草原，仍然以北朝自居，則明朝就是南朝。

第九十三回說：「自開船之後，逐日上順風相送，每晚上明月相隨。」明末閩南人根據鄭和下西洋時代留下的針路簿編的《順風相送》，現在還收藏於在牛津大學，順風相送是明代航海者常用詞。

第九十四回提到馬譯字，很可能是指馬歡，馬歡是翻譯，他的《瀛涯勝覽》很有名，羅懋登很可能看過。馬歡《瀛涯勝覽》比鞏珍《西域番國志》、費信《星槎勝覽》重要，版本很多，流傳關係複雜。在羅懋登之前，就有多個版本。〔註61〕《西洋記》參考了《瀛涯勝覽》，自然要說到馬歡。

由此可見，羅懋登的這部小說，可以發掘的有趣內容還有很多。羅懋登小說中的很多故事不是出自胡編，而是有歷史依據。羅懋登在自序中說：「今者東事倥傯，何如西戎即序，不得比西戎即序，何可令王鄭二公見？」羅懋登感歎晚明困於東方的戰事，不能再恢復明初在西洋的輝煌業績，難以面對鄭和等前輩。魯迅《中國小說史略》把此書歸入神魔小說，而且批評此書：「侈談怪異，專尚荒唐，頗與序言之慷慨不相應。」現在看來，很多所謂怪異的事物不是羅懋登編造，比如青州、白鱔大王、皇帶魚，不過是因爲現代人缺乏豐富的知識，誤以爲是荒唐之言。羅懋登寫作此書絕不是出自一時興起，不是出自無聊獵奇，而是有偉大的抱負。所以羅懋登在

〔註60〕Zhou Yunzhong：The Retrogression in Overseas Geographical Knowledge During the Mid-Ming Period，The Maritime Defence of China：Ming General Qi Jiguang and Beyond，Edited by Y.H. Tdddy Sim， Singapore：Springer，2017.p146。

〔註61〕〔明〕馬歡著、萬明校注：《明鈔本〈瀛涯勝覽〉校注》，前言。

寫作之前參考了很多文獻，搜集了很多傳說。所以《西洋記》雖然是小說，但是能反映很多歷史事實，也應該歸入鄭和下西洋的重要文獻，而不能一味貶斥。

今日太倉瀏河鎮（周運中攝於 2016 年 5 月 31 日）

羅懋登《西洋記》軟水洋、吸鐵嶺與南海諸島

　　南海諸島自古以來就是中國的神聖領土，中國人最早發現、測繪、開發與利用南海諸島。中國文獻中留下了關於南海諸島最早、最詳、最多的記載，而且記載形式多樣。

　　晚明羅懋登所作長篇章回小說《三寶太監西洋記通俗演義》（以下簡稱《西洋記》）是一部奇書，這部書的主題是鄭和下西洋。雖然被歸入神魔小說，但是歷史學家極為重視。我曾經指出，羅懋登長期生活在南京，對南京非常熟悉。當時南京還有很多鄭和下西洋的相關文物、傳說、文獻，羅懋登調查了這些資料，所以他的書中不僅在結構上按照地理順序，而且保存了很多重要

資料。《西洋記》卷六說：「來將道，本姓沙，名彥章，原任南京錦衣衛鎮撫司正千戶之職，末將祖籍出自西域回回，極知西番的備細。」《武職選簿》說南京錦衣衛沙孝祖：「古里國人，係南京錦衣衛鎮撫司故副千戶沙璘嫡長男。伊高祖舍班，以所鎮撫宣德五年往西洋公幹，升副千戶。」說明羅懋登寫書時知道南京錦衣衛沙氏祖先是西洋人，《武職選簿》說沙氏來自古里國（今印度卡里卡特），而《西洋記》還告訴我們沙氏是回族。古里是中國與阿拉伯之間最重要的樞紐，有很多回族，羅懋登的記載極爲珍貴。

　　前人已看出此書中的重要資料有寶船結構、船隊構成、鐵錨製作等，我指出此書有根據的史實還有很多，比如此書說鄭和船隊要把生病的士兵推到白龍江中，供養白龍精，我從明代紹興人陶望齡《陶文簡公集》卷九《鴻臚寺序班桐溪王公墓誌銘》發現明初船隊確實用病卒祭海。又如此書說鄭和是蛤蟆精轉世，又說鄭和船隊在紅江口降服白鱔精，回南京建造白鱔廟。我發現《南京都察院志》卷二十二《職掌十五》西城職掌說：「古蹟：江東吳王壩，坐落沙字鋪。白鷺洲，坐落沙字鋪。石蝦蟆，坐落馳字鋪。白鱔洞，坐落馳字鋪。石頭鬼面城，坐落馳字鋪。莫愁湖，坐落途字鋪。」〔註62〕鬼臉城附近有白鱔洞、石蝦蟆（蛤蟆），靠近寶船廠碼頭，很可能與白鱔廟、蛤蟆精傳說有關。此書提到清江浦，因爲明代的清江浦是航運要地。說明羅懋登長期往來南京城西，接觸到很多軍戶、船民，得到了寶貴的史料。〔註63〕

　　還有一則極其珍貴的記載，前人未曾點破，《西洋記》第十五回說與鄭和下西洋的王景弘：「原來是姓王名某，山東青州府人氏，現任兵部尚書。」莊爲璣根據泉州人蔡永蒹的筆記《西山雜志》最早指出王景弘是閩南人，〔註64〕徐曉望根據乾隆《龍巖州志》卷十《中官》指出王景弘是龍岩縣集賢里人，隆慶元年（1567年）劃歸新成立的寧洋縣，1956年寧洋縣裁撤，集賢里劃歸漳平縣。〔註65〕《漳州府志》卷三一《武勳》說王景弘是集賢里香僚人，即今漳平赤水鎮香僚村人，王曾是大姓。〔註66〕王景弘是漳州府人，爲何《西

〔註62〕　〔明〕施沛：《南京都察院志》，《四庫全書存目叢書補編》第73冊，第630頁。
〔註63〕　周運中：《羅懋登西洋記與南京》，時平、普塔克（R. Ptak）主編：《〈三寶太監西洋記通俗演義〉之研究》第二輯（Studien zum Roman *Sanbao taijian Xiyang ji tongsu yanyi* Band 2， *Maritime Asia 24*），德國 Harrassowitz Verlag（Wiesbaden）出版，2013年，第13～24頁。
〔註64〕　莊爲璣：《試論鄭和與王景弘之死》，《海交史研究》1987年第1期。
〔註65〕　徐曉望：《與鄭和齊名的航海家》，《福建日報》1992年9月9日。
〔註66〕　曹木旺：《王景弘籍貫考略》，范金民、孔令仁主編：《睦鄰友好的使者——鄭

洋記》稱爲青州府？這是因爲閩南話的漳讀作 chin，明代西方人所畫的中國地圖把漳州爲 Chincheo，〔註67〕漳的閩南語是 chin，讀音非常接近青州。也有學者提出 Chincheo 是泉州，〔註68〕但是此說顯然錯誤，因爲泉的閩南語是 tsuan，差別很大。而且羅明堅與利瑪竇編的《葡漢字典》明確把 Chincheo 譯爲漳州，〔註69〕可見 Chincheo 肯定是漳州。

　　所以羅懋登一定是聽到王景弘家鄉的傳說，但是因爲時間太久，把漳州的閩南語讀音誤傳爲青州。或許是傳說本身不誤，但是羅懋登誤以爲是青州。康熙《寧洋縣志》卷十說王景弘：「永樂間隨太宗巡狩，有擁立皇儲功，賜嗣子王禎，世襲南京錦衣衛正千戶。」明末南京還有王景弘的後人，所以羅懋登能聽說王景弘的籍貫。

　　羅懋登《西洋記》第十四回說主持下西洋的國師金碧峰給朱棣看了一幅航海圖：「只見一個經摺兒盡是大青大綠妝成的故事。青的是山，山就有行小字兒，注著某山。綠的是水，水就有行小字兒，注著某水。水小的就是江，江有行小字兒，注著是某江。水大的是海，海就有行小字兒，注著某海。一個圈兒是一國，圈兒裏面有行小字兒，注著某國。」說明羅懋登顯然看過《鄭和航海圖》，前人所知明末茅元儀在南京所編《武備志》收錄的《鄭和航海圖》，我指出明末張可大所編南京兵部志《南樞志》也有《鄭和航海圖》，內容稍有不同，說明那時還有不少版本。〔註70〕而羅懋登所見的《鄭和航海圖》是彩繪本，不是現在我們看到的書中刻本。

　　金碧峰又對朱棣說：「上船處就是下新河洋子江口，轉過來就是金山……過了金山，就出孟河。過了孟河，前面就是紅江口。過了紅江口，前面就是白龍江。過了白龍江，前面卻都是海。舟船往南行，右手下是萬歲的錦繡乾坤浙江、福建一帶，左手下是日本扶桑。前面就是大琉球、小琉球，過了日本、琉球，舟船望西走，右手下是兩廣、雲貴地方，左手下是交趾。過了交

　　和》，海潮出版社，2003 年，第 388～393 頁。
〔註67〕程紹剛：《Chincheo 的地理位置新考——Chincheo 即漳州》，《海交史研究》1993 年第 2 期。
〔註68〕廖大珂、輝明：《16～18 世紀初歐洲地圖中的 Chincheo 港》，《中國史研究》2013 年第 1 期。
〔註69〕金國平編譯：《西方澳門史料選萃（15～16 世紀）》，廣東人民出版社，2005 年，第 49 頁。
〔註70〕周運中：《論〈武備志〉與〈南樞志〉的〈鄭和航海圖〉》，《中國歷史地理論叢》2007 年第 2 期。又見周運中：《鄭和下西洋新考》，第 69～86 頁。

趾，前面就是軟水洋。過了軟水洋，前面就是個吸鐵嶺……這個嶺生於南海之中，約五百餘里遠，周圍都是些頑石坯，那頑石坯見了鐵器，就吸將去了，故此名吸鐵嶺……無分崖上水下，都是這個吸鐵石子兒……這軟水洋約有八百里之遠，大凡天下的水都是硬的，水上可以行舟，可以載筏……唯有這個水，其性軟弱，就是一匹毛、一根草，都要著底而沉。」

這段描述非常寶貴，因爲描述地理完全符合。鄭和下西洋的諸多文獻不提孟河，我曾經在考證《鄭和航海圖》時指出，《鄭和航海圖》一筆一畫皆有來歷，有些未標明的地理實體也有根據，比如《鄭和航海圖》鎮江圌山與江陰縣之間畫出一條未標明的河，即孟瀆河，永樂四年（1406 年）疏濬，〔註71〕而《西洋記》特別提到孟河。紅江口不見史書，我以爲即江陰縣的黃田港或長江汊道橫江。白龍江在長江口，不見史書，我以爲就是太倉的白茆港。永樂元年（1403 年）到次年，夏元吉治理太湖水系，引太湖諸水入劉家港、白茆港，使二河更加寬闊，鄭和下西洋的基地就是劉家港的入海口瀏河鎮。

第二回南海龍王說：「小神海中有八百里軟洋灘，其水上軟下硬。那上面的軟水就是一匹鳥羽，一葉浮萍，也自勝載不起。」第二十一回說鄭和船隊過了軟水洋和吸鐵嶺，到了西洋海子口上。

這段論述，說明羅懋登顯然看過地圖。軟水洋、吸鐵嶺在南海，就是指南海諸島。軟水洋是萬里長沙，吸鐵嶺是千里石塘。

明代黃衷《海語》卷下《畏途》說：「萬里長沙，在萬里石塘東南，即西南夷之流沙河也。弱水出其南，風沙獵獵，晴日望之，如盛雪。」此處把萬里長沙比喻爲弱水，弱水本來是指西北沙漠的水流，後人神話爲流沙河。《西洋記》軟水洋也是類似弱水、流沙河，顯然就是指萬里長沙，也即東沙群島和臺灣淺灘，西到今中沙群島的神狐暗沙、一統暗沙。

羅懋登說吸鐵嶺都是些頑石坯，顯然是指珊瑚礁。北宋初年官修類書《太平御覽》卷七百九十引孫吳萬震《南州異物志》：「句稚國，去典遜八百里。有江口西南向，東北行。極大崎頭，出漲海，中淺，多磁石。」極，應是及。中淺，應是水淺。《太平御覽》卷九八八引《南州異物志》曰：「漲海崎頭，水淺而多磁石。外徼人乘大舶，皆以鐵鍱鍱之。至此關，以磁石不得過。」

前人多誤以爲漲海崎頭的磁石泛指南海諸島，或特指中國的南海諸島，其實不是，萬震《南州異物志》明確說在句稚國，又說有關口，顯然是在句

〔註71〕周運中：《鄭和下西洋新考》，第 100 頁。

稚國的關口而非泛指南海諸島，也不是特指中國南海諸島。曾昭璇就指出磁石是在泰國灣，而非中國南海諸島。〔註72〕

東晉葛洪《太清金液神丹經》：「句稚國，去典遜八百里。有江口西南向東北入。正東北行，大崎頭出漲海中，水淺而多慈石。外徼人乘舶船皆鐵葉，至此崎頭，閡慈石不得過，皆止句稚，貨易而還也。」〔註73〕

我已考證典遜國即今緬甸南部的丹那沙林（Tenasserim），《鄭和航海圖》作答那思里，今作德林達依省。典遜之南八百里的句稚應在今萬倫灣，大崎頭就是萬倫府（素叻他尼府 Surat Thani）東北的海岬，海中的磁鐵石是其北部的群島，恰好萬倫府東北部最大的沙梅島（Ko Samui）就出產磁鐵礦。〔註74〕不過磁鐵阻止海船是誤傳，《梁書》卷五四《扶南傳》說：「其南界三千餘里有頓遜國，在海崎上，地方千里，城去海十里。有五王，並羈屬扶南。頓遜之東界通交州，其西界接天竺、安息徼外諸國，往還交市。所以然者，頓遜回入海中千餘里，漲海無崖岸，船舶未曾得徑過也。其市，東西交會，日有萬餘人。」頓遜國即典遜國，因為當時還不發達，所以印度洋的天竺（印度）、安息（伊朗）商船與中國商船在今泰國南部的地峽登岸貿易。〔註75〕

雖然萬震《南州異物志》句稚國崎頭的磁石不是指中國的南海諸島，但是《西洋記》的吸鐵嶺確實是指中國的南海諸島，清代陳倫炯《海國聞見錄》說：「南澳氣，居南澳之東南。嶼小而平，四面掛腳，皆嶁岵石。底生水草，長丈餘。灣有沙洲，吸四面之流，船不可到。入溜，則吸擱不能返。」此處所說的南澳氣是東沙島，此處說海船能被吸入珊瑚礁。

明代黃衷《海語》卷下《畏途》說萬里長沙：「舶誤衝其際，即膠不可脫，必幸東南風勁，乃免陷溺。」〔註76〕此處說海船誤入萬里長沙，則膠著不能出，也是類似吸鐵石。

有趣的是，鄭和下西洋船隊上的翻譯、回族人馬歡所著《瀛涯勝覽》說溜山國：「再有窄小之溜，傳云三千有餘，所謂弱水三千，正此處也。」費信

〔註72〕曾昭璇：《中國古代南海諸島文獻初步分析》，《中國歷史地理論叢》1991年第1期。

〔註73〕〔晉〕葛洪：《太清金液神丹經》，《道藏》，文物出版社，1988年，第18冊，第758～759頁。

〔註74〕李長傅：《泰國之自然環境與經濟資源》，《南洋史地與華僑華人研究——李長傅先生論文選集》，廣州：暨南大學出版社，2001年，第461頁。

〔註75〕周運中：《中國南洋古代交通史》，第87～91頁。

〔註76〕〔明〕黃衷：《海語》，《影印文淵閣四庫全書》第594冊，第131頁。

《星槎勝覽》溜洋國：「傳聞有三萬八千餘溜山，即弱水三千之言也。」元末汪大淵《島夷志略》北溜：「地勢居下，千嶼萬島，舶往西洋，過僧加剌傍，潮流迅急，更值風逆，輒漂此國。候次年夏東南風，舶仍上溜之北。」溜山、溜洋、北溜即今馬爾代夫，珊瑚環礁稱爲溜，也被明代人比爲弱水。

最爲有趣的還不是羅懋登《西洋記》記載了軟水洋與吸鐵嶺，而是明初鄭和下西洋的諸多文獻如馬歡《瀛涯勝覽》、費信《星槎勝覽》、鞏珍《西洋番國志》未描述南海諸島，這就更加突出了《西洋記》的重要性。羅懋登一定詳細研究過鄭和下西洋的歷史，收集到了鄭和下西洋的史料或傳說。

羅懋登《西洋記》雖然是小說，但是描述鄭和下西洋的船隊，先過軟水洋，再過吸鐵嶺，完全符合實際，因爲軟水洋是萬里長沙，而吸鐵嶺是萬里石塘，萬里長沙是今東沙群島和臺灣淺灘，萬里石塘是今西沙群島和南沙群島，所以順序完全符合。

從鄭和佛經看明代中華文化大融合

中華民族是全世界最偉大的民族之一，在偉大的中華民族多元一體形成的過程中，明代是一個重要的時期。明代的鄭和七下西洋是中國古代航海事業的頂峰，其實鄭和下西洋不僅對中國的海洋史有重要意義，對中國文化的大融合也有深刻影響。

一、鄭和的複雜宗教信仰

鄭和，原姓馬，回族，祖先在元代從中亞來到雲南。根據現在科學家對鄭和族裔的檢測，證明其族人的 Y 染色體確實來自中亞。蒙古人用色目人統治雲南，所以鄭和的家族在元代的雲南享有較高的地位。鄭和的祖先稱爲賽典赤，其實就是賽義德，賽義德的阿拉伯語意思是首領、聖裔，可見鄭和的祖先在中亞時就有崇高的地位。正是因爲賽典赤原來地位較高，所以蒙古人才任用他們治理雲南。鄭和的祖父、父親因爲去麥加朝覲，所以兩代都有哈只的稱號，昆陽有鄭和在永樂三年（1405 年）爲其父馬哈只所立之碑。元末汪大淵《島夷志略》天堂（天方，即麥加）條說：「雲南有路可通，一年之上，可至其地，西洋亦有路通。」〔註77〕鄭和的族人就是從雲南走緬甸，再由海路到麥加朝覲。

〔註77〕　〔元〕汪大淵著、蘇繼廎校釋：《島夷志略校釋》，第 352 頁。

　　鄭和出生時，他的家鄉雲南昆陽州（今晉寧）還在元朝梁王勢力的統治之下。洪武十四年（1381年），明朝攻佔雲南，鄭和被俘，此時鄭和已有十來歲。前人對鄭和生年的考證有1371年、1374年諸說，根據朱惠榮先生最新考證，鄭和出生在庚戌年，也即洪武三年（1370年）。〔註78〕如果此說確定，則鄭和入明時已是十二歲的少年。

　　雖然鄭和從小信仰伊斯蘭教，對他的一生影響很大。但是他被明軍俘虜，又成為宦官，賜予燕王朱棣，脫離了穆斯林社區生活，不可能再完整地保留伊斯蘭教信仰。鄭和的信仰複雜，一方面深受佛教影響，另一方面也不排斥道家及中國各種傳統的民間信仰。特別是下西洋的途中，鄭和不僅崇尚天妃媽祖，還信奉龍王、晏公、蕭公、白鱔大王等各種水神。我們熟知南京的靜海寺、天妃宮、太倉天妃宮、長樂天妃宮，其實鄭和還在江陰重建了蔡港龍王廟，我曾在上海圖書館看了抄本《正德江陰縣志》，其卷十一《異端·淫祠（自注：舊曰祠廟）》說：「蔡港龍王廟，在蔡港東，洪武十九年愚民彭成建（自注：水軍衛），永樂十四年閹人鄭和重建。」〔註79〕我指出，這就是《鄭和航海圖》江陰縣蔡港和石頭港之間的那個龍王廟。〔註80〕

　　再如白鱔大王廟，《三寶太監西洋記通俗演義》卷四兩次說到三寶太監鄭和是蝦蟆（蛤蟆）精轉世，第十九回題目是：白鱔精鬧紅江口、白龍精吵白龍江，第九十七回題目是：李海訴說夜明珠、白鱔王要求祭祀，最末說：「二位元帥上言請敕建天妃宮、宗家三兄弟廟、白鱔王廟以昭靈貺，奉聖旨。是後來靜海禪寺建於儀鳳門外，天妃宮、宗三廟、白鱔廟俱建於龍江之上。碧峰寺建於聚寶門外，靜海寺有篇《重修碑》可證，天妃宮有篇《御製碑》及《重修記》可證，碧峰寺有篇《非幻庵香火記》可證。」靜海寺、天妃宮、碧峰寺《非幻庵香火記》都是信史，我首次指出白鱔廟也可信，因為施沛《南京都察院志》卷二十二《職掌十五》說：「古蹟：江東吳王壩，坐落沙字鋪。白鷺洲，坐落沙字鋪。石蝦蟆，坐落馳字鋪。白鱔洞，坐落馳字鋪。石頭鬼面城，坐落馳字鋪。莫愁湖，坐落途字鋪。」鬼臉城附近有白鱔洞、石蝦蟆，無疑證明了《西洋記》的白鱔廟、蛤蟆精傳說有一定根據。〔註81〕

〔註78〕朱惠榮：《鄭和「庚戌三月十一日」索解》，《鄭和研究動態》第28期，2013年11月，第4～7頁。
〔註79〕抄本正德《江陰縣志》，上海圖書館藏。
〔註80〕周運中：《鄭和下西洋新考》，第100～101頁。
〔註81〕周運中：《鄭和下西洋新考》，第404頁。

這些都證明了鄭和的信仰非常複雜，可以說包容萬象，凡是有利下西洋的各種民間信仰都普遍接受。

二、鄭和與佛教

雖然鄭和的信仰非常多元，但是最重要的還是佛教。佛教本來是中國古代最重要的宗教，而且鄭和受到朱棣等人的影響也促使他深信佛教。關於鄭和奉佛，陳楠有詳細考證。〔註82〕

馮承鈞在《瀛涯勝覽校注》序引用《佛說摩利支天經》姚廣孝（道衍）跋文說：「今菩薩戒弟子鄭和法名福善，施財命工，刊印流通，其所得勝報，非言可能盡矣。福善一日懷香過余、請題，故告以此。永樂元年歲在癸未秋八月二十又三日，僧錄司左善世沙門道衍。」〔註83〕此經卷今藏北京圖書館。

1951年，雲南省圖書館整理佛經，發現《沙彌尼離戒文》卷末願文說：「大明國奉佛信官太監鄭和，法名福吉祥，謹發誠心施財命功，印造《大藏尊經》一藏，計六百三十五函，喜捨於雲南五華寺，永遠長生供養。以此殊勳，上祝皇圖永固，帝造遐昌，佛日增輝，法輪常轉，海晏河清，民康物阜。所冀福吉祥。凡奉命於四方，經涉海洋，常叨恩於三寶，自他利答報，四恩均資，三有法界，有情同緣種智者。永樂十八年，歲次庚子五月吉日，福吉祥謹題。」

1947年春，燕京大學教授鄧之誠在冀縣人李杏南處，見到鄭和施財印刻的《優婆塞戒經》卷七末有題記如下：「大明國奉佛信官內官監太監鄭和，法名速南吒釋，即福吉祥。切念生逢盛世，幸遇明時，謝天地覆載，日月照臨；感皇上厚德，父母生成，累蒙聖恩，前往西洋等處公幹，率領官軍寶船，經由海洋，託賴佛天護持，往回有慶，經置無虞，常懷報答之心，於是施財，陸續印造《大藏尊經》，捨入名山，流通誦讀。伏願皇圖永久，帝造遐昌，凡奉命於四方，常叨恩於庇祐，次冀身安心樂，福廣壽長，懺除曩卻之口，永享現生之福。出入起居，吉祥如意，四恩等報，三有齊資，法界群生，同成善界。今開陸續成造《大藏尊經》，計一十藏：大明宣德四年，歲次己酉，三月十一日，發心印造《大藏尊經》一藏，奉施喜捨牛首山佛窟禪寺流通供養；大明宣德五年，歲次庚戌，

〔註82〕陳楠：《三寶太監鄭和奉佛事蹟考》，《傳統文化與現代化》1997年第6期。
〔註83〕〔明〕馬歡著、馮承鈞校注：《瀛涯勝覽校注》，商務印書館，1935年，序言第8頁。

三月十一日，發心印造《大藏尊經》一藏，奉施喜捨雞鳴禪寺流通供養；大明宣德五年，歲次庚戌，三月十一日，發心印造《大藏尊經》一藏，奉施喜捨北京皇后寺流通供養；大明永樂二十二年，歲次甲辰，十月十一日，發心印造《大藏尊經》一藏，奉施喜捨海禪寺流通供養；大明永樂十八年，歲次庚子，五月吉日，發心印造《大藏尊經》一藏，奉施喜捨鎮江金山禪寺流通供養；大明永樂十三年，歲次乙未，三月十一日，發心印造《大藏尊經》一藏，奉施喜捨福建南山三峰塔寺流通供養；大明永樂九年，歲次辛卯仲冬吉日，發心印造《大藏尊經》一藏，奉施喜捨天界禪寺毗盧寶閣流通供養；大明永樂八年，歲次庚寅，三月十一日，發心印造《大藏尊經》一藏，奉施喜捨雲南五華寺流通供養；大明永樂五年，歲次丁亥，三月十一日，發心引造《大藏尊經》一藏，奉施喜捨靈谷禪寺流通供養。」〔註84〕

此處又提到雲南五華寺，但是時間是永樂十八年，不是八年。因此楊軍懷疑這份材料爲贗品，他的另外理由是永樂五年三月十一日、八年三月十一日、十三年三月十一日，鄭和都在海外，他進而認爲鄭和不信仰佛經。〔註85〕我以爲，如此否定鄭和佛教信仰太草率，因爲我們不能根據兩則史料的矛盾就說兩則史料都不可信！如果其中一則可信，就能證明鄭和信仰佛教。而且鄭和雖然不在國內，可以委託他人印造佛經。有人認爲鄭和在永樂八年、永樂十八年有兩次捨經，〔註86〕也可備一說。

2002年，浙江平湖修繕報本塔時，在塔刹發現一個黃花梨木的圓罐，內有明代的《妙法蓮華經》，蓮花紋牌記上有鄭和發願文：「大明國奉佛信官，法名福吉祥，發心鑄造鍍金舍利寶塔一座，永遠長生供養，所冀見生之內，五福咸臻，他報之中，莊嚴福壽，宣德七年九月初三日意。」卷首到卷尾依次有：舍利塔畫像、眞身舍利無量寶塔、如來靈山說法圖、妙法蓮華經、序、鄭和發願文碑畫像、護法韋陀降魔杵畫像，經卷盒底有陸光祖印、陸基恕印、陸欽禧印。〔註87〕有人認爲眞身舍利指的是第二次下西洋從錫蘭帶回的佛牙，放在靜海寺，此時鄭和在第七次下西洋途中，可能染病不適，因而造塔

〔註84〕鄧之誠著、欒保群點校：《骨董瑣記全編》，人民出版社，2012年，第672～673頁。

〔註85〕楊軍：《關於鄭和佛教信仰兩條史料的辨偽》，《北方民族大學學報（哲學社會科學版）》2011年第1期。

〔註86〕吳聿明：《鄭和印造大藏經事考》，《鄭和研究》2006年第1、2期合刊。

〔註87〕程傑：《浙江平湖發現署名鄭和的〈妙法蓮華經〉長卷》，《文物》2006年第6期。

寫經，初藏靜海寺，嘉靖年間流入民間，又爲平湖陸氏收藏，清康熙二十七年（1688 年）入藏報本塔。〔註 88〕也有人認爲無量寶塔是大報恩寺，原來就有眞身舍利。〔註 89〕

鄭和曾經督造南京大報恩寺，大報恩寺始建於永樂十年（1412 年），宣德三年（1428 年），宣宗朱瞻基下敕：「賜太監鄭和等：南京大報恩寺自永樂十年十月十三日興工，至今十六年之上，尚未完備，蓋是那監工內外官員人等，將軍夫人匠，役使佔用，虛費糧賞，以致遷延年久。今特敕爾等，即將未完處，用心提督，俱限今年八月以裏，都要完成。遲誤了時，那監工的都不饒。寺完之日，監工內官內使，止留李僧崇得在寺專管，燃點長明塔燈，其餘都拘入內府該衙門辦事。故敕。欽此。」〔註 90〕

鄭和還在錫蘭佛寺布施建碑，《星槎勝覽》錫蘭山：「永樂七年，皇上命正使太監鄭和等齎捧詔敕、金銀供器、彩妝、織金寶幡，布施於寺，及建石碑以崇皇圖之治。」1911 年在加勒（Galle）修路時發現此碑，現在科倫坡的斯里蘭卡國家博物館。

2009 年，鄭自海、鄭寬濤、馬渭源到福建寧德霍童山支提寺考察，發現明代木刻《支提寺全圖》雕版，殘存文字有鄭和。〔註 91〕

2015 年 3 月，上海龍美術館從紐約蘇富比拍賣行買到一件鄭和書寫的大明楷書御製佛經，金粉瓷青雅色書皮，三十九開冊，牌記說：「大明國太監鄭和，法名福吉祥，發心書寫金字《金剛經》、《觀音經》、《彌陀經》、《摩利支天經》、《天妃靈驗經》、《心經》、《楞嚴咒》、《大悲咒》、《尊勝咒》、《百字神咒》，永遠看誦供養，皇圖永固，佛日增輝，凡奉命於四方，常叨恩於三寶，自他俱利，恩有均霑，吉祥如意者，永樂十二年三月吉日謹題。」這段話提到奉命四方，無疑主要是指鄭和下西洋，又說到叨恩三寶，鄭和又名三寶太監，即源自佛教的三寶：佛、法、僧。

所以這件鄭和佛經不是簡單地爲鄭和信仰佛教增加了一件新證據，而是在鄭和有關的佛經中，唯一涉及下西洋的文物。因爲永樂十二年（1413 年）

〔註 88〕蔣蒼蒼：《平湖報本塔藏經考》，《鄭和研究》2006 年第 1、2 期合刊。
〔註 89〕鄭志海、鄭寬濤：《〈妙法蓮華經〉驚現平湖報本寺之謎新探》，《鄭和研究》2007 年第 1 期。
〔註 90〕〔明〕葛寅亮：《金陵梵刹志》卷二《欽錄集》，《續修四庫全書》第 718 冊，第 475～476 頁。
〔註 91〕鄭寬濤：《福建寧德支提寺驚現鄭和木刻文物》，《鄭和研究》2009 年第 2 期。

時，鄭和已經第四次下西洋，第四次下西洋的行程擴大到達阿拉伯半島與東非。此前的三次下西洋都是回國當年冬季再次啓程，第四次是在回國的第三年才啓程，因爲此次行程擴大，所以準備時間較長。因此鄭和此時捐資請人書寫佛經，含有保祐下西洋平安的意願。

三、鄭和從未到麥加

有人說鄭和崇奉佛教、道教僅是工作需要，根本還是信仰伊斯蘭教。〔註92〕我以爲此說大謬，在鄭和發願造塔寫經的文字中，看不出任何與下西洋等工作有關的證據。鄭和崇佛，完全是個人活動。

以前還有人猜測鄭和從小是穆斯林，所以一定在下西洋過程中去過天方，現在我們得到確切的證據表明鄭和從未去過天方，因爲 2010 年 6 月在南京城南的祖堂山發現了洪保的墓地，並出土了宣德九年（1434 年）所刻的大明都知監太監洪公壽藏銘。〔註93〕壽藏銘說：「至宣德庚戌，升本監太監，充正使，使海外。航海七度西洋，由占城至爪哇，過滿刺加、蘇門答剌、錫蘭山及柯枝、古里，直抵西域之忽魯謨斯、阿丹等國。及聞海外有國曰天方，在數萬餘里，中國之人古未嘗到，公返旆中途，乃遣軍校諭之。至則遠人駭其猝至，以親屬隨公奉□□效貢。」國家圖書館藏明抄本馬歡《瀛涯勝覽》最後天方國說：「宣德五年，蒙聖廷命，差正使太監內官鄭和等往各番國開讀賞賜。分宗到古里國時，內官太監洪等見本國差人往天方國，就選差通事等七人，齎帶麝香、磁器等物，附本國船隻到彼。往回一年，買到各色奇貨異寶，麒麟、獅子、駝雞等物，並畫《天堂圖》眞本回京。其天方國王亦差使人，將方物跟同原去通事七人，貢獻於朝廷。」〔註94〕

日本學者家島彥一之文，在埃及人馬格利茲（1364～1441）所著《道程志》找到記載說：「希吉來歷 835 年 2 月 22 日即公元 1432 年 6 月 22 日（宣

〔註92〕 林松：《剖析航海家鄭和的伊斯蘭教信仰——兼評鄭氏奉佛、崇道說》，《寧夏社會科學》1985 年第 1、2 期。

〔註93〕 陳大海：《南京祖堂山明代都知監太監洪保墓考古發掘的主要收穫及認識》、王志高：《洪保壽藏銘綜考》，《鄭和研究》2010 年第 3 期。又見南京市博物館、江寧區博物館：《南京市祖堂山明代洪保墓》，王志高：《洪保生平事蹟及墳寺初考》，《考古》2012 年第 5 期。

〔註94〕 〔明〕鞏珍著、向達校注：《西洋番國志》，北京：中華書局，2000 年，第 46 頁。

德七年五月二十五日），從麥加傳來如下消息，數艘戎克船從支那到達印度的海岸，其中有兩艘停泊在阿丹海岸。但是，由於也門情況混亂，他們的（載來的）陶器、絲綢、麝香等商品無法進行交易。因此，那兩艘戎克船的首領便向麥加的埃米爾希拉夫、伯拉克特·本·哈桑·本·艾蘭和秩達的納茲爾、沙特丁·易卜拉欣·本·姆拉呈遞了書信，要求准許他們前往秩達。於是伯拉克特和沙特丁二人便請求（馬穆魯克朝）蘇丹（巴魯士貝）俯允，並說，他們（支那船）到來時將會獲得很大的利潤。因此蘇丹回答說，讓他們來航，並殷勤地接待他們。」伊本·哈吉·阿斯格蘭說：「希吉來歷 835 年，數艘支那戎克船載著不計其數的奢侈品到達麥加，並在麥加賣掉了那些貨物。」家島彥一引用巴黎國立圖書館所藏也門拉士魯王朝（1229～1454 年）阿拉伯文手稿記載：「希吉來歷 835 年 6 月 25 日，星期三，支那王的赫底姆——戎克的船長帶著送給我君主（馬立克·札希爾）的禮物，抵達拉赫傑。」儘管也門史料記載的中國船隊到達時間比埃及記載晚四個月，仍然比中國記載要早得多。〔註95〕

　　埃及歷史學家伊本·泰格齊·拜爾迪（1410～1470）所著編年史《埃及和開羅國王中的耀眼星辰》一書也有引用，但是時間在希吉來歷 835 年的 10 月 22 日，蓋雙先生認為這個時間更接近《前聞記》。〔註96〕現在看來，《埃及和開羅國王中的耀眼星辰》的時間最為準確，此書雖然稍晚於《道程志》，但是作者也是同時代人，所以也很可信。則洪保船隊到達亞丁在宣德八年正月，與《前聞記》主船隊在前一年十二月到達忽魯謨斯完全吻合，因為根據《星槎勝覽》，從忽魯謨斯到亞丁正好是 40 天時間。〔註97〕

　　可見，鄭和第七次下西洋時，由洪保率領一支分船隊到亞丁，因為遇到當地內亂而臨時決定去麥加的外港吉達，所以洪保壽藏銘說：「遠人駭其猝至。」鄭和不僅未去麥加，而且此次分船隊去麥加也是臨時決定。鄭和雖然從小信仰伊斯蘭教，很想去麥加，但是他出海不是個人行為，所以不可能因為個人兒時的信仰就去麥加。

〔註95〕〔日〕家島彥一：《鄭和分宗訪問也門》，《中外關係史譯叢》第 2 輯，世界知識出版社，1987 年。
〔註96〕蓋雙：《關於鄭和船隊的一段重要史料——披覽阿拉伯古籍箚記之二》，《回族研究》2007 年第 2 期。
〔註97〕周運中：《鄭和下西洋新考》，第 346～351 頁。

四、從鄭和看明初的中華文化大融合

世界上每個人都是時代的產兒，不可能獨立於時代而存在。我們不能孤立地看鄭和，而要把放在明初的歷史背景中考察。明初正是中華民族融合史上非常重要的一環，如果我們想到這一點，再來看鄭和的多元信仰就很容易理解。

元代固然是中華民族大融合的時代，但是其主導是蒙古人，其次是色目人，而占絕大多數人口的漢族地位很低。明代是漢族主導的王朝，繼承了元代的多元文化，又以漢族爲主體，所以雖然參與民族融合的成分大致與元代相同，但是主次關係顛倒。

明初把大量俘虜或投降的蒙古人、色目人分散安置在漢族內地，甚至東南沿海的衛所，導致大量少數民族融入了漢族。明初還把東南沿海很多蜑民納入衛所軍人，加速了越人的漢化。

明初還有很多來自北方的軍人駐紮在東南的衛所，他們帶來了北方文化，有的衛所直到今天還說北方話，形成東南沿海獨特的軍話方言島，這些衛所促進了東南沿海的多元文化交融。道光《瓊州府志》卷三《風俗》：「土族多出中州，郡城縣城營居皆戎籍，來非一方。自宋元順化，皆漢士餘裔。洪武以來，軍士自初撥張氏漫散，則多蘇浙之人。續撥征北潰亡陳氏、各處元氏舊軍，則多河之南北。再調賴正孫之收集，則又閩潮之產。以後中原各處官吏充配踵至，會染成習。」根據語言學家研究，華南的軍話接近南京官話。〔註98〕這就證明了江淮軍人佔據東南沿海衛所文化的主導，他們未必都是江淮人，但是明初的軍隊與政府高層都是江淮人，所以江淮文化在衛所佔主導。

明初大量來自江淮的元從軍隊屯駐在西南邊疆，開啓了雲貴川三省重新漢化的過程。自從南朝末年撤守雲貴，西南邊疆多數處在獨立自主的狀態，元代雖然重新納入中央統治，但是漢人很少，蒙古人用色目人統治。直到明初，大量江淮人進入西南邊疆，此地才重新漢化。所以雲南各地流傳祖先來自南京楊柳巷的傳說，西南話的昆貴片很接近南京話。明初還把大量江南富戶充軍到雲南，促進了雲南的漢化。

大量來自江淮的軍隊還進入西北屯墾，甘肅、寧夏從晚唐就開始蕃化，回鶻、党項、吐蕃等族佔據多數，元代大量色目人進入此地，漢人仍然很少。

〔註98〕丘學強：《軍話研究》，中國社會科學出版社，2005年，第134頁。

直到明初，大量江淮人來此屯駐，才重新漢化。《乾隆寧夏府志》卷五說：「寧夏堡寨，或以人名，或以事名，以地名。明洪武初，盡徙寧夏之民於他所，其後復遷謫秦晉、江淮之人以實之，分屯建衛，築堡以居。因即以其屯長姓名名堡，若葉升、王鉉、李祥、張政之類，是也。其以事名，以地名者，大抵據扼塞，駐軍屯，以遏寇虜，若鎮河、平羌之類，是也。以人名者什六七，以事名、以地名者什二三。靈州、中衛則以地名者居多。」現在蘭州流傳祖先來自南京竹石巷的傳說，類似雲南的南京楊柳巷，不是指多數人的祖先真的來自南京的一條小巷，而是證明大量江淮人在明初到來。某條小巷不過是少數人的居住地或集結地，在傳說演化的過程中佔據主流。

明初還有很多江淮人到河北平原東北部屯駐，這一帶很多家譜記載祖先來自江淮，民間流傳祖先跟隨燕王掃北來此。因為大量移民來自江淮，造成今天的天津話、唐山話距離北京如此之近，但是如此不同。李世瑜研究發現，天津話最接近安徽北部方言，也即朱元璋起家之地。〔註 99〕其實不但是天津話，唐山話的諸多特點也接近江淮話。

現在河北省東北部地區的大量地名是某各莊，其實就是某家莊。張清常指出，這種地名出現在明代，由移民帶入。〔註 100〕但是他未考出來自哪種方言，其實江淮話中的家有兩種讀音，一種是名詞，讀作 ga，一種是副詞，表示某家的，讀成 ge。所以河北東北部的各字地名無疑來自江淮，現代江淮人一看便知。有人說河北地名的各字是古代漢語的保留，此說不確，因為如果是古語的保留，為何在華北大平原的南部看不到，反而保留在最靠近東北塞外的地方呢？中原古語就是因為契丹、女真、蒙古人從燕山一帶南侵才變異為現在的近古漢語，所以不可能在最早變異的地方保留這個古音。

同樣是明初，膠東半島也屯駐了大量軍隊移民，膠東半島現在也有大量的地名是某各莊，這種現象絕非偶同，根源都是江淮文化。膠東半島現在是膠遼話，分佈在膠東與遼東。膠遼話也有很多特點接近江淮話，很可能因為明初受到江淮軍人移入的影響。

明代不僅是民族大融合的時代，也是宗教大融合的時代。前人多討論明代的儒釋道三教合一，其實還應加上伊斯蘭教。伊斯蘭教雖然在唐代已經傳

〔註99〕李世瑜：《天津的方言俚語》，天津古籍出版社，2004 年，第 8～21 頁。
〔註100〕張清常：《移民北京使北京音韻情況複雜化舉例》，《中國語文》1992 年第 4 期。

入中國，宋元已經流傳較廣，但是眞正深入融入中華文化是在明代。明代出現了漢文伊斯蘭教典籍，楊曉春師等人有詳考。〔註 101〕唐代就進入中國的各地穆斯林，明代才結合爲一個新的民族回族。所以鄭和的多元信仰不是鄭和的孤立現象，而是明代民族與宗教大融合的反映。

　　中華民族，尤其是其主體漢族是全世界宗教觀念最薄弱的一個民族，這是漢族的特點，而不能簡單地說成是漢族的缺點。世界各文明的特點源自地理環境，不能簡單批判，更不會輕易改變。宗教觀念薄弱的好處是：中國歷史上從未有西方文明那樣大規模的宗教迫害和宗教戰爭。所以我們不能用西方文化來想像東方，美國紐約市立大學的印度裔學者沈丹森（Tansen Sen）撰文說，明朝看到古里（今印度卡利卡特 Calicut）和柯枝（今科欽 Cochin）競爭，古里的統治者是穆斯林，而且在 15 世紀中期屠殺華人，所以鄭和下西洋要扶持柯枝，鄭和可能在此次衝突中受傷而死。〔註 102〕沈丹森引用林梅村之文《鄭和忌日及身後事》，可是核查林文，根本沒說鄭和在古里戰死！沒有任何證據表明鄭和在古里發生戰爭，可見沈丹森之說缺乏依據。沈丹森此文還大肆貶低中國古代的航海成就，是一篇完全不能成立的讀物，我已經撰文駁斥。〔註 103〕中國自古以來未有印度的種姓制度，未有印度的民族分裂與宗教戰爭。因爲中華民族自古以來就有一個主體成分，所以中國在近代未像四分五裂的印度那樣完全淪爲西方人的殖民地，這是我們中國人的福分。現在中國個別著名大學的個別著名學者隨風搖曳，跟在西方人的屁股後面，鼓吹中華民族原來不存在主體、中華民族是近代人爲建構的荒謬之說，不僅不符合文獻記載，也不符合最新的分子人類學的檢測。中華民族在上古的主體就是華夏，萬年以來，一脈相承至今。中華民族海納百川，才有鄭和，鄭和不僅是回族的鄭和，更是中華民族的鄭和。

　　鄭和從一個西南邊疆的元代穆斯林族裔轉變爲明代中樞的多元宗教信仰者，就是明代中華民族與宗教大融合的最好證明。鄭和印造佛經不僅具有宗教的意義，還見證了我們偉大的中華民族發展壯大的宏偉歷史進程。在當今

〔註 101〕楊曉春：《早期漢文伊斯蘭教典籍研究》，上海古籍出版社，2011 年。

〔註 102〕沈丹森：《中印海上互動：宋至明初中國海上力量在印度洋沿岸的崛起》，《復旦學報》2014 年第 2 期。

〔註 103〕周運中：《鄭和下西洋扶持柯枝是出於宗教原因嗎？》，《鄭和研究動態》第 31 期，2015 年 1 月。

中華民族走向海洋、走向復興的光輝年代，鄭和佛經重新回到祖國，也將保
祐中華民族與全世界愛好和平的人們恩有均霑，吉祥如意。

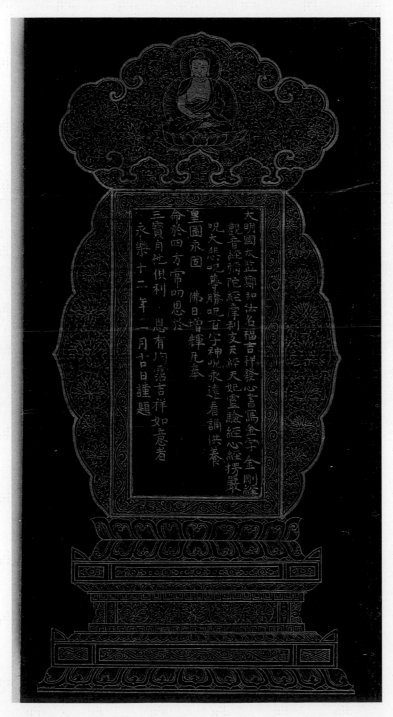

第四章　鄭和下西洋疑點辨析

所謂《天下全輿總圖》辨僞新證

　　2006 年初，北京的律師劉鋼，展示了一幅他在上海東臺路古玩市場買到的地圖《天下全輿總圖》，圖上的左下角注明「乾隆癸未仲秋月仿明永樂十六年天下諸番識貢圖」，左邊落款：「臣莫易全繪。」劉鋼認爲，此圖是永樂十六年（1418 年）《天下諸番識貢圖》的仿繪品，仿繪時間爲乾隆癸未（1763 年），仿繪者爲莫易全。左上角寫有：「凡未加紅圈者皆原圖所未命名者。」劉鋼進而提出此圖表明鄭和下西洋時就發現世界，並繪出世界地圖。他甚至提出傳統的地圖史及歷史學體系全部錯誤，〔註 1〕掀起軒然大波，爲世人關注。

　　已有很多學者指出，這幅圖是今人僞造。侯楊方認爲圖上不可能出現高麗和清代才有的湖南、湖北、安徽、大清海等地名，〔註 2〕劉鋼聲稱這是清人避諱所改，但是清代人也不可能繪出如此先進的南極洲地圖，恐怕所有人都無法辯解了。周振鶴師說，全和總字同時出現，已經衝突，「識貢」應爲「職貢」之誤。〔註 3〕劉鋼辯稱古代識、職二字可以通假，其實這種通假很少見，不能解釋爲何在這麼嚴肅的地圖全名中，還用如此罕見的通假。黃時鑒說圖

〔註 1〕 劉鋼：《古地圖密碼——1418 中國發現世界的謎團玄機》，廣西師範大學出版社，2009 年。

〔註 2〕 侯楊方：《鬧劇：鄭和發現「地球是圓的」》，《第一財經日報》2006 年 01 月 25 日。侯楊方：《鬧劇新編：再評假鄭和航海圖》，《第一財經日報》，2006 年 3 月 28 日。

〔註 3〕 周振鶴：《歷史研究無關個人情感——評英國〈經濟學家〉發表的僞地圖》，《知者不言》，北京：三聯書店，2008 年，第 157～159 頁。

上余、樂等字都寫錯了，臣字應該偏右偏小，這些破綻都說明此圖是偽圖。〔註4〕劉鋼辯解說圖上臣字偏左偏小，中國古代早有簡化字。古人當然使用簡化字，但是我們應該想想，如此重要的一幅地圖全用簡化字，不知這幅圖的作者究竟是什麼水平，難道他會在呈給皇帝的地圖上使用簡化字？

本文認為，《天下全輿總圖》無疑是現代人僞造的贋品，本文提出很多新的證據。

一、西方人花了多少代價繪出美洲地圖？

所謂《天下全輿總圖》的左下角注明：「乾隆癸未，仲秋月，仿明永樂十六年《天下諸番識貢圖》。」左上角注明：「凡未加紅圈者，皆原圖所未命名者。」也就是說，有紅圈的地名都是永樂十六年就繪成的。姑且不論爲什麼永樂十六年繪成的這份重要地圖，爲什麼在明朝的那麼多典籍裏都沒有出現，也不論爲什麼永樂十六年的這份世界地圖和洪武年間的《大明混一圖》居然毫無印證之處，我們就假定在永樂年間確實有此圖，圖上的美洲很多地名都沒有紅圈，也即永樂年間的中國人已經測繪出美洲。那麼中國人從何時開始測繪美洲，花了多少人力、物力和時間去測繪美洲呢？這是一個無法迴避的問題。

很多人肯定要說是鄭和的船隊測繪了美洲吧，但是鄭和航行到美洲的記載居然在鄭和隨員馬歡、費信、鞏珍寫的《瀛涯勝覽》、《星槎勝覽》、《西洋番國志》都沒有記載美洲，這不是很奇怪嗎？建文年間、洪武年間忙於戰爭和建國，都不可能派船隊出海，難道美洲是元代人測繪的嗎？先不論元代的書裏也沒有任何記載，如果永樂元年到十六年就測繪出美洲，那麼中國人只花了十五年就完成美洲的測繪，中國人不是神仙嗎？

如果要相信中國人在十幾年的時間就完成美洲的測繪，那麼我們必須看看船堅炮利、組織嚴密、熱衷於探險的西方人花了多少年才完成美洲測繪。1492 年哥倫布發現美洲，1493 年哥倫布第二次到美洲，發現前一次在美洲建立的殖民地聖誕城已經被印第安人摧毀。哥倫布 1500 年因爲沒有發現亞洲而被押送回西班牙，1506 年去世。1501、1502 年加斯帕爾和米格爾·科爾特·雷亞爾兄弟在美洲東北部海岸失蹤，〔註 5〕1499～1502 年，西班牙和葡萄牙

〔註 4〕黃時鑒：《〈天下全輿總圖〉贋品內證》，《文匯讀書週報》2006 年 4 月 28 日，第 7 版。

〔註 5〕〔美〕保羅·布羅爾著、張曉博譯：《探險的黃金時代》，山東畫報出版社，2002 年。

多名探險家勘測了南美洲東北部海岸，1509 年胡安‧德‧拉‧科薩被卡塔赫納的美洲土著殺死，1515～1516 年德‧索里斯率領的西班牙船隊發現拉普拉塔河口，一些船員被土著殺死。1509 年阿郎索‧德‧奧傑達在哥倫比亞建立殖民地，多次遭到土著襲擊，隊伍幾近消散，1516 年他死於貧病交加。1513年巴爾博亞穿過巴拿馬地峽，成為第一個看見太平洋的歐洲人，但是他在 1518年被皮薩羅逮捕，1519 年被判處死罪，當眾斬首。1516～1524 年，西班牙人政府墨西哥的兩大帝國瑪雅和阿茲特克，1535 年到達下加利福尼亞。1524 年皮薩羅從巴拿馬南航，到達布韋納文圖拉灣遭到土著襲擊，被迫退回。1526年再航秘魯，因為無國王命令退回。1530 年～1533 年皮薩羅滅亡印加帝國，1537 年阿爾馬格羅從智利北部返回，次年及 1541 年皮薩羅和阿爾馬格羅在內訌中死亡，1548 年皮薩羅的兄弟岡薩羅在自行獨立後被西班牙軍隊處死。1542年奧雷拉那參與岡薩羅在安第斯山脈東麓的探險，因為被派往下游覓食，順流到亞馬孫河口，在河口去世。1541～1552 年瓦爾迪維亞穿過阿塔卡馬沙漠，幾年之後到達聖地亞哥。1547 年他返回秘魯，短暫停留，繼續向南，渡過比奧比奧河，創建了瓦爾迪維亞城。1552 年他組織探險隊從西向東穿過麥哲倫海峽，次年他在有人背叛的情況下死於瓦爾迪維亞城土著的伏擊。〔註 6〕西方人測繪美洲的外廓花了 100 多年，至於美洲內陸更是花了三百多年時間，中間有多少人死於氣候、地形、飢餓、內訌和土著的攻擊？普通殖民者不好估計，但是可以肯定的是其頭目幾乎全部不得善終。

　　西方人花了這麼多代價才在 100 多年繪出美洲的輪廓，中國人怎麼可能在 10 多年就繪出美洲地圖？如果中國人在永樂年間就繪成美洲地圖，那麼中國人肯定要從元代、宋代就開始大規模的美洲探險，這可能嗎？宋、元、明時期的中國人如果去美洲探險，他們怎麼克服有毒生物、猛獸和土著的攻擊？要有中國人死於大洋的波濤、熱帶的叢林、極地的寒冬和高聳的安第斯山中？他們要在美洲留下多少營地和遺物，要有多少人死於探險途中始料未及的各種困難？他們如何同阿茲特克、瑪雅、印加這些帝國交往？為什麼我們沒有發現這些遺址呢？中國人如果去美洲探險，必然要經過日本、臺灣或者菲律賓等地，為什麼這些地方的史書都沒有記載？為什麼迄今為止沒有發現任何中國人勘測美洲的文物遺跡？甚至連傳說都找不到？

〔註 6〕〔美〕克萊爾霍‧沃思～麥登、賈磊譯：《拉丁美洲探險》，山東畫報出版社，2002 年。

　　可見，所謂中國人在明代發現美洲的想法，不能成立。中國古代可能有人偶然漂流到美洲，但是兩地的來往微乎其微，中國人不瞭解美洲。

二、偽圖上美洲的四個破綻

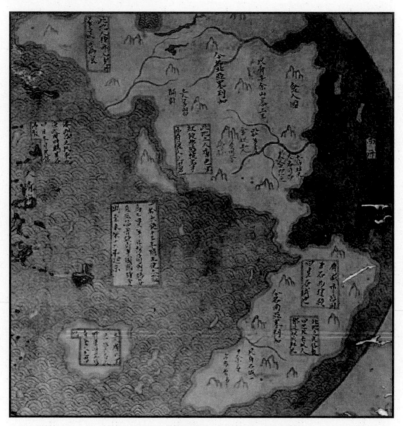

《天下全輿總圖》美洲部分

　　所謂《天下全輿總圖》，在墨西哥的西部，畫出一個巨大的島嶼，今墨西哥西部沒有大島，只有巨大的下加利福尼亞半島，這個半島畫成島，似乎有點早期探險誤畫的意思。

　　但是造假者忘記了，圖上的南美洲已經畫得那麼逼真，也就是中國人測繪完南美洲，卻把下加利福尼亞半島畫成島，這對於中國人來說可能嗎？這對於歐洲人來說是可能的，因為他們先到加勒比海，從巴拿馬地峽向中美洲西部挺進，先看到下加利福尼亞半島南部是半島，北部和陸地連接的部分最後發現。西方人先測繪美洲東海岸，再測繪美洲西海岸，比如美國國會圖書

館有一張 1650 年的《加利福尼亞島》地圖（如下圖），〔註 7〕這幅圖上的下加利福尼亞半島被誤畫爲島，但是我們注意到其北部的大陸海岸線也中斷了，說明歐洲人從南面開始勘測。但是東方人如果有可能發現美洲的話，最先接觸到的就是美國的加利福尼亞州。因爲南赤道暖流和北赤道暖流都是從美洲往亞洲流，只有北太平洋暖流是從日本流到美國和加拿大西海岸，中國人只有這一條路可能發現美洲，中國人最先到達美洲的地方就是加利福尼亞州，先看到下加利福尼亞半島北部和大陸連接的部分，後來才看到南部的半島，怎麼可能把下加利福尼亞半島誤畫成島嶼時，而把南美洲和北極圈內已經畫好呢？

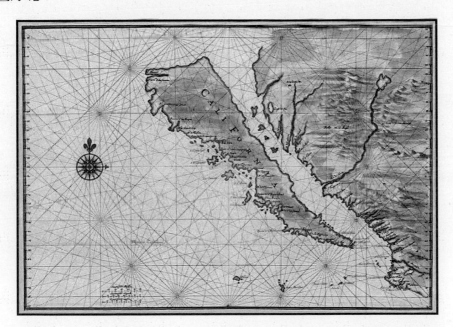

所謂《天下全輿總圖》上南美洲西南部，寫有：「凡有石城二十餘座，市多繁華。」石城不就是印加帝國的石城嗎？現在電視上和書上經常講到馬丘比丘遺址，就是安第斯山上的印加帝國最後的石城，造假者估計也看到了。但是印加帝國的石城在今秘魯西南部，在南美洲的中西部，不在西南部。

說造假者沒有地理知識也是委屈他們，但是他們的地理知識確實很差。居然在僞圖的美國東部寫下：「土多杉（？）木，大者可百尺（人？）合抱之。」造假者的意思是指世界最高樹巨紅杉和巨杉，但是他們根本不明白這種紅杉

〔註 7〕來源：維基百科，網址：
http://zh.wikipedia.org/zh-cn/File:California_island_Vinckeboons5.jpg。

分佈在美國西南部的加利福尼亞、俄勒岡二州，巨杉分佈在鄰近的內華達州，〔註8〕不在美國東部，這是初中生物教科書上早就介紹過的基本知識。

　　這幅滑稽的僞圖，把中國人極爲熟悉的東南亞、南亞、西亞、中亞、東非地區畫得很簡略，卻把中國人從來不瞭解的美洲、澳洲畫得很清楚，這不是很不合理嗎？這張圖上的北美洲北部居然畫得很大，還有兩條大河及諸多支流，這也違反常理，因爲舊大陸對美洲的勘測都是從溫帶、熱帶向極地推進，不可能從冰天雪地開始，或者著力於寒冷的加拿大北部，難道朱棣和鄭和對愛斯基摩人特別感興趣？其實這張僞圖上北美洲北部之所以被誇大，原因很簡單，我們在生活中經常看到一些世界地圖中高緯度地區都被誇大，初中地理教科書早就告訴我們這是採用不同製圖方法的結果。這就是正軸等角圓柱投影，又叫墨卡托投影，緯度60度處放大4倍，到緯度80度處放大33倍，如下圖。這種投影的後果就是比格陵蘭島大七倍的南美洲比格陵蘭島還小，難道中國人早已發明了墨卡托投影法？爲什麼我們的古籍和古地圖都看不出呢？

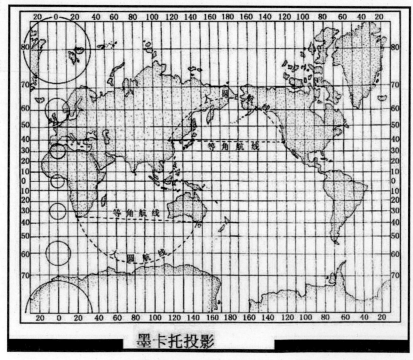

墨卡托投影世界地圖

〔註8〕〔美〕約翰·繆爾著、郭名倞譯：《我們的國家公園》，吉林人民出版社，1999年，第238頁。

三、世界河流的破綻

受太平洋板塊和美洲板塊碰撞的影響，所以美洲西部靠近海岸的地方是科迪勒拉山系，所以美洲的西海岸是沒有一條大河的，美洲的大河都在東部。造假者不明白這一點，在美洲的西海岸畫出兩條大河，但是美洲東部的三條大河——密西西比河、亞馬孫河、拉普拉塔河，居然都一點影子都沒有！如果中國人已經把南美洲東海岸畫出，怎麼可能沒有發現南美洲東海岸的那些巨大的河口，怎麼可能在南美洲東面不畫任何河流，卻在南美洲西海岸畫出兩條大河？

不僅美洲有這個大問題，非洲也一樣，《天下全輿總圖》非洲有五條大河，但是最大的尼羅河居然被畫成一條最短的河，這怎麼可能呢？因為地中海是早期西方文明的核心，尼羅河一直為西亞人熟悉，所以中國人很早就知道尼羅河這條大河了。《永樂大典》卷 3526 說：「密斯兒之地，有清水江一道，名盧的泥勒。」密斯兒即阿拉伯語埃及 Misr，清水江即尼羅河，盧的泥勒是波斯語尼羅河（Rūd Nīl）。說明中國人至少在明初就已經瞭解尼羅河，甚至遣使到埃及。〔註 9〕亞洲的印度河居然在圖上沒有，這怎麼可能呢？印度河在中國上古典籍中就有記載，東漢以後，佛教傳入中原，印度的這條大河開始為中國人熟知。

不管是中國人還是西方人，不可能把各大洲的大河或者大河的河口畫沒了，因為大河的河口不僅是海上航行的重要地標，舊大陸的河口三角洲往往是城市集中的文明核心地區，新大陸的河口更是探險家深入內陸勘測的便捷通道。所以我們看西方的早期所有的世界地圖，大河的河口，一定是詳細繪製的，大河的長度在圖上一目了然。《天下全輿總圖》的造假者當然不知道這一點，所以在偽造時恰好把最重要的幾條大河全部忘記了。

〔註 9〕劉迎勝：《明初中國與亞洲中西部地區交往的外交語言問題》，江蘇省紀念鄭和下西洋 600 週年活動籌備領導小組編《傳承文明、走向世界、和平發展：紀念鄭和下西洋 600 週年國際學術論壇論文集》，第 111 頁。

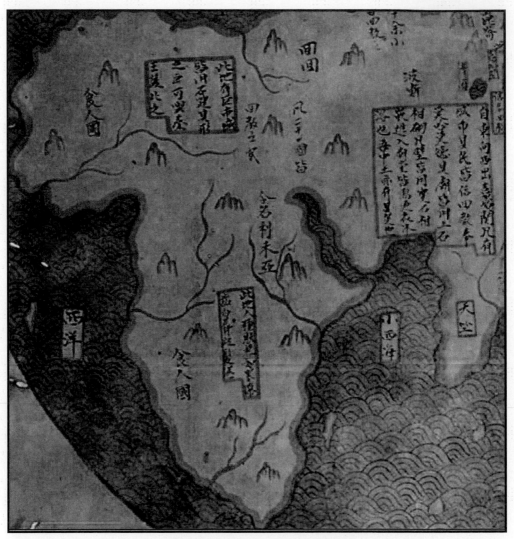

《天下全輿總圖》亞非部分

四、和鄭和有關的四個破綻

　　圖上和鄭和最直接的聯繫就是右下方太平洋位置中間的紅框內寫著：「一於永樂十三年，隨正使太監馬三寶等，往榜葛剌諸番，直抵忽魯謨斯等國，開讀賞賜，至永樂十六年回京。」包括劉鋼在內的很多人如獲至寶，把這句話當成《天下全輿總圖》是鄭和發現世界的證據。

　　其實這個紅框內的話有四個荒唐之處：

　　1、這句話實際是出自費信《星槎勝覽》卷首費信的一句話：「一於永樂

十三年隨正使太監鄭和等往榜葛剌諸番直抵忽魯謨斯等國開讀賞賜，至永樂十四年回京。」〔註10〕但是《星槎勝覽》這句話的前後還有三句話都是「一於」開頭的，因為這四句話寫的是費信四次下西洋的航程，所以每句話都是「一於」開頭。圖上的話沒頭沒尾，怎麼可能用「一於」開頭呢？我們從來沒有在地圖上看到這種體例，事實上也是不可能存在的。

2、鄭和的地位很高，三寶只是俗稱，明朝的正式文獻裏都是稱鄭和，我用包含1萬多種電子化古籍的《中國基本古籍庫》搜索中國明代古籍，共有 37 條「馬三寶」，沒有一條是指鄭和的；再搜索清代古籍，有 66 條「馬三寶」，只有一條指鄭和，出自南京人陳作霖《可園詩存》卷二十七《入靜海寺登三宿巖》引文：「至明永樂中，太監馬三寶返自西洋。」〔註11〕明清古籍汗牛充棟，陳陳相因，如果早有把鄭和稱為馬三寶的說法，不可能只有一條。陳作霖（1837～1920 年）是近代人，〔註12〕可見馬三寶不過是很晚出現的一個俗稱。

3、榜葛剌是今天的孟加拉國，忽魯謨斯在今霍爾木茲海峽，忽魯謨斯即霍爾木茲異譯，〔註13〕如果有人要在地圖上說鄭和到這兩個國家，只能是標在印度洋的位置，怎麼會標在太平洋東南部的位置呢？

4、黃時鑒已經指出鄭和七下下西洋時間為：1405～1407，1407～1409，1409～1411，1413～1415，1417～1419，1421～1422，1431～1433，所以此圖上說永樂十三年（1415 年）到十六年（1418 年）下西洋是錯誤的。其實伯希和早已考訂《星槎勝覽》所說永樂十三年到榜葛剌的船隊由太監侯顯統率，鄭和本人沒去榜葛剌國。〔註14〕通過我新發現明代張鼐《寶日堂初集》的珍貴史料記載，〔註15〕證明了伯希和這一觀點。

這四個破綻，顯然無法解釋，其實就是造假者沒有太高的水平，所以露出馬腳了。

〔註10〕〔明〕費信著、馮承鈞校注：《星槎勝覽》，第 1 頁。

〔註11〕陳作霖：《可園詩存》，《續修四庫全書》第 1569 冊。

〔註12〕陳作霖、陳詒紱：《金陵瑣志九種》，南京出版社，2008 年，前言第 1 頁。

〔註13〕詳參〔德〕廉亞明、葡萄鬼著、姚繼德譯：《元明文獻中的忽魯謨斯》，寧夏人民出版社，2007 年。

〔註14〕〔法〕伯希和著、馮承鈞譯：《鄭和下西洋考》，北京：中華書局，2003 年，第 54 頁。

〔註15〕周運中：《明初張璿下西洋卒於孟加拉國珍貴史料解讀》，《南亞研究》2011 年第 2 期。

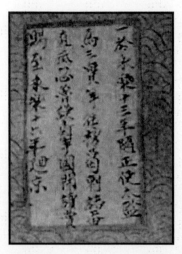

《天下全輿總圖》出現馬三寶字樣的紅框

五、南方大陸的破綻

上文所說有關鄭和的四個破綻下方還有一個很大的島，很像是澳大利亞大陸，其東面還有兩個島，很像是新西蘭的南島和北島。但是這些島或者說是大陸的位置不對，過於靠近南美洲。爲什麼圖上會出現這些島呢？

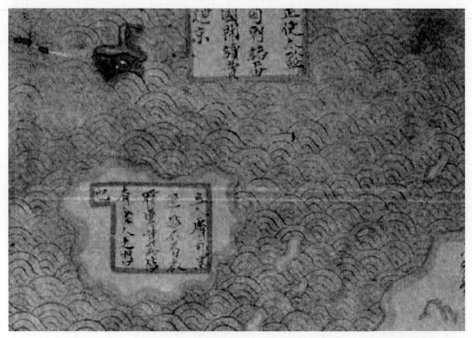

《天下全輿總圖》的南方大陸

其實道理很簡單，在古希臘就出現了地圓說，西方人認為既然地球是圓的，南北應該平衡，北半球陸地多於海洋，至少有他們熟悉的亞歐大陸和非洲大陸的北部，那麼南方應該也有一塊很大的大陸用以平衡。等到地理大發現後，歐洲人首先發現美洲，發現南美洲和非洲的南部至少不是太大，這塊假想的南方大陸一定在太平洋和印度洋之間。所以早期的世界地圖上都有一塊很大的南方大陸，並且和今天的南極洲連為一體。當然，那時尚未勘測澳洲和南極洲大陸。所以這塊假想的南方大陸不僅包括今天的澳大利亞和南極洲，還包括今天澳大利亞和南美洲之間的很多地區。等到澳洲大陸實際勘測之後，歐洲人才發現原來澳洲大陸並非太大，並且和南極洲是分離的，地圖上假想的南方大陸才消失。不過南方大陸的名字卻保留至今，就是 Australia 一名的由來。

《天下全輿總圖》的造假者，看見歐洲人繪製的早期世界地圖上有這一塊假想的南方大陸，又不明其來歷，總覺得和今天的世界地圖不像，於是畫了其東面的一塊，權且當成澳大利亞。殊不知歐洲人測繪澳大利亞海岸畫了200 多年，談何容易！1605 年荷蘭人首先到達澳洲北部，整個 17 世紀荷蘭人對澳洲海岸的探險都是局部的。1770 年英國庫克船長沿澳洲東部航行，發現南方大陸不存在，澳洲是獨立大陸，1788 年英國人在悉尼建立殖民地。（註16）如果中國人要完成整個澳大利亞的測繪，至少也要花上 100 多年吧！為什麼鄭和下西洋短短幾十年就能完成？還是從宋代、元代就開始測繪？澳大利亞的面積當然比不上美洲大，但是澳大利亞的自然環境很特殊，其北部海岸是熱帶雨林，西部海岸是熱帶沙漠和熱帶草原氣候，都是中國人很陌生並且很難適應的環境。而最宜人居住的東南部又離中國人最遠，中國人測繪澳大利亞可能非常容易嗎？

中國人很早就熟悉印度尼西亞，但是卻不能越過其南部海域，進而到達澳洲，這是因為南赤道暖流從西向東流過，北半球的船隻難以穿過。赤道北部地區，是季風地區，中國人可以借助季風，順利來往南洋群島和中國。但是赤道南部地區，風向是東南風，北半球的船隻也難以逆風到達澳洲。正是因為是東南風，所以造成澳大利亞中西部的大部分土地都是沙漠或草原，因為來自赤道地區的水汽不能到達這裡。所以不要說是中國人，就是南洋群島

〔註16〕　〔美〕保羅・布羅爾著、馬宏偉譯：《歐洲帝國探險家》，山東畫報出版社，2002 年。

的土著也很難到達澳洲，否則即使中國人遠離澳洲，還可以通過南洋土著作爲引導，從而接近澳洲。

但是歐洲人雖然比中國人更加遠離澳大利亞，可是卻有很多便利，因爲歐洲人從非洲南部或南美洲南部到達澳大利亞，首先到達的正是其宜人的南部。澳大利亞西南部是地中海氣候，這是歐洲人熟悉的南歐氣候。澳大利亞東南部是溫帶海洋性氣候，又是西歐人熟悉的氣候。所以英國人首先到達其東南部，並且在這裡建立殖民澳洲的基地，以至於今天澳洲的中心仍然在其東南部，是有地理環境的天然基礎的。

六、結語

綜合前人辨僞及本文新證，我們不難推測，該圖的造假者是一個有粗淺歷史和地理知識的人，但是他的水平還是很差，所以破綻百出。非歷史地理專業的人可能看不出，但是對歷史和地理稍有研究的人就會發現很多漏洞。眾多學者著力於辨明一張僞圖，也不是浪費時間，這既是一場有益的科普活動，這也是對我們現有學術水平的一場檢測。

劉鋼熱愛祖國的拳拳之心值得敬佩，他爲了高價購得的地圖辯護也可以理解，但是科學研究有時必須超越感情之外，上引周振鶴師一文題目即是：歷史研究無關個人情感。經過眞正的客觀研究，我們必須承認所謂《天下全輿總圖》是一份實在不太高明的假貨。

2011-8-21 修訂、2017-7-31 再改

鄭和下西洋扶持柯枝出於宗教原因嗎？

鄭和下西洋研究是一門世界性的學問，不僅中國學者關注，全世界學者都很關注。今年《復旦學報》第二期刊登了美國紐約市立大學歷史系教授、美籍印度裔學者沈丹森（Tansen Sen）的論文，此文首先總述中國船進入印度洋航運的歷史，文章第一句說：「7 世紀之前，中國的南部沿海是一片被忽視的邊疆。」第一節開頭又說：「一直到 11 世紀末，主導中國和印度洋之間海上交通的是波斯／阿拉伯、南亞和東南亞的船舶。」又說：「直到 8 世紀，中國朝廷似乎才對來自沿海地區的外國奢侈品產生興趣。」此文又提出一個非常新穎的觀點，他說明朝看到古里（今卡利卡特 Calicut）和柯枝（今科欽 Cochin）

在競爭，因為古里的統治者是穆斯林，而且在 15 世紀中期屠殺華人，鄭和可能在此次衝突中受傷而死，所以鄭和下西洋要扶持柯枝，在第五次下西洋時封禪柯枝國的山為鎮國之山，同時受封的還有日本、渤泥、馬六甲的三個山。因為明朝不再重視古里，所以 1416 年之後，古里往中國的使節少了，說明關係開始惡化，古里不再是最後兩次下西洋的目的地。〔註17〕

沈丹森此文先是竭力否定中國的航海成就，否定中國幾千年來對印度洋的影響，在鄭和下西洋這個無法否定的歷史事件上，他就說中國別有用心，因為宗教原因來插手印度半島國家之間的競爭，事實是這樣的嗎？

首先，沈丹森對中國歷史嚴重缺乏瞭解，《淮南子・人間》說嬴政：「又利越之犀角、象齒、翡翠、珠璣，乃使尉屠睢發卒五十萬，為五軍，一軍塞鐔城之嶺，一軍守九疑之塞，一軍處番禺之都，一軍守南野之界，一軍結餘干之水。三年不解甲馳弩，使監祿無以轉餉。又以卒鑿渠而通糧道，以與越人戰，殺西嘔君譯籲宋。而越人皆入叢薄中，與禽獸處，莫肯為秦虜。相置桀駿以為將，而夜攻秦人，大破之。殺尉屠睢，伏屍流血數十萬，乃發謫戍以備之。」嬴政之所以要派五十萬大軍南征嶺南，就是為了獲得南越的犀角、象牙、翡翠和珍珠，說明中國的君主早就對南海之濱的奢侈品感興趣，六朝隋唐就更不必說了，如何會晚到 8 世紀呢？至於來自西亞的物品在戰國時代就通過海路輸入北方，山東省青州市戰國齊王墓出土了來自波斯地區的銀盒，口沿有埃蘭文，年代大約在公元前 9～6 世紀，山東半島戰國古墓還出土了來自地中海東岸地區的玻璃珠，〔註18〕更不用說到了秦漢時代，不可能晚到唐代。

沈丹森不瞭解中國文化自古以來就是多元一體，不是純粹的黃河流域北方文化，中國人從來對熱帶海洋不陌生。《左傳》僖公四年楚國使節對齊國人說：「君處北海，寡人處南海。」楚國其實不靠南海，為什麼還要說自己在南海？因為中國人都知道中國四周是海，說明中國人很瞭解海洋。楚國在戰國時期已經把疆域擴展到了嶺南，更加靠近南海。

中國的南部沿海在 7 世紀之前是被忽視的邊疆嗎？《漢書・地理志》說：

〔註17〕沈丹森：《中印海上互動：宋至明初中國海上力量在印度洋沿岸的崛起》,《復旦學報》2014 年第 2 期。

〔註18〕林梅村：《絲綢之路考古十五講》，北京：北京大學出版社，2005 年，第105 頁。

「自日南障塞、徐聞、合浦，船行可五月，有都元國。又船行可四月，有邑盧沒國。又船行可二十餘日，有諶離國。步行可十餘日，有夫甘都盧國。自夫甘都盧國船行可二月餘，有黃支國。民俗略與珠崖相類。其州廣大，戶口多，多異物，自武帝以來，皆獻見。有譯長，屬黃門，與應募者俱入海，市明珠、璧流離、奇石異物，齎黃金雜繒而往。所至國皆稟食為耦，蠻夷賈船，轉送致之，亦利交易，剽殺人，又苦逢風波溺死。不者，數年來還。大珠至圍二寸以下。平帝元始中，王莽輔政，欲耀威德，厚遺黃支王，令遣使獻生犀牛。自黃支船行可八月，到皮宗。船行可二月，到日南象林界云。黃支之南，有已程不國。漢之譯使，自此還矣。」漢武帝剛滅南越，就派使節去南亞的黃支國。漢朝滅南越的次年，就在海南島上設郡，不僅南部沿海沒有被忽視，連海南島也沒有被忽視！

西漢不僅繼承了南越國在越南設立的交趾郡，還在嶺南的南部沿海新成立一個合浦郡，合浦郡的主要職能就是海外貿易以及獲取熱帶特產，徐聞、合浦是南海航路的起點，所以現在廣西合浦發現很多漢墓都有來自南亞、西亞的珍寶，《晉書》卷五十七《陶璜傳》說西晉平吳後交州牧陶璜上書：「合浦郡土地磽確，無有田農，百姓唯以採珠為業，商賈去來，以珠貿米。」《輿地紀勝》雷州引《元和郡縣圖志》說徐聞縣：「漢置左右侯官，在縣南七里，積貨物於此，備其所求，與交易有利，故諺曰：欲拔貧，詣徐聞。」合浦郡的五個縣有四個在海濱，是一個特殊的海洋性政區，合浦郡的設置說明漢朝非常注重南部邊疆。

美國作家李露曄（Louise Levathes）描寫鄭和下西洋的著名作品，前言就說：「中國人絕非是歷史上時常被述及的陸地民族，他們在文明的伊始就說熟練又愛冒險的船民。」〔註19〕她的書從中國歷代航海史說起，可見不是所有外國人都否定中國人歷史上悠久的航海傳統。

中國人的海船在 11 世紀之前沒有到過印度洋嗎？阿拉伯人馬蘇第在 943 年寫成的《黃金草原》說：「個羅國位於前往中國的半途，目前，該城是錫拉夫和阿曼等國伊斯蘭大商船的總彙集點，在這裡與中國商船相遇，過去的情況則不同：中國船隻直接駛往阿曼、錫拉夫、波斯沿岸、巴林沿岸、奧博拉和巴士拉等國，同時，這些國家的船隻也直接駛向中國。後來，各總督的裁

〔註19〕 〔美〕李露曄著、邱仲麟譯：《當中國稱霸海上》，廣西師範大學出版社，2004年，第 5 頁。

決失去信任，他們的企圖喪失了公正性，中國的情況已發生變化⋯⋯各國商船便選擇了這個中轉地點進行接觸。」〔註20〕可見唐代的中國商船直接開往阿曼與波斯灣等地，由於阿拉伯的總督一時不公，導致很多中國商船在今馬來西亞西北的個羅中轉貿易。所以沈丹森說11世紀之前中國人的海船不能進入印度洋，不能成立。

摩洛哥人埃德里奇在1154年寫的《諸國風土記》說：「據說每當中國的經濟受到叛亂之騷擾，而暴政與混亂又在印度達到極限，中國人便將其貿易轉向闍婆格及其附屬島嶼⋯⋯故中國人與島民們日益熟悉親切，其原因是由於中國人公道、文雅、彬彬有禮、容易處事。」〔註21〕可見原來中國人經常去印度，有時因爲印度的暴政和混亂才回到東南亞，不知沈丹森有沒有看到這則史料。

印度宗教多樣，印度人自然喜歡從宗教視角思考歷史問題。但是中國人自古以來沒有濃厚的宗教觀念，所以中國是全世界最少發生宗教戰爭的文明古國。如果鄭和時代眞的有沈丹森說的宗教衝突，爲什麼中國的史料不記載？鄭和本人出自穆斯林家庭，他又篤信佛教，完全不排斥媽祖及龍王等民間信仰，正德《江陰縣志》記載永樂十四年鄭和重建了江陰的龍王廟，可見凡是有利於下西洋的宗教活動，鄭和都積極參與。但是鄭和沒有偏向任何宗教，他本人七下西洋，也沒去麥加。七次下西洋唯一去麥加的一次是第七次，本來也沒有安排去麥加，不過是因爲到達也門突然遇到戰亂，商品無法出售，所以才臨時決定去麥加。〔註22〕鄭和下西洋的目的絕非宗教目的，而且沈丹森說古里吞併柯枝在15世紀末，鄭和下西洋已經停止幾十年，這條證據自然不能令人信服。他又說鄭和在古里戰死，引用林梅村先生的文章《鄭和忌日及身後事》，可是我找到林文，發現林文根本沒說鄭和在古里戰死！沒有任何證據表明鄭和在古里發生戰爭，是不是沈丹森想像出來的故事？

林梅村的文章說到第七次下西洋去的時候在古里停留四天，回來在古里停留十天，這是出自祝允明的《前聞記》記載第七次下西洋的日程，其中沒說第七次下西洋在柯枝停留，不知沈丹森如何解釋？

〔註20〕〔法〕費瑯輯注、耿升、穆根來譯：《阿拉伯波斯突厥人東方文獻輯注》，第114頁。

〔註21〕〔法〕費瑯輯注、耿升、穆根來譯：《阿拉伯波斯突厥人東方文獻輯注》，第195頁。

〔註22〕周運中：《鄭和下西洋新考》，第101、348～351頁。

　　鄭和下西洋前三次的終點是古里，不能證實明朝最重視古里，事實上元朝的船隊已經到達霍爾木茲，所以明朝自然也要去霍爾木茲，前三次到古里不過是爲以後去霍爾木茲做準備，第四次到第七次去霍爾木茲還是從古里出發，怎麼能說明朝此後就不重視古里了呢？沈丹森不看鄭和七次下西洋的路線，以論代史，先入爲主地編造出一個小說。

　　葡萄牙人剛到印度不久，1500 年在古里設立商館，就聽說古里君主給他們設立商館的地方叫 China-cota，也即中國人的堡壘。還聽說在葡萄牙人到來的八十年前，就有 Chins（中國人）持續訪問印度和波斯灣的諸多港口，擁有很多商館。〔註 23〕葡萄牙人並沒有發現柯枝有中國商館，可見中國人在古里的影響很大，並不比對柯枝的影響小。

　　明朝封禪柯枝之山，說明當時明朝確實重視柯枝，但是我們完全可以找到眞正的原因。元末的汪大淵《島夷志略》下里條說：「國居小具喃、古里佛之中，又名小港口。山曠而原平，地方數千餘里。民所奠居，星羅棋布，家給人足，厥田中下。農力耕，氣候暖。風俗淳，民尚氣，出入必懸弓箭及牌以隨身。男女削髮，繫溜布。地產胡椒，冠於各番，不可勝計。椒木滿山，蔓衍如藤蘿，冬花而夏實。民採而蒸曝，以乾爲度。其味辣，採者多不禁。其味之觸人甚，至以川芎煎湯解之，他番之有胡椒者，皆此國流波之餘也。」下里即今柯枝南面 50 千米的阿勒皮（Alleppey），馬歡《瀛涯勝覽》說柯枝：「土無他產，只出胡椒，人多置園圃種椒爲業。每年椒熟，本處自有收椒大戶收買，置倉盛貯，待各處番商來買……名稱哲地者，皆是財主，專一收買下寶石、珍珠、香貨之類，候中國寶船或別國番船客人來買，珍珠以分數論價而買。」柯枝一帶是海外出產胡椒最多之地，而胡椒正是鄭和下西洋主要採購的香料，所以明朝自然要重視柯枝。柯枝也有商人販賣寶石、珍珠，商品多樣。而古里的主要商品是西洋布，雖然也很精美，但布匹畢竟不是中國缺乏的商品。

　　鄭和下西洋第四次到第七次還增加了非洲航線，從印度去非洲自然不需要從太北的港口出發，繞過印度最南邊的科摩林角，就是柯枝國，所以自然是從柯枝國西渡最好。因此非洲航線的增加也是明朝重視柯枝的重要原因，沈丹森把這個重要的原因忽視了。

　　　　　　　　　　　　　　　

〔註23〕〔葡〕巴洛斯、〔西〕艾斯甲蘭蒂等著、何高濟譯：《十六世紀葡萄牙文學中的中國、中國帝國概述》，北京：中華書局，2013 年，第 67 頁。

葡萄牙首任遣華使節多默・皮列士在 1512～1515 年間寫成《東方志》，他說科欽國：「很小但很強大……現在他是所有國家中最強大的，並且是整個馬拉巴爾土地的首領。」可見柯枝沒有衰落，皮列士又說：「克朗格諾爾和科欽是最近的輸運這種胡椒的停泊港……科欽的胡椒是最好的。」〔註 24〕可能正是因為科欽掌握了胡椒資源，所以一直很強大。沈丹森說古里在 15 世紀末吞併柯枝，給人造成一種錯誤印象，好像明朝在扶持一個衰亡的國家。其實鄭和下西洋時代沒有柯枝要被古里吞併的記載，所以明朝扶持古里還是主要出於胡椒貿易的考慮，不是出於宗教原因，也不是出於政治原因。

所以明朝扶持柯枝的原因本來不是很難發現，也不是什麼驚人的秘密，不過是出於普通的經濟原因，非洲航路的因素本質也是經濟原因。沈丹森一定看到柯枝盛產胡椒的諸多記載，但是他非要虛構一個鄭和死於宗教戰爭的故事，可能是為了吸引外國人的注意，可惜不能成立。

同樣是美國學者，歷史學家菲利普・D・柯丁指出鄭和下西洋：「雖然他們時常同當地的武裝力量發生軍事衝突，但他們航海主要不是出於軍事上的目的，並未盡力樹立中國在印度洋上的永久的航海霸主地位。」〔註 25〕英國歷史學家赫德遜說鄭和下西洋：「從動機說基本上都是和平的，但船上卻有強大的武裝部隊，用來懲處對使節的侮辱或陰謀。」我認為此說合理，鄭和下西洋的初衷不是戰爭。〔註 26〕可見很多外國學者仍然能把握鄭和下西洋的特點，一些鼓吹鄭和謀求建立軍事霸權的學者未必是學界的主流。

福建多處所謂鄭和遺跡辨析

福建省長樂市潭頭鎮二劉村龍峰山上的晦翁岩，據說是南宋朱熹在此講學，朱熹晚年號晦翁而得名。今人編纂的《晦翁巖志》（劉潤生主編，福建省地圖出版社，2003 年出版）開頭就說，明永樂年間，三保太監鄭和下西洋在此修葺龍峰書院，又稱三寶巖，隆慶六年（1572 年）長樂知縣蔣以忠認為不能用太監的名字命名，下令改名晦翁巖。編纂者之所以

〔註 24〕　〔葡〕多默・皮列士著、何高濟譯：《東方志──從紅海到中國》，第 54 頁。
〔註 25〕　〔美〕菲利普・D・柯丁著、鮑晨譯：《世界歷史上的跨文化貿易》，山東畫報出版社，2009 年，第 121 頁。
〔註 26〕　〔英〕赫德遜著、李申、王遵仲、張毅譯：《歐洲與中國》，北京：中華書局，2004 年，第 159 頁。

認爲晦翁巖和鄭和有關，主要證據是該書第十一章《藝文叢錄》第二節《詩歌》的第一首詩（第 180 頁），明代長樂人馬鐸的《遊方安里題三寶巖》詩云：「三寶巖前宿瘴開，滄浪日色照崔巍。天香半襲瑤池草，花影全侵石徑苔。龍起黑潭千嶂合，鳳鳴陽德九霄來。舉頭自覺蓬萊近，滿眼文星接上臺。」

這首詩出自清代乾隆賀世駿《長樂縣志》等古代文獻，詩的本身沒問題，問題是馬鐸是永樂十年（1412 年）的狀元，永樂二十一年就卒於任上。他在世時，這座山就已經因爲鄭和而叫三寶巖了嗎？我認爲也許不太可能，因爲所謂鄭和在這裡活動的說法，在史書上沒有任何明確記載，這本身就說明鄭和很可能沒有在這裡活動過，否則地方志怎麼能失載？即使鄭和眞的曾經在此活動，三寶不過是鄭和的小名，以鄭和當時的官位，永樂年間鄭和還在世時不可能就叫三寶巖。元代很多普通人的小名叫三寶奴，這是源自佛教的三寶佛、法、僧的觀念，所以晦翁巖在永樂之前已有三寶巖的名字，很可能源自佛教，山上就有佛寺，很可能不是源自鄭和。把鄭和俗稱爲三寶太監的說法，是從明代晚期才開始流行，明初不可能出現。

但是到了明末，因爲鄭和的名聲在長樂比較大，所以當地人才出現三寶巖源自鄭和的訛傳。《長樂縣志》有蔣以忠的《晦翁巖記》，被《晦翁巖志》第十一章第一節《文選》（第 168 頁）收錄，蔣以忠說：「隆慶壬申八月，余政暇一往登臨，乃里人輒喚三寶巖。余問故，咸謂斯亭也始內官三寶者創，故名。嘻！有是哉？龍峰以巖著，岩賴晦公始顯也，名巖顧掩翁，乃崇一內侍，其胡以訓？亟命易題爲晦翁巖，且申令於里人，毋或仍故喚，作斯巖羞。」可見三寶巖的名字出自民間傳說，出現的時間比較晚，早期的地方志沒有任何明確記載。晚出的一些地方志根據蔣以忠的文章，記載了這個傳說，當然更不足爲據，比如萬曆年間何喬遠的《閩書‧方域志》說籌峰山：「一名龍峰。皇朝中璫鄭和嘗加葺治，人名之曰三寶巖，以和奉使入海，人稱三寶太監也。隆慶間，令蔣以忠易之曰晦翁巖。」何喬遠編《閩書》主要依據各地的地方志，包括《長樂縣志》。

清代之後的很多地方文獻更不足爲據，本文不再贅抄。今人編纂的《晦翁巖志》附錄三《鄭和石像考證》，也沒有發現任何新的證據。所謂鄭和修葺書院的說法，更是明代蔣以忠都沒有提到的說法，我們在其他文獻中很少看

到有鄭和修葺書院的記載。龍峰書院在南宋就已經創立，當地人劉砥、劉礪師從朱熹。嘉靖年間，福建提學使潘璜讓長樂知縣曾銑修葺，改名三賢祠，祭祀朱熹和劉砥、劉礪。如果鄭和真的修葺過龍峰書院，為何有關龍峰書院的文獻都沒有提到？哪怕古代的儒家不喜歡鄭和，也不應該不提到任何線索，所以鄭和修葺龍峰書院的說法缺乏根據，今人編纂的《晦翁嚴志》不足為據。長樂是明代鄭和下西洋很重要的地方，所以在龍峰山等地或許出現這樣的附會，但是仍然需要辨析。

據說泉州惠安縣東園鎮琅山村的海邊據說有三寶宮，本名太保宮，早已被破壞，1987 年重修，挖出佛像，村民隱約記得供奉三寶佛，祭祀日是四月初八。這個廟顯然是佛寺，四月初八是佛誕日。但是非要有人把佛教的三寶牽強附會為鄭和，找不到任何證據，說鄭和已經佛化。〔註 27〕我以為這是牽強附會，請問在別的地方能找到鄭和佛化的例子嗎？鄭和能輕易佛化嗎？有文獻或文物的證據嗎？可見，這種牽強附會已經到了令人瞠目結舌的地步。早有學者指出，所謂泰國三寶廟，其實是佛寺，不是鄭和廟。〔註 28〕

再看長樂南部的漳港鎮仙岐村 1992 年出土的顯應宮神像，這個廟在晚清被掩埋在地下。這組神像，根據當地現代的民間傳說是巡海大神，因為南方話神、臣同音，有北京的學者誤以為是巡海大臣，甚至在毫無證據的情況下就說是鄭和。論證是鄭和的人，長篇累牘地抄錄長樂和鄭和有關的資料。〔註 29〕其實這在邏輯上不能成立，長樂和鄭和有關不等於長樂的所有事物都和鄭和有關，這些資料不能成為顯應宮和鄭和有關的證據。即便巡海大神是巡海大臣，明代的巡海大臣很多，明代還設有專門的巡海副使，為何巡海大臣一定就是鄭和呢？現在所謂論證這組神像的主神是鄭和的文章，都找不出一條實際根據，只是說樣子像鄭和，顯然是不切實際的臆測。

〔註 27〕　王豐豐：《三寶太監鄭和崇拜研究》，《泉州港與海上絲綢之路（三）》，中國社會科學出版社，2005 年，第 374～375 頁。

〔註 28〕　章樂綺、章樂民、丘清華：《鄭和與泰國的三寶公佛寺》，江蘇省紀念鄭和下西洋 600 週年活動籌備領導小組編《傳承文明、走向世界、和平發展：紀念鄭和下西洋 600 週年國際學術論壇論文集》，第 165～170 頁。

〔註 29〕　鄭明：《對長樂出土鄭和群塑的考證》，《鄭和研究》2003 年第 1 期。萬明：《顯應宮「巡海大臣」為鄭和考》，《中國社會科學報》2003 年 3 月 12 日。

長樂顯應宮塑像（周運中 2015 年 6 月 23 日攝於廈門博物館）

　　長樂鄭和研究會學術的顧問張國英指出，主神像的嘴唇上至今還有黑色的鬍鬚，非常顯著，下頷還有三個小孔，說明原來掛有鬍鬚，因爲神像從清末就被掩埋在地下，所以鬍鬚丟失非常正常。東南沿海的人熟悉民間神像的基本常識，而被北京的學者忽視。

　　其實長樂顯應宮在南宋淳熙《三山志》卷九有記載說：「長樂，植柱廟，

縣南。唐開元中，有神降於察山之陰，乘大木溯湍流而上。漁者林生負而趨下還。不旋踵復溯而至，如此者三。心異之，取而置石室下，遠近望之若植柱，遂以爲名廟。嘗有洪氏女浣紗其旁，見若銀巵浮水，褰裳探之，水漸深，爲蛟所吞。其家訴於神，不終日，雷雨暴作，剚蛟於水濱。得女屍蛟腹中。洪氏感涕，盧其居，刻所取木爲像，塑其女配焉。景祐中，縣尉王侯以禱雨獲應，倡里人更立廟宇。紹興三年，賜額顯應。」《三山志》記載地如此清楚，但是現在網上很多人竟然說這座廟建於紹興八年，源自明清地方志的誤抄，現代人不查南宋淳熙《三山志》，眞是以訛傳訛。紹興三年（1133 年），長樂縣的植柱廟改爲顯應宮，說明此前早有此廟，供的是不知名的神。這個廟在長樂並不是很有名，巡海神或巡海臣的說法不過是當代的民間傳說，找不到任何史書根據。如果不是因爲 1992 年建長樂機場，這座廟現在還埋在地下。

據《海峽都市報》2015 年 7 月 4 日報導，2015 年 6 月 27 日，長樂顯應宮召開的學術研討會上，福建省文史館員歐潭生和閩南文化研究院研究院湯漳平都認爲顯應宮的主神像是開漳聖王陳元光，和漳州等地的陳元光雕塑基本一致。湯漳平在《閩江學院學報》2015 年第 6 期發表的《長樂漳港顯應宮出於開漳聖王神像之探究》指出，民間稱顯應宮爲大王宮，供奉阮高大王，因爲福州話的元光和阮高近似，後代人忘記原名。其實漳港鎮的名字就表明本地有移民來自漳州，民間傳說就是如此。

但是在這個會上，中國國家博物館的雷從雲認爲，顯應宮主神像旁邊的一個小神像，頭戴圓帽，身穿長袍，腰繫錢袋，明顯是阿拉伯商人的形象，所以主神像是鄭和。〔註30〕我認爲這種說法毫無根據，查看這個小神像，頭上戴的帽子是現在紹興等地常見的氈帽，南方很多地方原來都有，不能證明就是明代的阿拉伯人。身穿長袍更不能成爲證據，明代所有中國人穿的都是長袍，清代才改穿馬褂！所謂錢袋，更是無從著落，因爲那不過是衣服的褶子。爲何鄭和的身邊會有一個阿拉伯商人？史書從未說到鄭和的身邊會有阿拉伯商人，這不符合當時的歷史情形，以鄭和的高位，他的身邊會有阿拉伯商人嗎？再說明代的福建沿海也找不到阿拉伯商人的歷史記載，所以這些都是今人的想像，錯誤的根源是把唐宋的福建史和明代的福建史混淆，唐宋的福建有很多阿拉伯人，所以有人誤以爲明代的福建也有阿拉伯商人。其實不但從服裝看不出是阿拉伯人，就是面容也看不出是阿拉伯人，根本就是普通的中國人。

〔註30〕雷從云：《鄭和塑像及其他》，《航聲》2003 年第 1 期。

很多人主張長樂顯應宮不可能供奉鄭和，因為這個廟的偏殿原來有媽祖像，鄭和信奉媽祖，不可能把媽祖放在偏殿，主神的地位一定比媽祖的地位高，所以只能是開漳聖王等著名的神。福建沿海很多地方的民間神靈都有海神功能，包括開漳聖王等，所以巡海大神的名號不能說明問題。一些北方的學者對福建的民間信仰缺乏基本的瞭解，看到海神就想到鄭和，殊不知福建的海神太多。如果他們看到福建沿海有那麼多的海神，或許就不會那麼輕易地說是鄭和。

福建省龍海市角美鎮鴻漸村有一座太保廟，傳說源自鄭和，我親自到這座廟考察，看不出廟中有任何有關鄭和的地方。這座廟非常小，長寬僅有三米，廟的門口左側有一塊 1922 年的碑，講的是本地修理水利工程的事。廟中有兩個神像，沒有名號，樣貌也比較普通。廟內的牆上有一塊華僑捐資重建太保公廟的碑，碑文全文是：「由旅菲華僑許文仲先生捐資一萬元在原址重建，由旅馬來西亞華僑許萬益先生捐資一千二百元雕刻二位神像，由旅菲華僑許萬嵩先生捐資一千二百元雕刻二位神像，於一九八六年重建。」廟的門額上方寫有二位太保四個字，對聯是：濟當代乎黎庶德垂鳳山、著千古之功勳德封太保。太保是古代的官職，又成為一些民間信仰中神的名號，但是鄭和沒有太保的名號。福建、廣東、臺灣等地很多地方都有太保廟，所以我認為這座廟是一座普通的民間廟宇，不是鄭和有關遺跡。

所謂這座廟有關鄭和的說法，據說最早出自本地某學者的說法，而他的說法沒有提供任何具體的根據。他說《閩都別記》記載一個傳說，鄭和船隊被風吹到白鷺島。姑且不論白鷺島是不是廈門，即便是廈門，也不能證明是鴻漸村，二者還有距離。何況《閩都別記》是清代中期的小說集，時間太晚，也不是史書。這位學者已經過世，我們難以查考他這種說法是否還有其他證據，但是我們發現當地民間沒有這個說法，所以很可能沒有多少證據。這種說法也沒有引起大家重視，所以很多人不知道這位學者有此說法。但是因為曾經出現這種說法，而且出現在一些書刊中，所以我認為有必要糾正。有人說，明末清初呂宋華僑帶回鄭和畫像，建立廟宇，供奉鄭和和王景弘。〔註31〕此說完全出自編造，不符合史實，但凡瞭解中國航海史的人都知道晚明派出太監掌管福建的海外貿易，如果華僑供奉明初下西洋的兩位太監，史書不可

〔註31〕王豐豐：《三寶太監鄭和崇拜研究》，《泉州港與海上絲綢之路（三）》，中國社會科學出版社，2005 年，第 376 頁。

能不提。事實上，晚明出海貿易的福建平民對壓榨他們的太監恨之入骨，不可能供奉下西洋的太監。原來學術界也無人知道王景弘是漳州人，在近來才被從地方志中重新發現。所以王景弘原來不為人所知，明末清初的漳州人不可能供奉王景弘。

鴻漸村因為地處九龍江口，明代就是出海貿易的要地，所以至今有很多華僑，但是九龍江口的航海傳統淵源很早，比宋元還要早，肯定不是始於鄭和，晚明開始九龍江口航海的復興也不是因為鄭和下西洋的緣故，所以我認為沒有必要把一些遺跡都要附會到鄭和的名下。

漳州鴻漸村的太保廟（周運中攝於 2014 年 6 月 4 日）

福建沿海附會鄭和的廟宇還不止上述四處，有的地方因為實在不出名，本文就不再贅述。有的廟宇因為供奉媽祖，所以宣傳資料會提到鄭和，再經轉抄，出現誤會。有的地方因為有建文帝的傳說，因而連帶說到鄭和，其實這些建文帝的傳說也沒有依據。一些地方人士穿鑿附會的原因是因為缺乏歷史知識，提到中國航海史，他們想到的僅有鄭和等寥寥幾人，其實在鄭和之前和鄭和之後的著名航海人物還有很多。一些專家也配合穿鑿附會，這尤其不應該，因為歷史考證必須要有堅實的證據，如果沒有任何堅實的證據便不能臆測，一些捕風捉影的說法現在謬種流傳，有關機構必須要慎重說明。從新聞報導來看，地方媒體對專家的不同意見都很重視，不僅沒有掩蓋不同聲音，甚至還放在新聞標題上。這就說明辨析的主要責任應該在專家身上，科研和文博機構也有一定責任，如果專家把問題辨析清楚，公眾就不太會輕易盲從。

其實鄭和在明清時期的名聲比現在小很多，而且古代很多儒家官員非常鄙視鄭和，比如上海圖書館藏正德《江陰縣志》稱之為閹人鄭和，就是一個極端的典型。晚清以來，鄭和逐漸重新回到中國人的視野。因為當時中國被西方列強從海上侵略，所以希望能夠恢復明朝強大的海軍。國父孫中山先生《建國方略》第一部分《孫文學說》第四章《以七事為證》，就說到鄭和下西洋迅速造出當時世界上最大的海船，用以說明海船的重要性。〔註32〕

孫中山說：

當明初之世，成祖以搜索建文，命太監鄭和七下西洋。其第一次自永樂三年六月始受命巡洋，至永樂五年九月而返中國。此二十八個月之間，已航巡南洋各地，至三佛齊而止。計其往返水程以及沿途留駐之時日，當非十餘個月不辦；今姑為之折半，則鄭和自奉命以至啟程之日，不過十四個月耳。在此十四個月中，為彼籌備二萬八千餘人之糧食、武器及各種需要，而又同時造成六十四艘之大海舶。據《明史》所載，其長四十四丈、寬十八丈，吃水深淺未明，然以意推之，當在一丈以上，如是則其積量總在四五千噸，其長度則等於今日外國頭等之郵船矣。當時無科學知識以助計劃也，無外國機器以代人工也，而鄭和又非專門之造船學家也。當時世界亦無

〔註32〕時平：《孫中山論鄭和下西洋之再研究》，《國家航海》第二輯，上海古籍出版社，2012年。

> 如此巨大之海舶也。乃鄭和竟能於十四個月之中，而造成六十四艘
> 之大舶，載運二萬八千人巡遊南洋，示威海外，為中國超前軼後之
> 奇舉；至今南洋土人猶有懷想當年三保之雄風遺烈者，可謂壯矣。
> 然今之中國人借助科學之知識、外國之機器，而造成一艘三千噸之
> 船，則以為難能，其視鄭和之成績為何如？

晚清對鄭和研究最多的不是中國人，而是西方人和日本人，他們的研究刺激了中國學者更加關注鄭和。因為鄭和在近代以來才進入中國的歷史教科書，所以鄭和成為家喻戶曉的人物是現代才有的事。當代鄭和的名聲很大，所以很多地方為了發展旅遊，有時不免出現一些捕風捉影的說法。其實過度的牽強附會是毫無必要，因為旅遊的基礎之一在於歷史的厚重，如果不可靠的歷史被揭穿，反而會引發遊客的反感。

　　總之，我們認為很多所謂有關鄭和的遺跡還需要辨析，不能隨便下結論。鄭和下西洋是很重要的歷史事件，鄭和也是世界上的著名人物，正是因為鄭和是重要人物，所以我們不能隨便把不相關的事物加在鄭和的頭上。如果隨便把不相關的事物加在鄭和的頭上，就是對鄭和的不尊重。研究鄭和也要有世界史和中國史的廣闊視角，不能太狹隘。如果我們從人類航海史的角度觀察鄭和，才能給鄭和下西洋一個合理的評價。

第五章　研究史與譯文

羅振玉對鄭和下西洋的研究

關於鄭和下西洋在近代的研究史，前人已有很多研究，我在此前出版的《鄭和下西洋新考》也有回顧。中國近代以來，因為內憂外患，所以很多人早已注意到了明初的鄭和，希望重振中國在海上雄風。晚清魏源《聖武記》卷八說：「明有鄭和騁兵舶於西洋，鄭成功奪紅夷之島國，彼二鄭者，固中國之一奇也。」但是魏源等人似乎沒有仔細關注鄭和下西洋的細節，所以未必是最早研究鄭和下西洋的近代學者。

近代中國人最早研究鄭和的文章，前人一般都以為是梁啓超 1905 年 5 月 18 日在《新民叢報》發表的《祖國大航海家鄭和傳》，近來鄒振環先生發現上海《大陸報》光緒二十九年八月初十日（1903 年 9 月 30 日）的《支那航海家鄭和傳》更早，因而稱為近代國人研究鄭和的第一篇文章。〔註 1〕可惜這篇《支那航海家鄭和傳》沒有署名，我認為這篇文章之所以沒有署名，因為清末的這類文章往往是編譯外國人的研究，支那這個詞是近代日本人指中國的詞。創辦《大陸報》的作新社，是中國的留日學生戢元丞和日本女教育家下田歌子創辦，該社編譯了很多日文書，《大陸報》很多文章都用支那一詞，所以這篇《支那航海家鄭和傳》很可能主要是編譯外國人的研究。而且這個作者很可能也不是近代中國最早關注鄭和的學者，我最近讀到羅振玉《雪堂類稿甲》中的《置杖錄》，發現其中有四條涉及鄭和下西洋，或許能印證我上述觀點。

〔註 1〕鄒振環：《晚清航海探險史研究中的鄭和》，《學術研究》2005 年第 12 期。

羅振玉《置仗錄》第 12 條《內藤虎談鄭和下西洋》說：

> 東友內藤君（虎次郎）言，明代鄭和下西洋一事，古史所記多略，然今爪哇尚存鄭和所建碑，日本坪井博士有其照片。又言鄭和航海之船，今尚在在阿非利加州東岸，其航菲州，在蒲萄牙人前數十年，但未至喜望峰耳。案章潢《圖書編》有《鄭和航海圖》，可見厓略。

第 14 條《東人借用中國名詞譯西洋書》：

> 明馬歡《瀛涯勝覽》記鄭和浮海事甚詳。其記外國產品，有五色硝子。案：玻璃，日本人稱硝子，初以爲東語，如據此書，則東人用中國名耳。如中國近來譯外國化學書之原質，日本書作元素，亦用徐光啟《農政全書》中名目。蓋東人譯書時，頗讀中國書，故襲用之也。

第 15 條《滿喇加王居用瓦係鄭和所遺》：

> 明黃衷《海語》載滿喇加王居前用瓦，乃永樂中太監鄭和所遺澤。想見明初威力之所屆也。

第 16 條《嶺外代答》已載七日一禮拜及禮拜堂

> 宋周去非《嶺外代答》三《大秦國》條，王居至禮拜堂一里許，王少出，惟誦經禮拜，遇七日即往禮拜堂拜佛。又《西天諸國》條，其地之南有洲曰細蘭，其海亦曰細蘭海。案：七日一禮拜及禮拜堂之名見此。又細蘭即今之錫蘭，《瀛涯勝覽》已作錫蘭。〔註 2〕

羅振玉聽東國（日本）朋友內藤虎次郎說到明代的鄭和下西洋，說古史記載太簡略，當時的爪哇島還有鄭和所立的碑，日本的坪井博士拍了照片。又說，鄭和航海的船，還保存在非洲的東岸，鄭和遠航非洲在葡萄牙人之前數十年，只不過未到喜望峰（好望角）。羅振玉說，查章潢的《圖書編》有《鄭和航海圖》，可以看到大概。說明羅振玉爲了查找鄭和下西洋的史料，還花了不少精力。但是他說的《圖書編》中《鄭和航海圖》，或許是誤記，《圖書編》中的《東南海夷圖》和《西南海夷圖》來自羅洪先的《廣輿圖》，其實是源自元代中國人翻譯的阿拉伯世界地圖和元代中國人繪製的海外地圖，不是《鄭和航海圖》。但是鄭和下西洋的時間距離元代不遠，羅振玉注意到這些元代的海外地圖對於研究鄭和下西洋也很重要。

〔註 2〕 羅振玉：《雪堂類稿》，遼寧教育出版社，2003 年，第 122～123 頁。

　　內藤虎次郎即內藤湖南（1866～1934），是近代日本著名的學術大師，長期擔任京都大學教授，開創了京都學派，提出了「唐宋變革論」等很多影響深遠的學說，留有多部中國史的名著。內藤湖南一生到中國十次，結識很多中國著名學者，足跡遍佈中國東部多個重要城市，內藤湖南和中國學者的交往對近代學術史的影響很大。1902 年到 1914 年，日本的大谷光瑞探險隊三次到中國西北考察，攫取了大量珍貴文書。內藤湖南贈送了西晉李柏文書的複印件給羅振玉，羅振玉寫出了《李柏致西域王書》。1910 年，內藤湖南到北京調查敦煌文書，得到了羅振玉的幫助，兩個人的學術交往非常密切。羅振玉1912 年到 1919 年在日本的生活，得到了內藤湖南的照顧。

　　內藤湖南雖然沒有專門的鄭和下西洋論文，但是他很關注此事，影響了羅振玉。至於坪井博士拍攝的爪哇島鄭和碑刻，現在不知其詳，不知是否是傳聞之誤，史書和當代調查都沒有提到這塊碑刻。坪井博士很可能是坪井正五郎（1863～1913），1884 年創建東京人類學會，1889 年留學英國，1892 年東京大學教授任兼人類學會會長。坪井到世界各地考察，拍攝很多照片。內藤湖南還注意到了鄭和遠航到非洲東南部，只不過沒有越過好望角，說明他知道鄭和下西洋的分船隊到了今天的莫桑比克海峽，已經接近好望角。至於所謂鄭和的船保留在非洲東岸，或許是指鄭和的船影響到了非洲人的造船技術，或許是指西方著名的《毛羅地圖》上畫出好望角附近的鄭和航路，因而誤傳。

　　羅振玉（1866～1940）是中國近代著名的學術大師，祖籍浙江上虞，生於江蘇淮安，1896 年在上海創辦農學社，辦《農學報》，專門翻譯日本農學著作。1898 年又在上海創辦東文學社，聘請日本教師，教授日文，培養出了學術大師王國維。東文學社聘請了日本近代最著名的東西交通史學者藤田豐八（1869～1929），他是王國維的老師，在上海翻譯了很多日文著作。1905 年，羅振玉與藤田豐八參與江蘇師範學堂的創建。1906 年，羅振玉到北京任學部監事兼京師大學堂農科監督。1908 年，藤田豐八任北京大學農學院教習。1919年藤田豐八回國，1923 年任早稻田大學教授，1926 年任東京大學教授，1928年任臺北大學教授。1932～1933 年出版了兩卷本《東西交涉史研究》，《南海篇》收有 23 篇論文，《西域篇》收有 16 篇論文。藤田豐八的諸多此類文章，被何健民翻譯為漢文，編成《中國南海古代交通叢考》，1936 年在上海商務印書館出版。

　　1899 年 9 月到 11 月，內藤湖南首次到中國，遊歷天津、北京、上海、杭州、蘇州、武漢、南京，見到了嚴復、文廷式、鄭孝胥、張元濟、辜鴻銘等文化名人，此次中國之行的遊記是《燕山楚水》、《乙亥鴻爪記略》。在上海由他的朋友藤田豐八介紹，認識了羅振玉，兩人相談甚歡，互相贈送了很多本國的金石拓片和古籍書目。內藤湖南第二次來中國是 1902 年 10 月到 1903 年 1 月，所以羅振玉很可能是 1899 年聽內藤湖南說到鄭和下西洋研究，寫下箚記，收在 1900 年整理出來的《置仗錄》中。羅振玉早在 1896 年就到上海辦學，他的東文學社是當時上海傳播日本學術的中心，而上海的《大陸報》到 1903 年才有《支那航海家鄭和傳》，所以羅振玉關注日本學者的鄭和下西洋的研究，很可能影響到了《支那航海家鄭和傳》的作者。

　　羅振玉《置仗錄》作於 1900 年，全是短小的箚記，但是非常重要。羅振玉的《殷墟書契》屬甲骨文研究的開創著作之列，前人從《置仗錄》中發現羅振玉早期研究甲骨文的箚記，對羅振玉後來的甲骨文研究著作來說是非常重要的萌芽見證。而《置仗錄》中的鄭和下西洋箚記，以及沒有列入《置仗錄》的同類箚記，只不過是沒有發展為系統的研究論文而已。

　　從《置仗錄》第 14 條、第 16 條可知羅振玉認真研讀了馬歡的《瀛涯勝覽》，而且作為重要史料，他說馬歡所說的外國五色硝子就是玻璃。近代日本人仍然翻譯玻璃為硝子，這是因為日本人認真讀了很多中國古書。第 16 條說，宋代《嶺外代答》的細蘭即錫蘭，馬歡已經改稱錫蘭。看來羅振玉非常注意考證《瀛涯勝覽》、《嶺外代答》等書，或許羅振玉還有不少箚記，只不過沒有流傳下來。當時的技術條件不夠，所以羅振玉早年很多箚記沒有流傳下來。比如《置仗錄》1947 年刊本僅有 20 多條，但是旅順博物館所藏的羅振玉手稿還多出 30 多條。如果羅振玉是把讀《瀛涯勝覽》的箚記寫在書上或紙上，則更容易散佚。

　　此書第 15 條說，明代黃衷《海語》記載滿喇加（馬六甲）王居前所用的瓦，是永樂中太監鄭和留下，羅振玉說可以由此想見明初威力所屆。羅振玉最擅長的是考據學，而且他不傾向於革命，而是改良派，甚至在辛亥革命後流亡日本，在偽滿洲國任要職。所以羅振玉雖然很早就關注鄭和下西洋，認真研究《瀛涯勝覽》，而且從日本著名學者處得到很多珍貴學術信息，但是他沒有在報紙寫出介紹鄭和下西洋的通俗文章，這是他和革命派學者很不一樣的地方。

　　羅振玉研究鄭和下西洋的很多珍貴看法雖然沒有寫成系統文章，或者沒有流傳下來，但是對研究鄭和下西洋的研究史仍然非常重要。羅振玉早年積極辦學辦刊，引進了大量外文譯著，培養了很多人才，對中國近代學術發展有極大的推動作用。我們不能因為羅振玉後來參加偽滿洲國就把他早年的功績一筆抹殺，他早年從愛國主義的立場出發，關注鄭和下西洋的研究，是希望中國的海軍能夠復興到明初的地位。羅振玉從內藤湖南處聽到很多重要學術信息，有些來自日本人在東南亞的實地調查，外國人尚且如此關注鄭和下西洋，這無疑刺激羅振玉更加關注鄭和下西洋的研究。日本人給羅振玉所說的鄭和下西洋信息，很多是中國史書沒有記載的內容，印證了鄭和下西洋的影響範圍很大，也使羅振玉更加關注鄭和下西洋。

　　從羅振玉的例子可以看出，近代日本學者的鄭和下西洋的研究對中國人的影響很大，所以才有《支那航海家鄭和傳》這樣的文章出現。羅振玉對鄭和下西洋的研究在很多地方或許不比梁啓超差，但是他在鄭和研究史上長期為大家遺忘，希望未來有更多類似的歷史得到學界關注。

南京明故宮遺址（周運中攝於 2011 年 5 月 20 日）

15 世紀中國航海家記載的印度與錫蘭海港——兼考中國航海術（上）

George Phillips 著、周運中譯

【按：英國人喬治・菲利普斯 George Phillips（1836～1896）曾在英國駐中國多地的領事館任職，他是世界上最早發現並研究《鄭和航海圖》的人。據他在文中稱，他在 1873 年左右就已經開始研究，但是這篇最早的研究論文 The Seaports of India and Ceylon，Described by Chinese Voyagers of the Fifteenth Century，together with an Account of Chinese Navigation 卻是分上下篇，發表在《英國皇家亞洲文會北中國支會學報》（Journal of the North China Branch of the Royal Asiatic Society）1885 年第 20 卷及次年 21 卷上。由於作者受到的種種限制，文章還有不少遺憾，比如作者看到的《鄭和航海圖》不是茅元儀《武備志》的原刻本，而是清代施永圖改編本《武備秘書》，所以多有錯字。其中地名考證，也有很多錯誤。但是這篇論文長期以來沒有譯成中文，甚至有被中國學者張冠李戴的例子，說明很多中國研究者沒有見到此文。我認為這篇論文的翻譯不僅對我們從事鄭和研究時理清學術脈絡很有幫助，而且文中的很多閃光點仍然值得我們學習。】

對於那些對中文及中國文學感興趣的人來說，一本由馬歡在 15 世紀上半葉編寫的地理書——《瀛涯勝覽》並非無人知曉。

最近，梅輝立（Mayers）先生翻譯了一些開篇章節，刊登在《中國評論》（China Review）上。我在荷蘭印度公司工作的朋友格倫維爾德（Groeneveldt）也翻譯了爪哇、馬來群島部分。

我的工作的開頭部分接上格倫維爾德留下的內容，讓讀者隨我從蘇門答臘開始，穿越孟加拉灣，到達錫蘭島，再沿著印度半島到波斯灣，從阿拉伯海岸到達亞丁，最後上溯紅海到達吉達（Jiddah）。所有這些地方都被作者遊歷過，他在序言裏說，他因為能翻譯外國文書而被選中，跟著永樂帝的正使鄭和出使外國。當他跟著正使開始著名的遠征時，他接觸了印度、波斯、阿拉伯等地的王公貴族，他搜集了很多資料，寫了這本書。

馬歡在 1413 年開始首航，據這本書序言中他的朋友說，他是穆罕默德的後代，是阿拉伯人。我還將解釋馬歡的海圖，據說這些海圖被鄭和及隨從的

船長們用來航向遠方的海岸。我非常幸運，在一本叫《武備秘書》的書裏找到這張海圖。Whlie 先生在《中國文學注釋》（Notes on Chinese Literature）提及這本書，說道：「施永圖寫的《武備秘書》是一種低級的晚近書籍，主要是想全面詳細地介紹各種軍事細節。首卷是火器與煙火計謀，以及涉及地理、地形的計謀，利用了豐富的地圖與圖片，但是描述卻很粗淺，展示了很多古怪器具的功用，其實很難設想能帶來有效的用處。這本書多數是引用更老的書籍。」

我說的海圖在這本書的很後面章節，至今它們的價值尚未被人認識。這張海圖不僅有助於我們認識馬歡的書，也有助於我們認識馬可波羅的故事與他所到之處的地點定位。我認為這張圖早於 15 世紀，我大概在 12 年向裕爾（Henry Yule）陳述過這個觀點，給他看了蘇門答臘島北部的複製件。那時我還沒有全圖，我花了很多年才弄到這本書。我僅有數頁圖，這是一個中國紳士借給我的。

格倫維爾德對馬歡這本遊記的翻譯僅到蘇門答臘島北部的南浡里（Lamoli、Lambri），下一章是尼科巴群島與錫蘭，全文如下：

【譯者按：本部分是《瀛涯勝覽》錫蘭一章的翻譯，因為中國讀者比較熟悉，而且可以方便找到，所以本文省略。George Phillips 在對譯文的頁腳注釋比較重要，所以本文把這些注釋譯出。原文注釋沒有順序，只用不同的幾何符合表示，本文改為數字標序。】

1. 帽山，這是南浡里西北的一個小島，離這裡是半天的路程，是船隻西航的地標。格倫維爾德認為是 Bras 或者 Nasi 島，有燈塔，今天仍是航行的地標。

2. 翠蘭嶼，不確定是不是尼科巴群島，最大的一個島是梭〔草馬〕蠻，可能是梭馬蠻的誤寫，根據 Milburne 的《東方貿易》（Oriental Commerce）一書的第二卷第 294 頁對這個群島最大島名字的記載，可能是今 Sambelong。

3. 鸚哥嘴山，我查了錫蘭地圖，因此認為可能是 Batecalo 海岸，這裡有巨大的礁石，其中修士帽（Friar's Hood）、象岩（Elephant Rocks）都比較知名，是航海者的地標。

4. 佛堂山，多數可能是棟德勒角（Dondera Head）。

5. 別羅里，我認為一定是 Belligamme，在紅灣（Red Bay），是距 Galle13 英里的一個村子。這是個漁村和商港，在其右邊去加勒（Galle）的路上有個

廟，距離臥神（佛）像 13 英尺遠，構成這個佛像的臉、嘴是光滑的大理石（根據 Charles Pridham 的《錫蘭及其領地》一書第二卷第 597 頁）。臥神像可能就是中國遊歷者馬歡《瀛涯勝覽》所說的臥佛像，我不敢進一步說中國人對別羅里的記載是否轉述自伊本・白圖泰（ibn Battuta）。

6. 錫蘭都城距離 Belligamme 僅 5 里是錯誤的，應該是五十里，錫蘭首都只在 7 世紀的一段時期在棟德勒。《武備秘書》說都城在西北五十里，是對 Dondera Head 而言。

7. 瑣里人，我認為是指 Surya Vangsa，或者說是太陽之族，這一點還留待別人考證。Marsden 在他的《馬可波羅遊記》本中說印度王族屬於刹帝利，或者說是軍事家族，是一兩個輝煌的家族，據說是 Surya Vangsa，或者說是太陽之族，另外一個是 Chandra Vangsa，或者說是太陽之族。

8. 盤古，後來編纂的中國傳說歷史認為這是首先從混沌中出來的一個神，參見 Mayers 的《中文讀者手冊》（Chinese Reader's Manual）第 173 頁。

9. 寶石，雅姑，即阿拉伯語 Yakut，參見裕爾的《馬可波羅遊記》第二卷第 296 頁，9 世紀的阿拉伯歷史學家叫錫蘭是 Jazirat ul Yakut，即寶石島。雅姑是錫蘭人用來稱呼寶石的。

這就是馬歡記載的尼科巴群島與錫蘭，比較《馬可波羅遊記》提及的相同的島，會發現二者的相似性。

讓我們來看《武備秘書》的地圖，這本書說這是鄭和出使外國用的，這本書的編者說：「愚故備載外國山川、形勝並水陸遠近程途，以作《萬國朝宗圖》可也。」作者這樣說，讓我們可以利用這張圖與其他地圖對勘。我們都知道《島夷志略》這本約在 1350 年寫就的遊歷書，在馬歡《瀛涯勝覽》前面的序言提及這本書，他說：「余昔觀《島夷志》，載天時氣候之別，地理人物之異，慨然歎曰：普天下何若是之不同耶！永樂十一年癸巳，太宗文皇帝勅命正使太監鄭和，統領寶船往西洋諸番開讀賞賜。余以通譯番書，亦被使末，隨其所至，鯨波浩渺，不知其幾於萬里，歷涉諸邦，其天時氣候、地理人物、目擊而身履之。然後知《島夷志》所著者不誣，而尤有大可奇怪者焉。」馬歡開始輕視那些《島夷志略》裏那些稀奇古怪的故事，最後才相信。同樣的道理，很多人輕視馬歡這本書，但是下文的研究將證明馬歡這本書是可信的。

我手裏有 Marsden《馬可波羅遊記》版本的複製件，這是 1826 年莫

理循（Morrisson）所有的。書的後面有鉛筆寫的對這位偉大旅行家的性格評價：「帶著對所有有學問的威尼斯人的敬意，我認定他是個徹頭徹尾的騙子。」

回到我們的地圖，它經常給我這樣一種印象，就是馬可波羅不是不可能看到一張地圖，就像我們現在給讀者看到的那樣。Ramusio 的《馬可波羅遊記》，我們看到：「他（馬可）提到他在印度看到的怪事，也沒有遺漏他從有名望和信譽的人那裡聽到的故事，還有在他面前的印度海圖上被指出的故事。」

在我提供的這種海圖上，北極星用來標示緯度，科欽（Cochin）的北極星顯示是 3 指 1 角，古里（Calicut）稍過 4 指，馬可波羅說在科摩林（Comari）看到北極星的經過如下：「要看到北極星，你要到 30 英里外的海上，約在海平面上 1 肘高度。」在古吉拉特（Gozurat），他告訴我們北極星仍很顯著，顯示它在 6 肘高度的緯度。中國人的海圖上，在莽格奴兒的北面，有個地方叫阿者力，或者念廈門話 o-chia-lat，北極星是 6 指高，我想馬可波羅的肘與鄭和航海圖的指是一個意思 i，下文還要說到阿者力。

中國人的航海體系，顯示與達伽馬在馬林迪雇傭的摩爾領航員描述的相同，他說勇敢的航海家，包括他與肯帕德（Cambaya）及印度其他地方的領航員，航海中依靠南北的星辰，還借助固定穿越天空東西的天體。他們測量距離不像歐洲人用儀器，而是用他顯示給達伽馬看的三塊木板。在《武備秘書》中，有一些給航海者作指導的星圖，我這裡給出的一張就是中國航海家從錫蘭到蘇門答臘島的星圖。

航海家從錫蘭、越南、南浡里洋到蘇門答臘的星圖 〔註3〕

北部，北極星顯示在水上 1 指，圖上方的星星是大熊座的 7 顆星。華蓋星在地平線上 8 指，據說這是 cassiopea 與 camelopardus 之間的 4 個小星，我從圖上的圖像，傾向於認為這是小熊座的 7 顆星。中國人畫了 8 個，可能是誤繪。

圖上有一條航路顯示從蘇門答臘到錫蘭，其注釋全文如下：一隻船離開蘇門答臘，對準錫蘭，西北偏西 12 小時直到韋島（Way），越海到錫蘭，

〔註3〕這是原文小標題，本譯文省略的只是圖片。

西偏北 40 小時，西稍偏北 40 小時，見到錫蘭。到尼科巴群島與到 Way 島同樣遠，西北偏西 10 個小時到翠蘭嶼，尼科巴群島到錫蘭是西偏北 30 個小時，西稍微偏北 30 個小時。另外，圖上顯示一條有意思的航線從 Dondera Head 到東非沿海的摩加迪沙（Magadoxa）。即離開錫蘭，一路向西，偏南，45 小時，帶他們到了官嶼溜，我認為這裡是馬爾代夫的政治中心馬累（Male）。從馬累向西，稍南，150 個小時到摩加迪沙。這些緯度標誌，沿著印度的西海岸，還順著東非的東岸，全是根據北極星定位幾指幾角。中國人叫 chih（指）與 chio（角），對應阿拉伯人的 issaba 或 terfe，指一個手指，後者指阿拉伯語的 zam。

一個 issba 等於 1°36′，一個 zam 等於 12′3。

當我們得知一個地方的緯度時，北極星緯度定位的價值就很容易看出，比如，這張海圖上的兩個地方亞丁、莽格奴兒都是 5 指，現代地理學上的亞丁是 12°53′，莽格奴兒是 12°52′，只有 1 分之差。

根據這個定位，我們易於在現代地圖上換算那些還不確定地點的地名在英文中的緯度與北極星定位緯度。

因為我們對東方人的這些航海體系有了較好的認識，我提供的一篇 in extenso，這是我從 Geographie D'Aboulfedapar M. Reinand 的 Tome I 第 CDXLI 到 XLIV 頁。

【譯者按：下文是一段法文材料，因為不影響上下文，本譯文省略】

地圖上標注地名的答案

1. 答那思里，〔註 4〕Tenassrim

2. 蘇門答剌，《馬可波羅遊記》的 Samara 國

3. 打歪，土瓦（Tavoy）

4. 答那思里，Tenassrim 海岸的群島

5. 大小花面，廈門話 Toa-sio-hoe（或 ko）-bin，即大小花臉國，大花面多數可能是《馬可波羅遊記》Dagroian 或 Dagoyam 國，這個國家也叫 Na-ku-erh，馬歡說那孤兒國王也叫花面王，見我對裕爾書第二卷第 280 頁的注釋。

6. 八都馬，莫塔馬（Mataban），是馬都八之誤。

7. 打歪山，Tavoy 島

〔註 4〕原文每一條目後面都有漢語讀音標注，本文刪去。

8. 南巫里，Lambri

9. 帽山，Bras 或 Nasi 島

10. 龍涎嶼，Way 島

11. 翠蘭嶼，尼科巴群島

12. 安得蠻山，安達曼群島

13. 落坑，仰光（？）〔註 5〕

14. 赤土山，暹羅山脈（？）

15. 木客港，勃固河（廈門話木是 bok）

16. 撒地港，吉大港

17. 榜葛刺，孟加拉

18. 已龍溜，查戈斯群島

19. 佛堂，Trincomale 的佛寺，曾經有 siva 廟

20. 錫蘭山，錫蘭島

21. 竹牌礁，錫蘭島旁邊的竹牌礁

22. 佛堂，棟德勒角（Dondera Head）

23. 別羅里，Belligamme

24. 沙刺溜，馬爾代夫的蘇瓦迪環礁〔Suadiva〕

25. 㢈林地，東非海岸的馬林迪

26. 禮金務，廈門話 Ni-kim-bo，即 Negombo

27. 高郎務，科倫坡

28. 官嶼，意爲統治者的島，可能是馬累，馬爾代夫的政治中心

29. 慢八撒，東非沿海的蒙巴薩

30. 加異城，《馬可波羅遊記》的 Cail

31. 芝蘭，可能是 Vriddachalam，參見裕爾《馬可波羅遊記》第二卷第 294 頁的地圖

32. 買列補，Maliapur，現代的馬德拉斯或者是它的鄰近地區

33. 小葛蘭，奎隆（Coilum），唐代叫沒來國，阿拉伯人叫 Caucam-Meli

34. 甘巴裏頭，科摩林角（Cape Comorin）

35. 麻里溪溜，馬爾代夫群島的一個島

36. 起來溜，馬爾代夫群島的一個島

〔註 5〕地名表的？是原文，表示作者不能確定，不是譯文。

37. 人不知溜，馬爾代夫群島的一個島

38. 卜剌哇，東非沿海的 Brava

39. 木骨都束，東非沿海的摩加迪沙

40. 沙裏八丹，Mausulipatam

41. 柯枝，科欽

42. 加平年溜，拉克沙群島的一個島

43. 黑兒，索法拉（Sofala）

44. 哈甫泥，阿比西尼亞，阿拉伯語是 Habash

45. 辛剌高岸，不能考明，在恒河三角洲

46. 波羅高岸，在恒河三角洲

47. 折的希岸，Satigan

48. 烏里舍城，奧里薩（Orissa）城

49. 烏里舍塔，奧里薩佛塔

50. 骨八丹，可能是 Maniquepatam，Coronelli 在他的 1697 年地圖集上標在 Orissa 的南面

51. 加寧八丹，Calingapatam

52. 龍牙葛，可能是葛龍牙之誤，即 Counga

53. 古里，卡利卡特（Calicut）

54. 番答里納，伊本·白圖泰的 Fundarina

55. 十得法難，廈門話 Chioh-te-fa-tam，Jor Fattan

56. 歇立，《馬可波羅遊記》的 Hili

57. 加加溜，Coronelli 所說的 Divandurou 群島的一個島

58. 安都里溜，上述群島的一個島，與古里在一個緯度

59. 莽格奴兒，門格洛爾（Mangalore）

60. 須多大嶼，番名速古答剌，索科特拉島（Socotra）

61. 阿者刀，阿者力之誤，廈門話 o-chia-lat，從它位於六指來看，可能是《馬可波羅遊記》的 Gozurat（古吉拉特）

62. 阿丹，亞丁（Aden）

63. 纏打瓦兒，不能考明

64. 跛兒呀，不能考明

65. 跛兒牙，不能考明

66. 起兒末兒

67. 馬哈音，可能是孟買（Bombay）

68. 麻樓，孟買北面的一個地方

69. 失里兒，Esher

70. 佐法兒，Dufar 或 Zhafar

71. 坑八葉城，Cambay 城

72. 阿胡那，不能考明

73. 刁元，廈門話近 Diaovan，即 Diu

74. 雜葛得，如果是葛雜得，那麼我認定是在古吉拉特

75. 新得，信得（Sinde）

76. 千佛池，番名撒昔靈，即《馬可波羅遊記》的 Semenat

77. 客實木克郎，Kish-me-Kran，或 Kij-ma-Kran

78. 八思泥，不能考明

79. 克瓦答兒，兩次提到

80. 麻實吉，馬斯喀特（Muscat）

81. 克瓦答兒，Gwetter

82. 查實，Jask 角

83. 苦思答兒，Kasrab（？）

84. 苦磏麻刺，或苦磏麻郎，Gambroon

85. 忽魯謨斯，霍爾木茲（Hormus）

86. 亞束災記嶼，靠近霍爾木茲的一個島

87. 撒刺抹嶼，靠近霍爾木茲的一個島

88. 假忽魯謨斯，靠近霍爾木茲的一個島

89. 刺兒可東，靠近霍爾木茲的一個島

從以上地名單可見，仍有幾個地名待考，需要用更好的地理圖書才行。另外，一些稍有眉目的地名，以後也最好能進一步考定無疑。下面我提供一張地名的北極緯度定位表。

錫蘭島的南部從華蓋星來定緯度，我推測可能涉及小熊座 β 與 γ，從 Reinaud 給出的結論來看。我們得知當北極星低於五度時，這些星是航海者用來測緯度的。在這個表裏，柯枝是最低的，3 指 1 角。

各地北極星緯度定位表

	阿拉伯語 issaba，漢語：指	阿拉伯語 zam，漢語：角
柯枝	3	1
古里	4	0
歇立	4	3
莽格奴兒	5	0
阿者力	6	0
纏打瓦兒	6	2
跛兒牙	6（？）7	0
跛兒牙	8	0
馬哈音	9	0
刁元	12	0
克實木克郎	13	0
忽魯謨斯	13	0
哈甫泥	4	0
阿丹	5	0
佐法兒	8	0
麻實吉	12	0

　　華蓋星緯度在卜剌哇是 8 指，慢八撒是 7 指，Suadiva 是 6 指 1 角，馬累是 7 指 2 角，查戈斯群島是 5 指 2 角。

　　在結束本文之前，我要對我自己說句公道話，我沒有任何要自稱已經把這張航海圖完全考證清楚的想法，也不想說我自己的考證有多麼科學，我只是展示了《武備秘書》航海圖中的大量地理知識。我對這張海圖的論述儘管只是粗略的，可以我們仍然可以窺見中國人對東方海洋的航行比歐洲航海者找到這些線路要早得多。再次回到主題，我想在我有空時，在我的下一篇文章中關注奎隆與卡利卡特的描寫，繼續列出《武備秘書》地圖複製件上鄭和船隊到達或經過的其他地名表，以完備我從中國到阿拉伯、波斯地區的地圖考證工作。

朱棣建大報恩寺琉璃象（周運中 2008 年 4 月 4 日攝於南京市博物館）

15 世紀中國航海家記載的印度與錫蘭海港——兼考中國航海術（下）

　　在我前一篇論文中，我保證我會給出馬歡描述的俱藍和科欽報告，作為研究從蘇門答臘到中國航線旅程的補充。但是我想這比在研究暹羅之前好，無論是梅輝立（Mayers）還是格倫維爾德（Groeneveldt）都沒有研究暹羅。馬歡記載的其他部分，在中國和南巫里之間，已經被其他先生翻譯了。在我描述暹羅之前，我想先對這幅地圖（《鄭和航海圖》）作一些相應的評論。

　　地圖上的蘇門答臘島西岸，有一個地名班卒。在一條河流的源頭，南面還有一個小海灣。我在這裡首先想到的是其他地圖，比如馬可波羅說到是Fansur，他說到這個國家出產世界上最好的樟腦，稱為 Fansuri 樟腦，質地精細，和黃金等價（裕爾翻譯的馬可波羅行紀，第 282 頁）。

　　根據裕爾考證，Fansur 可以確定是今 Barcos，這個地方在 Milburne 的《東方商務》（Oriental Commerce）描述距海 2 里格，在一條河的岸邊。這幅地圖

（《鄭和航海圖》）上南面的海灣，可能是 Tappanooly。

鄭和因此在他的蘇門答臘地圖上標出了馬可波羅所說的六個王國中的五個，在我前一篇文章中部分提到的南巫里和大小花面（Dagroian），在這裡要說到的東海岸的薩馬拉（Samara）和 Ferlec，西海岸的班卒。在 Perlak 的南頭，有一條河叫 Kampei，還在阿魯（Haru、Aroo）國的南面，正如裕爾告訴我們（引用 Braddell 的話），接觸了來自麥加的穆罕默德為了改變蘇門答臘的使者。

在蘇門答臘島最南面，地圖上標出了巴鄰旁，稱為舊港，格倫維爾德說這就是三佛齊，阿拉伯人稱為 Sarbeza。

在巽他海峽，有一個島稱為硫磺，這就是現在世界聞名的喀拉喀托火山。

還有很多蘇門答臘島西海岸的島標出，但是我不能確定考出，我也不準備考證，我也不準備考證新加坡海峽到柬埔寨的島嶼。

地圖上從蘇門答臘到中國的航行方向被明確標出，說離開蘇門答臘島，用東北偏北方向，五更，到了急水灣和巴碌頭，離開淺灘。從巴碌頭開船，用東南偏東的方向，五更，到了甘杯港。東南偏東，十五更，到亞路。東南偏東，五更到單嶼（Varela 島？）。東南稍偏東，四更到兄弟島。再東南，再東南偏東十五更到 Aore 島（？）。東南偏東三更，到南淺灘（South Shoals）。東南偏東三更，到馬六甲。從馬六甲開出，五更到 Sejin Ting 和峇株巴轄河，再三更到皮桑島。再五更到卡里摩島，東南偏東五更到長腰島（新加坡？），進入 Linga 海峽（龍牙門）。穿過海峽，東稍偏北到白礁（Pedra Branca）。東北偏北五更到東竹山（Aur 島），向北，再改為東北偏北，再北稍偏東，到崑崙山（Condor）。十五更到聖詹姆斯角（St. James），五更到 Davaitch 角，再五更到 Cambir 島。從廣東島（Canton）七更，東北偏東，改為北方，二十一更到 Tinhosa（獨豬山）。十五更，到 Pedra Branca（大星尖）。十五更，到南澳（Namoa）。三更，到兄弟島。到南太武山，在漳州河口。

需要補充的是，另外一份資料來自《東西洋考》，被《海國圖志》引用，符合馬可波羅去新加坡的航線。

先從崑崙山說起，《東西洋考》說從崑崙山向西南三十更到斗嶼，可能是 Redang 群島中的一個島，在北大年的南面或附近。向南五更到彭亨，再五更到刁曼島，再三更到東西竺，屬柔佛。南偏西十更到羅漢嶼，進入柔佛河。這裡有淺灘，以白礁為準。要進入新加坡，要沿著北海岸，向西五更，進入龍牙門。向西稍偏南，再向西北偏西，三更到卡里摩島。如果我們對比這些

資料會感到非常有趣，包括 Mohyth，一份關於東方海洋的航行誌，是土耳其奧托曼帝國阿拉伯海艦隊司令 Sidi Ali 在 1553 年畫出，他曾經被暴風雨帶到印度洋東海岸。正如 Reinand 先生在他對 Abulfeda 的《地理志》簡介中第 CLXVI 頁（羅馬數字第 166 頁）告訴我們，1834、1836、1837、1838 年的亞洲學會孟加拉分會雜誌刊出了這份資料的殘件。如果我們要理清這些航行資料，到底是源自中國人還是阿拉伯人，會非常有趣。

如果要說在馬可波羅之前，中國人沒有在東方海洋航行，這是一個錯誤觀點。因為《新唐書》記載了從廣東到奧博拉（El Obollah）和巴士拉（Bussorah）的航線，參看我在《中國評論》第 8 卷第 31 頁的文字。

顧炎武的《天下郡國利病書》卷一百二十也有從廣東到印度周邊國家的資料，可能是宋代（960～1278 年）資料。

中國航海術語更，或者翻譯為 watch，一般認為是 60 里，20 英里。我認為鄭和的更相當於 16 英里。更的真實度量很難確定。

鄭和原始的航海圖來自南京的航海者，但是我想其中沒有資料來自比漳州還遠的航海者。航海圖之外，我想我的研究會幫助我們更好理解中世紀旅行家的作品，其實是同時代的 15 世紀或更早一到二世紀的中國和印度、波斯灣之間的國名導引。

如果我的這篇文章的考證錯誤，我首先要說明我的缺陷，我在我的領事館的小圖書館，我很難確定我的很多的主張。

暹羅國（以下是對《瀛涯勝覽》暹羅的翻譯，本文省略，只翻譯菲利普斯的注釋）

暹羅：在裕爾的《馬可波羅行紀》版本中，他認為 Locac 在暹羅，他的觀點不容否定。我在這裡補充《武備志》的記載，1341 年羅斛（廈門話 Lohok）國建立，裕爾說在現在的下暹羅，這是和暹合併的時間。洪武四年（1372 年），遣使到中國，名字是暹羅斛。永樂元年（1403 年）稱為暹羅。唐代稱為羅越，可能在馬來半島東岸，延伸到新加坡，現在是柔佛。

錦繡壓腰：傳統的暹羅服飾包括腰帶 Panung，對應印度的 Sarang。2.5 碼長，圍繞在腰部，兩端絞合，從腿部穿到後腰。過去這是僅有的衣服，較冷的季節加一條圍巾。國王接見外國人就如此穿著。

茭葦：是不同棕櫚樹葉的總稱，用於遮蓋屋頂和其他用途。作者說的是 Borrassus flabellifomis，爪哇人稱為 Lontar（格倫維爾德）。

釋教：單是曼□就有上萬和尚，如此龐大的隊伍每天早上就開始尋找食物。暹羅要 2500 萬的錢來維持宗教生活，人口高達 800 萬，或許有所高估，給每個人帶來 3 美元的負擔。

白布纏頭：男人剃光頭，僅在最上面留下一縷頭髮，就像鞋刷。

就是僧討取童女喜紅貼於男子之面額名曰利市：鄰近的占城，馬可波羅說到達一定年齡的女子要先帶給國王才能出嫁。

葬俗：當王子貴族去世，國王來到悼念的房間，親自給屍體洗浴。在他之後，別的王子來到前面，在屍體上倒水。當所有的王子和貴族進行這個工作，特定的官員給屍體穿衣。穿上很緊的褲子和上衣，穿上儘量緊的鞋子。水銀灌進喉嚨，六到八個月後才焚化，僧人一直做法事。普通人考慮到費用，死後盡快焚化。還有一個令人作嘔的風俗，或多或少地流行。當屍體運去焚化，他們用刀割下肉和骨，餵給禿鷲。五十隻鳥停在附近，他們蜂擁而上搶食。屍體如此被處理，骸骨才被焚化。罪犯和貧民的屍體，全部給禿鷲食用。以上內容來自 Rev. N. A. McDonald 關於暹羅的樸實著作，他曾經出使暹羅十年。

中國寶船到暹羅亦用小船去做買賣：馬可波羅描述 Locae 或暹羅的物產說，這個國王的蘇木（Brazil）很多。馬歡應該是在馬可波羅的基礎上，說蘇木賤如柴薪。在《鄭和航海圖》上，蘇木和其他香料木材被標名是暹羅的商品。馬可波羅說用海貝做貨幣，馬歡也說到。我不能確定上水和雲後門的位置。我不能確定紅馬斯肯的石的英語名稱。黃連是一種普通的藥材，來自 Leontice 和 Justicia。香羅褐，不明。速香是一種沉香木。降眞香是一種香木，用於焚燒，但是我還不確定。威廉姆斯博士說來自蘇門答臘，稱為 Laka 木，來自一種名叫 Tanarions major 的樹。因為各種原因，我們對此仍存疑（格倫維爾德）。威廉姆斯說，花梨木是玫瑰木（Rosewood）。藤結，不明。

圖上地名答案：

1. 蘇門答臘，馬可波羅的 Samara
2. 巴碌頭：Perlac 角
3. 甘杯港：Kampei 河
4. 亞路：Mendez Pinto 說的 Aaru 國，他在從 Aaru 到馬六甲航行中沉船
5. 班卒：馬可波羅的 Fansur 國，阿拉伯人稱 Pansur
6. 龍牙交椅：Langkwi 島

7. 吉達港：Kedeh 河

8. 檳榔嶼：Penang

9. 單嶼：Varela 島（？）

10. 雙嶼：The Brothers（？）

11. 九州：Sembilangs

12. 龍牙加兒山、龍牙加兒港：Indrapura 河和山

13. 綿花淺：South Shoals

14. 吉那：不明

15. 吉令：Kling 河

16. 雞骨嶼：Aroe 島（？）

17. 假五嶼：Fisher's islet（？）

18. 滿剌加：馬六甲，開始不是國家，是五個島，稱為五嶼。其中一個大商港叫酋門鎮，在其中一個島上，在馬六甲稱為商港之前。在那時，這個國家臣屬於暹羅。

19. 射箭山：Seginting

20. 毘宋嶼：Pisang 島

21. 吉利門：Carimon

22. 甘巴港：Campar 河

23. 長腰嶼：新加坡（？）

24. 淡馬錫：不明

25. 答那溪嶼：不明

26. 琶撓嶼：不明

27. 馬鞍山：不明

28. 白礁：Pedra Brance

29. 舊港：巴鄰旁

30. 彭坑港：Pahang 河

31. 東西竹：Aor 島

格倫維爾德在他對馬來群島的研究中認為是新加坡，我要列出很多證據來證明是 Aor 島。

首先，圖上東竹山和西竹山畫成兩個島，其實有誤，《東西洋考》說是一個島。為何圖上畫成兩個島？我認為這是因為航海者從遠處看，似乎是兩個島。

其次，圖上東竹山在白礁東北 80 英里，《東西洋考》說在刁曼島 48 英里外，符合 Aor 島的距離，我確定就是這個島。

第三，中國航海者說，Aor 的南角被廣泛用作回航中國的標誌，雖然小，但是高，覆蓋樹木，兩峰之間有山谷，看上去像兩個島。從東北和西南看上去是馬鞍形，從西北看是一個島。東面看是圓形，另一面看不是。晴天能從甲板以外 45 或 48 英里處看到。當你在中間，有時能同時看到 Bintang 島和 Aor 島。〔註 6〕

32. 龍牙門：Linga 海峽，在巴鄰旁西北，高山相對，如同龍牙，船從中間開過（格倫維爾德：《馬來群島》，第 79 頁）。龍牙門在《鄭和航海圖》和《東西洋考》中指新加坡海峽，龍牙門在《鄭和航海圖》上被誤標了，我傾向認為龍牙山是林加島。

33. 彭加山：Banca

34. 斗嶼：Kedang 群島中的一個島

35. 丁加下路：Dringano

36. 吉蘭丹港：Calantan 河

37. 攬邦港：Lampeng 河

38. 硫黃嶼：Cracatoa

39. 孫姑那：Sungora

40. 麻里東：Billiton 島，也叫勿里洞山

41. 爪哇：Java

42. 吉利悶：Carimon，Java

43. 筆架山：Triple Peak（Siam）

44. 假里馬達：Carimata

45. 交欄山：可能是 Gelam 島，群島中最大的一個在婆羅洲 Sambar 角東北 9 或 10 英里，格倫維爾德認為是勿里洞

46. 暹羅國：Siam

47. 占賁港：圖上的位置可能是 Chantabun 河

48. 竹里木：不明

49. 占臘國：Cambodia

〔註 6〕譯注：東竹山和西竹山其實是兩個島，西竹山是 Babi 島，東竹山是 Aur 島，參見周運中：《鄭和下西洋新考》，第 180～182 頁。

50. 占浦山：可能是 Camput

51. 覆鼎山：不明

52. 崑崙山：Condor 島

53. 小崑崙

54. 萬年嶼：廈門話 Ban-ni-seu。Brunei，Borneo

55. 占臘港：Cambodia 河

56. 赤坎：St. James 角

57. 羅灣頭：St. James 角和 Taiwan 之間的一個海岬

58. 羅漢嶼：鄰近上述地點的一個地方

59. 大灣：Taiwan 角

60. 東董：Natuna

61. 西董：Anamba

62. 靈山：Dav-atch 角，靠近伽南 Camnanh 港

63. 新洲：歸仁港

64. 占城國：Champa

65. 洋嶼：Dati 島（？）

66. 筊杯嶼：Combu 島（？）

67. 外羅山，我認為是 Collaoray 島或者 Canton 島。我曾經認為是 Cham Collao，即中國人說的占筆羅，但是檢測《東西洋考》記載的航線方向，我發現我錯了。我發現從 Tinhosa 航行到 Kwan-nan 河（Fai-fo 河），航海者看到占筆羅，有一個狹窄的臂膀聯結 Turon 灣。中國人在漢代稱廣南為 Jihnan（日南），從東羅馬和印度來的船在我們的紀元 1 世紀訪問了此地。唐代稱為驩州，現在中國稱為義安府。其北部的港口是順化府，再北部的東京灣港口是望瀛角（廈門話是 Bong-geng），靠近有一條河，中國人稱為清華港，在我們的地圖上是 Kwang-tri，中國人在漢代稱為九眞省。漢武帝時代（B.C.140），這片地方分屬三個政府：交趾，現在的 Kesho 或 Hanwi；九眞，現在的廣義；日南，現在的廣南。參見《武備秘書》安南；梅輝立之文，《中國評論》第 3 卷第 237 頁；格倫維爾德，馬來群島，第 3 頁。

68. 獨豬山：Tinhosa

69. 萬生石塘嶼、石星石塘：Paracel 群島和珊瑚礁

70. 七洲：Taya 群島

71. 大星尖：Pedra Branca

72. 廣東：廣州府也叫廣府，阿拉伯人稱 Khan-fou

73. 南澳：Namoa

74. 大甘小甘：Brothers

75. 大武山：廈門話 Nan-tai-bu，是港口的航標

76. 漳州：靠近廈門，我認為是 Abulfeda 說的 Schindjou，在 d』Herbelot 中寫作 Shengiu。靠近 Schidjou 的是 Zaitun 港，我認為是阿拉伯人或波斯人發中國話的 Gueh 或 Gueh-kong，即漳州的月港，廈門話是 Geh-kong。中世紀時聞名中國。中世紀人也叫 Zaitun 為 Cay-kong 與 Carchan。D'Herbelot 的字典說阿拉伯人也叫 Zaitun 為 Scheikham。或許阿拉伯人的 Schei 即漢語的 Gueh，Kham 無疑是 kong 的轉寫。在 Kublai 的時代，漳州及有聯繫的 Chinchew，是一個重要的商港，有一個海關在收稅。《元史》說至元二十二年（1286 年），海關被併入了鹽稅機構，這裡我列出原文：至元二十二年並福建市舶司入鹽運使司改曰都轉運司領福建漳泉鹽運市舶。揀選元史食貨志卷九十四。

這是一個明顯的證據，說明漳州和它的 Zaitun 港，和 Chinchew、Ts'uan-chau 都是外貿港，設有海關。

77. 泉州：本地話讀音是 Tswanchau，可能是 Abulfeda 說的 Khandjou，馬可波羅說的是 Khanjur，是中國中世紀的一個大港，裕爾認為是馬可波羅說的是 Zaitun。〔註 7〕

〔註 7〕譯注：Zaitun 刺桐應是泉州，不是漳州的月港。早期歐洲地圖上的 Chinchew 是漳州，月港是明代中期才興起。明代的泉州已經衰落，所以 Zaitun 和月港的興旺時間不同。

後　記

　　本書能完成，要感謝很多師友。感謝劉迎勝、賀雲翔、周振鶴、楊曉春等老師多年來的指教，感謝時平先生多次邀請我參加學術會議，感謝德國慕尼黑大學 Roderich Ptak 教授和錢江教授的鼓勵和指教，感謝張箭先生、祁海寧先生饋贈重要相關著作，感謝邵磊先生、鄭寬濤先生的指教。感謝馬建春先生、王韋先生、于磊先生、蘇月秋女士、閆彩琴女士及泉州海外交通史博物館的諸多朋友們，多次幫助刊登拙文。

　　感謝賴進義先生、林翠玉女士、陳雲祥先生、丁才榮先生在馬來西亞給予的幫助，感謝夏代雲女士在海南給予的幫助！感謝馬來亞大學中國研究所和馬來西亞萬融集團，邀請我在 2018 年 11 月 15 日在該所發表演講《絲綢之路視野下的馬來西亞歷史與未來》，並贈送相關書籍。

　　感謝我的大學同學何建軍陪我考察南京雞鳴寺等地，感謝我的大學同學尤東進陪我考察南京鄭和寶船廠等地，感謝我的大學同學馮雙元帶我參觀他在北京的明代考古工地！

　　感謝我的諸多親人一直支持我的研究，感謝我的二姑周愛芹女士陪我考察太倉瀏河鎮，感謝我住在南京的表哥孫建國、表嫂董國慶多年來給我的照顧！感謝花木蘭文化事業有限公司再三幫我出書！

2019 年 3 月 28 日於廈門家中